共同富裕视阈下
农户土地承包经营权
有偿退出研究

GONGTONG FUYU SHIYUXIA
NONGHU TUDI CHENGBAO JINGYINGQUAN
YOUCHANG TUICHU YANJIU

肖华堂　著

重庆大学出版社

内容简介

本书以马克思生产力与生产关系理论、马克思利益理论、土地产权理论、制度变迁理论等为理论基础，系统阐释了引导部分有条件的农户退出土地承包经营权的重大现实意义，介绍了第二批农村改革试验区中3个承担"土地承包经营权退出"试验任务地区的经验，从理论、法律、政策以及现实层面分析农户退出承包地的可行性，结合现场走访、问卷调查，利用计量工具分析农户退出承包地的意愿、影响因素、主要诉求等。在此基础上，探讨农户土地承包经营权有偿退出方式和推进思路。

图书在版编目(CIP)数据

共同富裕视阈下农户土地承包经营权有偿退出研究 /
肖华堂著 . -- 重庆 : 重庆大学出版社,2024. 10.
ISBN 978-7-5689-4590-5
Ⅰ. F321.1
中国国家版本馆 CIP 数据核字第 2024WD0394 号

共同富裕视阈下农户土地承包经营权有偿退出研究
肖华堂 著
责任编辑:谢冰一　　版式设计:谢冰一
责任校对:关德强　　责任印制:张　策
*
重庆大学出版社出版发行
出版人:陈晓阳
社址:重庆市沙坪坝区大学城西路 21 号
邮编:401331
电话:(023) 88617190　88617185(中小学)
传真:(023) 88617186　88617166
网址:http://www.cqup.com.cn
邮箱:fxk@cqup.com.cn (营销中心)
全国新华书店经销
重庆正文印务有限公司印刷
*
开本:720mm×1020mm　1/16　印张:14.5　字数:207 千
2024 年 10 月第 1 版　　2024 年 10 月第 1 次印刷
ISBN 978-7-5689-4590-5　　定价:49.00 元

前　言

　　对需要土地以维持基本生活的农民而言,土地的重要性用文字的形式表达显得非常困难。而对我国这样一个有5亿多农村人口的大国,土地制度更是农村经济社会最重要、最基础的制度安排,也是整个国家最重要、最基础的制度安排之一。从1978年安徽省凤阳县小岗村敢为天下先开始搞大包干,到1986年我国农村土地家庭承包经营制全面确立,短短几年时间,正是新的土地制度安排,有效地激发了农民的生产积极性,极大地提高了农村土地资源利用效率,迅速解决了农民温饱问题,为我国改革开放伟大实践提供了坚实基础,营造了更稳定的城乡社会发展环境。农村土地制度创新的重要意义不用赘述,改革开放40多年实践也充分表明,适合农业农村农民发展的土地制度安排能有效地促进农业发展、农民增收,确保农村稳定安宁。而实现这些的前提都要进行试验、进行改革,不进行试验、改革,事物的发展就很难朝预期方向进行,也难以知道不进行改革是否能给社会带来益处。

　　改革开放后,随着城乡经济社会的快速发展,大量劳动力离开农村、脱离农业,部分农业转移人口长期工作和生活在城市,并将户籍也迁移到城市。城乡人口关系的这一转变,直接导致农村土地及土地制度的功能作用发生明显变化,特别是土地维持家庭生计、吸纳农民就业的功能,土地制度激励农民参与生产的作用等发生较大转变。与此同时,土地作为固定资产,财产性功能逐渐增强。这一过程中,一部分长期外出的农业转移人口,特别是进城落户的农业转移人口,他们可能"永远"也不会再以开展农业生产活动维持家庭基本需要,土地对这部分家庭的作用、土地与农民的关系正在悄然变化,人们对土地的态度也正在发生较大转变。土地不可移动的自然属性、人地呈现出长期分离状态,都对农村土地制度的进一步改革提出新的要求,主张土地的权利逐渐成为部分农户,包括进城落户的农业转移人口和留守农村的农户的现实需要。

现实地看,农业劳动力持续向非农领域转移、进城落户,需要保护好他们在农村的权利,为有意愿将这种权利转化为其他类型资产的农户畅通渠道。农村土地"三权分置"制度的确立实施,进一步赋予了承包农户通过转让等方式退出承包地的权能。新修正的《中华人民共和国农村土地承包法》对土地承包经营权的保护、互换和转让也有专门规定。党的十九届五中全会进一步指出要"健全农户'三权'市场化退出机制和配套政策"。新时代,对农户土地承包经营权退出的讨论,正是对如何破除土地要素流动障碍的探讨,以畅通农户转让土地权益渠道,促进土地要素自主有序流动,为农村经济社会高质量发展构建正增长秩序。

本书以马克思生产力与生产关系理论、马克思利益理论、土地产权理论、制度变迁理论、有限理性理论、外部性理论等为理论基础,系统阐释了引导部分有条件的农户退出土地承包经营权的重大现实意义,介绍了第二批农村改革试验区中3个承担"土地承包经营权退出"试验任务地区的经验,从理论、法律、政策以及现实层面分析农户退出承包地的可行性,结合现场走访、问卷调查,利用计量工具分析农户退出承包地的意愿、影响因素、主要诉求等。在此基础上,探讨农户土地承包经营权有偿退出方式和推进思路。

本书主要研究结论如下。

第一,从几个推进农村土地承包经营权退出试验的地区来看,在退出形式、补偿主体、补偿标准、补偿资金来源、退出土地再利用,以及退地农户作为农民集体成员的其他权利安排等方面,取得了非常宝贵的经验,值得在更大范围进一步试验推广。需要注意的是,几个试点地区,一部分农户退出承包地,对留守农业农村的农户扩大土地生产经营规模的作用不明显,存在不利于留守农户提高土地适度规模经营水平的隐患。

第二,从对农户退出承包地意愿调查来看,全部581名受访农户中,有306

人（户）表示"在获得一定补偿的前提下"愿意退出土地承包经营权，比例达到52.67%；也有275人（户）表示不愿意退出承包地，比例高达47.33%。农户"愿意"和"不愿意"退出土地承包经营权的意见明确，反映出农户分化后的不同需求。通过现场访谈、问卷调查，运用Logistic模型进行回归分析，结果显示，受访者性别、家庭人口数规模、家庭住址与县城之间的距离、承包农民集体土地面积，以及农业生产经营活动收入占家庭总收入的比重等对农户做出"愿意退出土地承包经营权"的决策有显著影响。

第三，关于退地农户主体资格，依据农户对土地的依赖程度，从农户分化类型看，本书提出应引导支持"非农户"，特别是农业收入占家庭总收入比重小于5%的"非农户"退出承包地。根据农户收入水平，按收入五等份分组，可引导20%的农村居民高收入组家庭退出承包地。当然，主要是指未实际开展土地经营活动的家庭。还可结合各地实际情况，引导未实施农业生产经营活动、特殊类型，以及户籍性质转变的家庭退出承包地。

第四，关于农户退出土地承包经营权的承接主体，除了法定承接主体，我们更倡导通过一定途径，让留守农村有经营意愿和能力的农户承包经营更大面积的集体土地，以及借鉴城市积分落户制度等，吸收外部成员加入到具体农村集体经济组织，以获取受让土地承包经营权的主体资格，扩大潜在承接主体市场范围半径，更好保护和实现退地农户权益。

第五，关于农户退出土地承包经营权的行为，本书认为农户退地行为应为土地承包经营权（财产性权利）的退出，而非农村集体经济组织成员身份退出，以家庭为基本单位，且为永久性退出而非一定期限的退出。同部分学者提出农户退出承包地，应以失去农村集体经济组织成员资格为前提的观点有所不同。这样，有利于满足部分农户中长期仍然有使用宅基地的需求，当退地农户需要再承包农民集体的土地时，也可以通过接受其他农户转让的方式获取，有利于减少承包地退出改革阻力，也能够有效减少退地农户的顾虑。

第六，对于农户退出土地承包经营权的补偿主体，应因地制宜，在农村集体经济实力较强的地区,主要由农村集体经济组织进行补偿。同时,支持有意愿获得退地农户的土地承包经营权的其他经营主体进行补偿。在农村集体经济实力相对薄弱的地区,可探索由政府背书,金融机构开发支持农村集体经济组织或其他经营主体的信贷产品,提高对退地农户的补偿能力。

第七,关于土地承包经营权补偿标准,提出地方政府可以制定农户退地指导价,还可设定下限和上限。对于农民集体受让农户退出的土地承包经营权的,严格按照指导价执行。对于一般主体受让农户退出的土地承包经营权的,应鼓励通过市场交易达成双方或多方合意,保障相关利益主体权益。

第八,关于对退地农户的补偿方式,提出对于部分分化程度较高的农户,应主要采取一次性现金补偿的方式进行补偿;对于分化程度不是很高的农户,可探索采取定期现金补偿的方式进行补偿;对于一些特殊类型家庭,应尽可能不采取一次性现金补偿方式,以确保退地农户长远生计有保障。

第九,关于促进农户退出土地承包经营权的思路及建议,提出加快出台农民集体所有土地使用权出让和转让暂行条例,建立规范化的土地承包经营权转让市场,高质量推进新型农村集体经济发展,完善退地保障制度等。

肖华堂

2024年5月

目　录

第1章　导　论 ···001

  1.1　选题背景与研究意义 ·······················001

  1.2　研究思路、主要方法 ·······················014

  1.3　研究内容、可能的创新点 ···················017

  1.4　本部分小结 ·······························020

第2章　文献回顾 ···022

  2.1　国外相关研究 ·····························022

  2.2　国内相关研究 ·····························033

  2.3　简要述评 ·································047

第3章　"有偿退出"：基本概念、理论基础 ·············051

  3.1　基本概念 ·································051

  3.2　理论基础 ·································057

  3.3　本部分小结 ·······························067

第4章 "有偿退出"依据：理论阐释、法律及政策、农户行为 ······069

4.1 "有偿退出"理论阐释 ··069

4.2 "有偿退出"法律及政策分析 ······································078

4.3 "有偿退出"农户行为认识 ···083

4.4 本部分小结 ···088

第5章 "有偿退出"：现实调查 ·······································092

5.1 问卷设计 ··092

5.2 样本概况 ··093

5.3 模型选择 ··099

5.4 农户"有偿退出"意愿、影响因素及主要诉求 ···················100

5.5 本部分小结 ···110

第6章 "有偿退出"：地方试验 ·······································113

6.1 重庆市梁平区"有偿退出"试验 ··································114

6.2 四川省成都市"有偿退出"试验 ··································120

6.3 四川省内江市市中区"有偿退出"试验 ··························125

6.4 三个试验区"有偿退出"比较 ·····································131

6.5 本部分小结 ···133

第7章 "有偿退出"：基本遵循、主体资格、退出方式及退出补偿

···137

7.1 基本遵循 ··137

7.2 退出主体 ··141

7.3 承接主体 ··151

7.4 退出方式 ··156

7.5 退出补偿 ·························· 162

7.6 本部分小结 ·························· 168

第8章 "有偿退出":思路及建议 ·························· 171

8.1 推动"有偿退出"面临的现实问题 ·························· 171

8.2 促进"有偿退出"思路及建议 ·························· 175

8.3 本部分小结 ·························· 181

第9章 结语与展望 ·························· 184

9.1 稳定土地经营预期 ·························· 184

9.2 严格土地用途管制 ·························· 185

9.3 促进农地使用机会均等 ·························· 186

9.4 多给农民自由选择空间 ·························· 188

9.5 本部分小结 ·························· 189

参考文献 ·························· 191

后 记 ·························· 211

致 谢 ·························· 217

第1章 导 论

    农村承包地是全国土地中与农民利益关系最直接、涉及人数最多的一部分。1978年至今,以家庭联产承包责任制为代表的农村土地制度安排,有效解决了农村群众温饱问题,有力促进农业增产、农村发展的同时,还为城市经济社会发展持续释放出大量农业劳动力资源,为我国城乡经济社会实现40多年的快速发展提供了可能、奠定了坚实基础。尽管过去的40多年里,我国经济社会发展取得的巨大成就远不是简单以"农村土地制度改革"能够概括的,但毫无疑问,我国之所以能通过改革的方式推动经济社会全面发展,是因为新的农村土地制度安排对后续系列改革所起的基础性、先导性作用,这正是经济社会"一切"得以发生的前提,土地承包制度更是一项被视为对农业绩效、农民权利和社会稳定具有基础性影响的制度安排[①]。

1.1 选题背景与研究意义

    农村土地制度改革为我国城乡经济社会转型发展提供了坚实的微观基础,稳定粮食生产、保障群众基本生活、释放农业劳动力资源等。但人地关系在持续变化,农村土地制度问题同促进农民全面发展和农业农村现代化一样,也是

---

① 刘守英.土地制度与中国发展[M].北京:中国人民大学出版社,2018:4-15.

一个不断发展的问题，需要以动态思维，结合新的实践时代特征，持续考察农户的需求，根据面临的主要问题和挑战，提出科学的因应之策。

1.1.1 选题背景

20世纪80年代至今，农村劳动力持续向外转移，随着时间的推移，很大一部分农民长时间脱离农业农村，部分在城市获取稳定收入机会的农民甚至举家将户口迁移到城市。这一过程中，由于缺乏有效的退出机制，部分不依靠土地以维持生产生活需要的农业转移人口，在有条件的地方，主要是指区位条件、气候条件以及土地本身资源禀赋条件相对较好的地方，农户可以把土地经营权流转给其他经营主体获取收益；而不具备上述条件的另外一些地方的农户，只能免费将承包地交给亲戚朋友耕种，甚至部分土地被撂荒，产生了在土地资源十分稀缺的国家出现耕地撂荒的"非正常"现象，农业转移人口的土地权益难以实现。而新的农业经营主体通过租赁形式获得的土地经营权、亲戚朋友免费获得的耕种机会等，因缺乏中长期稳定经营土地的预期，对土地进一步投资的意愿普遍较低，极大地限制了土地资源利用效率。这些都需要新的制度安排，以稳定经营主体预期，增加在土地上投资的信心，提高土地生产效率，更好地保护和实现农民的土地权益。考察农户土地承包经营权退出，还主要基于以下几个方面的考虑。

1.人地关系转变的现实需要

对一个国家或地区来讲，合理的人口结构、更高质量的劳动力供给是经济社会可持续发展的重要基础，也是农业农村高质量发展的必要条件。从世界近现代经济社会发展历史的视角来看，一个国家或地区要实现现代化，主要还是通过走城市化、工业化道路，进而逐步完成农业人口向城市（非农领域）的转移，最终实现现代化。就我国来看，改革开放后大量农村劳动力通过外出务工、经商、上学等途径持续流出，主要表现为中部、西部和东北地区大量乡村人口持续向相对发达的沿海地区流动。国家统计局发布的数据也显示，我国乡村人口数由1978年的7.9亿人，在1993—1996年持续增长到8.5亿人的规模后，迅速减少至2022年的4.9亿人①。如果不考虑这期间全国人口总数的增长，40多年的时间，我国乡村人口总数净减少3亿人②。与此同时，我国城镇人口数也由1978年的1.72亿人（占比17.92%），迅速增长到2022年的9.21亿人（占比65.22%）③。

这一过程中，农业转移人口也从最初的"离土不离乡"逐渐向"离土离乡"转变。经过几十年的发展，越来越多的农业转移人口从"不愿种地"慢慢地变成"不会种地"，这一特征又突出地表现在20世纪80年代，特别是20世纪90年代以后出生的新生代农民工身上。加之土地不可移动的性质，人地长期分离现象普遍，农民与土地的关系正发生"百年未有之大变局"。新生代农民工是否还回得去农村？未来谁来种地？这些不仅是人地关系变化所衍生的问题，同时也对现行农地制度安排提出新的要求。现行农村土地承包经营制度，将土地承包经营权的转让严格限制在特定农村集体经济组织内部，明显制约了土地要素流动，降低了农地产权经济价值，难以保护和实现农户的权益。诺思认为"人口增长是打破现有经济均衡，从而产生制度变迁需求的革命性因素"④。不难理解，在一个国家或地区，人口的相应减少同样也需要新的制度安排与之相适应。农村劳动力持续向外流动，不断推动城乡人口关系、人地关系发生明显转变，无论是进城农民，还是留守在农村的农民，都有对农村土地承包经营制度改革的现实需要。

---

① 主要指常住人口，数据来源于《中国统计年鉴—2023》。
② 依据《中国统计年鉴—2023》公布的数据计算。
③ 数据来源于《中国统计年鉴—2023》。
④ 盛洪.现代制度经济学[M].北京:北京大学出版社,2003:19.

2.农民全面发展现实需要

习近平总书记强调要"促进人的全面发展,使全体人民朝着共同富裕目标扎实迈进"①。理论上讲,农民要实现全面发展,就需要拥有较强的致富本领、畅通的向上流动通道、较多的致富机会,能够通过自身勤劳努力,普遍实现生活富裕、精神充盈。现实地看,就是要让农民有条件充分利用土地、劳动力等生产要素,有更多机会通过自身勤劳努力,普遍实现生活富裕、精神充盈。总之,实现农民全面发展,客观上需要一定的必要条件。关于人的全面发展和土地的关系,马克思也认为在增进社会财富中人和自然(土地)是携手并进的②。从人类社会发展历史来看,对于人类的生存而言,以某种形式主张对土地的权利是不可避免的情况③。

具体到我国农业农村实际,人(户)均承包的农民集体土地面积非常有限,"人均一亩三分地,户均不过十亩田"的情况非常普遍。从宏观层面来看,我国的全部耕地中,七至十等的相对低等级耕地面积达到4.44亿亩④,占耕地总面积的比例高达21.95%⑤。农民全面发展土地要素支撑严重不足,难以为农民农村共同富裕创造条件,也加大了对乡村内部资源要素,特别是土地资源的竞争,乡村难以留住宝贵的劳动力要素。土地、劳动力和资本要素,只有同良好制度相结合,才能为农村经济社会高质量发展提供有力支撑。因此,需要从制度层面进行改革,提高土地要素流动效率,帮助农户提高土地适度规模经营水平,提振农业农村吸引力,增强内在发展动能,为农民全面发展创造条件。

---

① 习近平.扎实推动共同富裕[J].奋斗,2021(20):4-8.

② 陈飞.马克思的财富思想及其现实意义[J].延边大学学报(社会科学版),2012,45(2):12-18.

③ 安德罗·林克雷特.世界土地所有制变迁史[M].启蒙编译所,译.上海:上海社会科学院出版社,2016:4.

④ 1亩约等于666.67平方米。

⑤ 数据来源于《2019年全国耕地质量等级情况公报》。

3.农业农村现代化现实需要

党的十九大报告强调,加快推进农业农村现代化。有竞争力的产业是地方经济社会持续健康发展的基石,也是地方吸纳就业、集聚人口,进而带动新的产业繁荣、促进全社会生产力水平提高的现实要求。农业农村现代化也需要现代农业产业来支撑,需要大量资本、土地、技术等资源要素。现阶段,我国大部分农村地区仍然以传统农业产业为主,普遍呈现出经营规模小、产业链条短、附加值低的特点,现代农业产业发展明显受到限制。从农业劳动生产率看,世界银行世界发展指标(WDI)数据库发布的数据显示,2016年,我国劳均农业增加值为3 515美元(2010年美元),虽略高于世界平均水平,但比中上等收入经济体平均水平低22.5%,仅相当于高收入经济体平均水平的8.8%。与此同时,农业产业本身抵御自然灾害、参与市场竞争能力相对较弱,需要一个稳定有保障的支持系统[1]。将生产经营扩大到一定规模,既是提高农业现代化水平的重要支撑,也是增强现代农业产业抵御自然和市场风险能力的重要依托,更是我国农业面临的基本问题[2]。因而,对一个拥有4亿多乡村人口的大国来讲,推动农村土地制度变革,必然要求新的制度安排有利于农户,特别是帮助低收入群体、易返贫致贫人口提高土地适度规模经营水平,以增加这部分农户农业生产经营收入,帮助他们更好应对自然风险、更好同现代农业发展相衔接。现行土地制度安排与农业生产经营之间的矛盾越来越凸显[3],到2035年,要实现农业农村现代化,也需要结合现代农业产业发展需要,结合农业农村实际,调整土地制度安排,以发挥土地要素作用,加快农业农村现代化进程。

4.保障国家粮食安全现实需要

"五谷者,万民之命,国之重宝。"特别是对于一个14亿多人口、自然灾害多

① 杜润生.中国农村改革漫忆[J].文史月刊,2016(7):4-15.
② 陈锡文.读懂中国农业农村农民[M].北京:外文出版社,2018:129.
③ 刘守英.土地制度与中国发展[M].北京:中国人民大学出版社,2018:21.

发重发的大国,不可能也绝不能长期主要依靠进口来满足粮食需求,"无粮不稳"就成了一个被普遍接受的政治智慧①。粮食安全始终是关系国计民生的头等大事。习近平总书记强调:"一个国家只有立足粮食基本自给,才能掌握粮食安全主动权,进而才能掌控经济社会发展这个大局。"②从现实来看,2021年,我国进口粮食16 453.9万吨(较2020年增长18.1%),粮食进口量占总需求量的比重近20%③,粮食对外依存度越来越高,保障国家粮食安全问题不容忽视。2022年,尽管我国第一产业实现增加值8.8万亿元(占国内生产总值比重为7.3%),但第一产业就业人员占比高达24.1%④。第一产业就业人员数同创造的经济社会财富明显不匹配,既增加了从业人员之间的竞争,限制了从业人员提高收入水平的能力,也降低了农民从事农业生产经营活动的积极性。与此同时,受农业比较收益偏低、提高收入水平难度大等因素影响,土地撂荒问题突出⑤。"土地资源稀缺"与"谁来种地"这种互相矛盾的问题确是现实存在。因此,对于我国这样的人口大国,面对极其稀缺的土地资源,如何更好保障国家粮食安全始终是摆在人们面前的现实课题。农村土地资源难以得到有效利用,一个主要原因就是土地地理性和制度性的"零碎化"问题突出,难以推进现代农业科技运用,"零碎化"的土地也降低了农户及其他经营主体投资农业回报率、降低了投资热情。因此,更好地保障国家粮食安全,也需要对现行农村土地承包经营制度进行调整。

5.适应农业科技进步现实需要

现代科技对提高生产效率、解放农业劳动力的巨大作用已经得到人们的普

---

① 林毅夫,李周.当前我国农村的主要问题和对策[J].中国改革,1996(9):11-14.

② 摘自2013年12月23日,习近平总书记在中央农村工作会议上的讲话。

③ 中华人民共和国海关总署."2021年12月全国进口重点商品量值表(美元值)"[EB/OL].(2022-01-14)[2024-03-11].中华人民共和国海关总署.

④ 数据来源于《中国统计年鉴—2023》。

⑤ 2021年1月20日,农业农村部专门制定《关于统筹利用撂荒地促进农业生产发展的指导意见》,可见土地撂荒问题的严重性。

遍认可。传统农业生产活动类似于劳动密集型产业,现代农业产业则更类似资金和技术密集型产业。农业科技(生产力)水平提高了,自然就不需要那么多农业劳动力了,就需要新的土地承包经营制度(生产关系)与之相适应。改革开放以来,全国农业科技运用水平的提高,既有力地促进了农业生产效率的提高,农业产出的增加,也持续释放出大量农业劳动力资源。国家统计局发布的数据显示,1978年,全国农业机械总动力仅为117 49.9万千瓦,2020年达到110 597.2万千瓦[①],增长近10倍。农业科技进步贡献率由1990—1995年的34.3%[②],迅速提高到2020年的60.7%[③]。与此同时,在全国人口总数大幅增长的背景下,第一产业就业人数从1978年的28 318万人,迅速减少到2022年的17 663万人[④]。结合世界上一些发达国家发展经验,可以合理预测,伴随现代农业科技水平提高,城乡关系进一步发展演变,我国广大乡村地区仍将释放出大量农业劳动力要素,人地关系仍将发生新的变化,进而推动转变农业发展模式。这些也需要推进土地承包经营制度改革,以更好地适应现代农业科技进步的现实需要。

1.1.2 研究意义

农村土地承包经营制度改革问题是农民最关心、与农民利益最直接的现实问题,也是农民,包括进城落户农民和留守农民主张自身权利的焦点。家庭联产承包责任制被普遍认为是20世纪我国最成功的制度安排之一[⑤]。马克思主义认为,实践是理论的基础,对理论起决定作用,但理论也必须与实践相结合,

---

① 数据来源于《中国统计年鉴—2023》。
② 朱希刚."八五"期间农业科技进步贡献率测算结果[J].经济研究参考,1997(25):36.
③ 常钦,毕京津,高云才.全国农业科技进步贡献率超60%,耕种收综合机械化率达71%农业现代化迈上新台阶(走进乡村看小康)[N].人民日报,2021-07-19(1).
④ 数据来源于《中国统计年鉴—2023》。
⑤ 俞海,黄季焜,Scott Rozelle,等.地权稳定性、土地流转与农地资源持续利用[J].经济研究,2003,38(9):82-91.

接受实践的检验,为实践服务①。随着时间的推移,像其他任何制度安排一样,伴随与制度相适应的客观环境变化,制度红利逐渐消失,对促进城乡社会发展所产生的积极作用逐步消解,甚至可能产生相反的作用,这时候就需要对制度进行进一步调整,以适应新的环境,也让新的制度安排产生应有作用。

1.现实意义

土地是促进农民农村共同富裕的基础性条件,是农村最具吸引力的要素。特别是在中国这样一个人多地少的人口大国,农村土地制度的任何调整,都是一个不可忽视的大问题。既需要新的制度安排以减少旧的制度引发的负面经济社会效益,如避免土地资源撂荒等,又需要创新制度安排以制度激励人们更加努力从事农业生产活动,如激励人们提高土地适度规模经营水平、增加对土地的投资、提高土地资源利用效率等。

一是有利于提高土地要素配置效率。土地是农业农村最为宝贵和重要的生产资料,是实现农业农村现代化的基础性条件。如何更好地发挥土地要素作用,提高土地要素配置效率成为土地制度安排的应有之义。但现实地看,在广大农村地区,一方面,总是有那么一些人,难以获取到更多土地等生产资料,以提高生产经营规模水平,获取规模效益,产生更多生产剩余,形成更多积累,最终实现更高质量生活水平。另一方面,在农村地区,又不难发现大片荒芜(撂荒)的土地,甚至这一"悲伤场景"在城市周边地区也容易见到。究其原因,是以农民集体成员权为基础的土地承包经营制限制了土地要素市场化配置效率的提高。如果撇开对土地所有制方面的考虑,正如马克思对法国农民所有制的批判,农村土地承包经营制度,客观上将有限的土地分成许多小块,"不仅难以采用现代农业的各种改良措施,反而把耕作者束缚在土地上,农民必须投入全部精力才能获得相当少的回报……"进而甚至可能让人"除了他活动的那块小天

---

① 赵家祥.全面理解理论和实践的关系[J].中国延安干部学院学报,2017,10(2):27-35.

地,对社会发展'一无所知',最终可能异化为"顽固反对社会进步的人"①。加之农民集体本身的自我封闭性质,除出生、婚姻等个别因素外,外部的人希望通过自身努力加入到具体农村集体经济组织内部的渠道极为不畅通,进一步限制农村劳动力、土地等资源要素自主有序流动。在人地分离的客观现实中,促进土地要素自主有序流动,对提高土地要素利用效率有重要现实意义。对农户土地承包经营权有偿退出的讨论,其主要意义之一正是希望畅通土地要素流动渠道,让部分有意愿退出承包地的农户能够顺利转让这一权利,保护和实现农户的土地承包经营权,让有意愿获得该项权利的主体通过自身努力能够获取,进而提高土地要素市场化配置效率。

二是更好地维护农民平等发展权利。党的十九大报告指出"发展不平衡不充分,这已经成为满足人民日益增长的美好生活需要的主要制约因素"。而农村地区小农户正是"发展不平衡不充分"的重要方面,有必要对如何更好维护小农户发展权利进行研究。理论上分析,城乡区域之间持续的发展权利不平等,会不断累积并拉大发展差距②。从现实来看,如果农民(乡村)不能获得平等的发展权利,劳动力、资本、技术等要素就难以在城乡之间实现自主有序流动,农业农村现代化进程就会受到阻碍③。土地要素发展权利不平等正是城乡区域之间发展权利不平等的主要方面。马克思主义政治经济学认为,分配决定于生产,又反作用于生产,"而最能促进生产的是能使一切社会成员尽可能全面地发展、保持和施展自己能力的那种分配方式"④。土地作为农民最为重要的生产资料,某种意义上讲,农民拥有的土地承包经营权,也是对农民集体所有的土地的一种"分配",也应以上述"那种方式"进行分配,让农民"尽可能全面地发展、保持和施展自己能力",进而更好地保障和维护农民平等发展权利。而"那种方

① 中共中央 马克思 恩格斯 列宁 斯大林著作编译局.马克思恩格斯选集-第三卷[M].3版.北京:人民出版社,2012:176.
② 任太增,王现林.权利不平等与城乡差距的累积[J].财经科学,2008(2):97-104.
③ 刘守英.土地制度与中国发展[M].北京:中国人民大学出版社,2018:36.
④ 习近平.不断开拓当代中国马克思主义政治经济学新境界[J].求知,2020(9):4-7.

式"的分配,应是最迫切的需求能够得到更好满足的分配方式。现行农村土地承包经营制度,阻碍了土地承包经营权(土地要素)自主有序流动,难以满足部分农户提高土地适度规模经营水平的需求。而对不需要土地的农户来说,如恩格斯指出的"正是这种农业和土地占有把他们束缚于一个地点,阻碍他们另找职业"①。从某种意义上讲,农村土地承包经营权在农民集体内部家庭之间的固化,其实也是对相关权利主体的一种歧视②。而对于大量仍然留守在农业农村的农户来说,需要土地制度安排保持一定的灵活性,以更好保障和增进其发展权利③。新时代,我国已经形成了一大批不需要土地以维持生产生活需要的农民,主要为农业转移人口,讨论农户土地承包经营权退出,就是让不需要土地的人能够顺利转让其权利,让需要占有更多土地资源的人获取更多更稳定的土地使用权,特别是让留守农村的农户能够承包经营更多的土地,为其创造通过自身努力增强发展能力的条件,维护其平等发展权利。

三是促进农民农村共同富裕。共同富裕是全体人民的美好愿景。中国共产党自成立以来始终坚定马克思主义崇高理想,从解决农民温饱问题到解决农民贫困问题,再到推进农业农村现代化,始终坚持把促进全体人民共同富裕作为奋斗目标。按照马克思的观点,对土地等生产资料的实际占有,就是把这些条件变为自己主体活动的条件。土地作为农民赖以生存、最为重要的生产生活资料,也是农民农村共同富裕的必备条件。习近平总书记强调"促进共同富裕,最艰巨最繁重的任务仍然在农村"④。但从现实来看,农户可利用的土地等生产资料非常有限(户均8.39亩),对明显限制其"主体活动条件""一亩三分地"的小农户来说难以实现共同富裕。要实现近5亿农民的共同富裕,依然面临城乡区域发展差距大、农业产业化发展水平低、农村集体经济薄弱等现实挑战,这对农

① 中共中央 马克思 恩格斯 列宁 斯大林著作编译局.马克思恩格斯选集·第三卷[M].3版.北京:人民出版社,2012:187.

② 杜文娇,任大鹏.农村土地承包权退出的法理依据分析[J].中国土地科学,2011,25(12):16-21.

③ 张红宇.乡村振兴与制度创新[J].农村经济,2018(3):1-4.

④ 习近平.扎实推动共同富裕[J].奋斗,2021(20):4-8.

民提高收入水平、增强致富能力形成障碍。另外,中国目前仍是世界上人口最多的国家,也是从事农业产业人数较多、占比相对较高的国家之一①。大量农民的现实存在,离开了农业农村和农民状况的根本改善,国民经济也是很难发展起来的②。因此,要推动农民农村共同富裕,还需要把工作重点放在减少农村劳动力上。在城乡人口结构变迁的"窗口期"③,建立健全进城农户"三权"自愿④、有条件和市场化的退出机制,畅通农民"三权"流通渠道,可能是更好地保护和实现进城农户土地承包经营权的重要选择之一,也是促进土地要素向留守农户集中,推动实现农村农民共同富裕的现实要求。

2.理论意义

习近平总书记指出,理论的生命力在于不断创新⑤。一般研究活动的理论意义也在于对关注的问题、经济社会现象用相应理论给予合理解释,或者发明新的理论来进行阐释,丰富理论成果。

一是为地方推进农村土地制度改革实践提供理论借鉴。从现实和历史经验来看,一些制度在激励人们参与生产、促进国家财富增长等方面卓有成效,而另一些制度却在打消人的生产积极性方面起到了"重要作用",其结果是很大程度上使国家走向贫穷⑥。改革开放后,农村土地承包经营制度的实行,赋予了农民对土地产出剩余的索取权,让农民能够对劳动力资源进行重新配置,有力地

---

① 《中国统计年鉴—2020》显示,2018 年,全球 43 个主要国家第一产业从业人员占比最高的为老挝(63.2%),有 2 个国家占比为 40%~50%,有 6 个国家占比为 30%~40%,有 6 个国家占比为 20%~30%(中国为 26.1%),有 28 个国家占比小于 20%,最低的为阿根廷(0.1%)。第一产业从业人员数最多的为印度(59 165 万人),其次为中国(35 480 万人),排在第三的是巴基斯坦(8 099 万人)。
② 周其仁.城乡中国(上)[M].修订版.北京:中信出版社,2017.
③ 当城乡关系,主要是城乡人口变迁发展到一定的相对稳定阶段,农业转移人口拥有的土地承包经营权经济价值可能迅速降低,情感和其他方面的价值会提高,可能更加难以推动农业转移人口退出土地承包经营权,更加难以促进土地要素流动。
④ 指农村土地承包经营权、宅基地使用权、集体收益分配权。
⑤ 彭汉琼.习近平总书记关于党的建设重要论述理论创新的原则[J].党政干部论坛,2018(10):7-9.
⑥ 贾雷德·戴蒙德.为什么有的国家富裕,有的国家贫穷[M].奕奇,译.中信出版社,2017:48.

调动了农民生产积极性,有效解决了农民温饱问题。但农村土地承包经营制度,客观上又导致土地细碎化,阻碍了土地要素流动,表现出农户拥有的土地承包经营权退出途径少、退出市场不健全、承接主体范围半径小等现实问题。法律和政策允许,但农户的土地承包经营权事实上难以退出,与新时代农民和土地之间关系发生的新变化相背离。从理论方面,对农户土地承包经营权退出进行讨论非常必要,讨论农户土地承包经营权退出问题,对地方推进土地承包经营权退出改革有一定借鉴意义。

二是可能对丰富生产关系一定要适合生产力状况的规律有一定贡献。生产力决定生产关系,生产关系对生产力具有反作用[①]。马克思指出"不是人们的意识决定人们的存在,相反,是人们的社会存在决定人们的意识"[②],进而阐明生产力与生产关系的辩证关系的思想。从现实来看,农村土地制度问题,突出表现为人地关系的问题,表现为不合理的生产关系影响和制约了农业生产力水平提高的问题[③]。伴随农业劳动力持续向外流出,农村内部农户逐渐分化为纯农户、兼业户、非农户几种类型,且呈现出不断演化的态势[④]。一部分长期在外地工作生活,甚至举家将户口迁移到其他地区的"农户"仍然拥有土地承包经营权(占有农村土地),一定程度上造成稀缺土地资源的浪费,也是对同作为集体成员的留守农户土地发展权利的剥夺。如有学者曾举例一位农民的儿子已经当了几十年公务员,还认定他儿子是"村民",拥有土地承包经营权,这显然是不合理的,一定要想办法让他退出来[⑤]。另外,农村土地家庭承包经营的格局,大多在1992年前后基本成型,对部分恰巧在1992年前后成为小规模家庭(如三口之

---

① 《马克思主义哲学》编写组编.马克思主义哲学[M].2版.北京:高等教育出版社,2020:156-157.

② 中共中央 马克思 恩格斯 列宁斯大林著作编译局.马克思恩格斯选集-第二卷[M].3版.北京:人民出版社,2012:2.

③ 何朝银.不利于新时代中国农业现代化的土地问题探析[J].毛泽东邓小平理论研究,2021(3):12-23,107.

④ 李宪宝,高强.行为逻辑、分化结果与发展前景:对1978年以来我国农户分化行为的考察[J].农业经济问题,2013,34(2):56-65,111.

⑤ 张红宇.关于深化农村改革的四个问题[J].农业经济问题,2016,37(7):4-11.

家)来说,承包的土地资源就可能非常有限,经过30多年的时间,这类家庭的人口数可能发生较大变化,特别是新增人口较多的家庭,对承包更多农民集体土地的意愿就很强烈。而在目前的政策环境下,对承包地的调整又遥遥无期。这些都对改革时期做出的土地制度安排提出诸多现实挑战,需要调整农户之间土地使用和占有关系。与此同时,40多年来,农村生产力水平本身也发生明显变化。开展土地承包经营权有偿退出讨论,对丰富生产关系一定要适合生产力状况的规律可能有一定价值。

三是对持续全面推进乡村振兴有一定理论意义。乡村振兴承载的是新时代乡村现代化的使命,在现行制度框架下,乡村的衰败只会加剧,需要重新思考乡村与城市的关系、农民与土地及村庄的关系等对乡村发展的影响[1]。乡村振兴,最核心、最关键的是人才振兴。同时,推进乡村振兴需要同吸引外部劳动力、技术、资本等要素相结合,发挥各种资源要素在促进城乡融合发展、推进乡村振兴过程中的应有作用。但现实地看,农村集体本身的封闭性,也导致内部成员不愿意放弃承包地,也难以退出土地承包经营权。土地承包经营权锁定在特定家庭内部的特征明显、外部人员难以进入,集体内部转让局限性明显,进一步加剧了人地割裂,也难以吸引优秀外部人才到乡村发展,限制了劳动力、土地等要素在城乡之间的流动,降低了土地的产权价值。而如果有意愿到乡村发展的人能够有机会像农民集体内部的农户(家庭)一样承包到农民集体的土地,或者通过自身努力能够拥有同农村居民"同等"的土地占有、使用权利,对一部分乡村地区来讲,可能会明显增强其吸引力。因而,本书提出的一些思路和观点,可能会对地方推动实施乡村振兴战略,促进城乡融合发展有一定的理论参考。

---

[1] 刘守英.土地制度与中国发展[M].北京:中国人民大学出版社,2018:28-29.

1.2　研究思路、主要方法

1.2.1　研究思路

坚持以问题为导向,一是关注长期因素变化的研究思路。大多数经济社会领域制度层面的变迁,并不是一蹴而就的,而是一个长期的过程,在长期过程当中,一些内部和外部的诸多因素,如人口的出生率、死亡率、受教育水平(人力资本)、基础设施配套,以及需要变革的具体制度所对应的主体的社会地位和作用也可能发生较大转变。现实地看,经过几十年时间,在一些长期因素的影响下,土地对农村家庭的作用已发生深刻变化,正是这些长期因素的变化,为构建新的农村土地制度安排提供了重要现实遵循。二是聚焦农村内部农户分化的客观现实,特别是进城农户同其承包的农民集体土地之间长期呈人地分离状态的矛盾。土地需要同劳动相结合才能发挥其作用,以增进社会财富。本书正是基于农户分化客观现实和人地分离突出矛盾,围绕如何更好保护和实现农户的土地承包经营权,增进留守农户平等发展权利,促进农民农村共同富裕等展开讨论。三是注重理论与现实相结合。注重对已形成的相关理论和实证研究成果进行充分挖掘,尽可能吸收有益部分,增加提出观点的理论深度和现实针对性。同时注重对几个开展"土地承包经营权退出"试验地区的经验考察,通过多种形式进行走访调查,了解农户对这一问题的真实态度,找准农户客观现实需求。四是根据新时代农户分化状况、收入分配格局,以及其他方面的一些具体情况,提出应引导支持退出土地承包经营权的农户的典型类型。五是找准新时代影响农户土地承包经营权退出的重点、难点问题,尽可能提出科学合理的农户土地承包经营权退出方式及促进措施。研究思路图如图1-1所示。

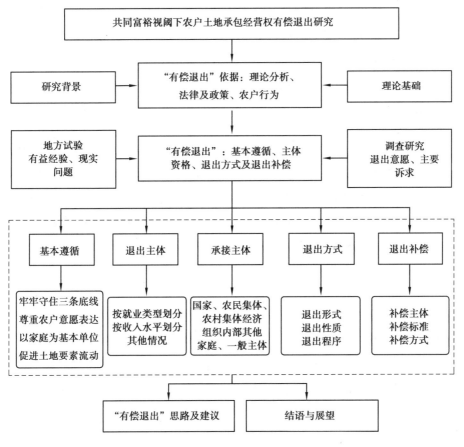

图1-1 研究思路图

1.2.2 主要方法

当确定了选题之后,为帮助研究工作顺利进行,使形成的结论尽可能符合经济社会现实,增进民生福祉,选择正确的研究方法就显得非常重要。马克思指出:"当我们从政治经济学的角度考察某一国的时候,我们从该国的人口,人口的阶级划分,人口在城乡、海洋、在不同生产部门的分布,输出和输入,全年的生产和消费,商品价格等开始。"①本书正是从我国的农业人口、农户分化,以及农业人口在不同部门之间的流动等开始的,同时,基于人地长期分离的客观现实,对具体问题进行考察。

坚持辩证唯物主义和历史唯物主义的方法论,从辩证唯物主义的基本逻辑出发,对国内外学者关于土地承包经营权退出(流转)的一些思想、理论和观点进行批判性分析,对同我国农业农村农民实际相符合的一些观点,充分吸收借鉴。进一步运用马克思生产力与生产关系理论、马克思利益理论、土地产权理论,以及制度变迁理论、有限理性理论、外部性理论等,分析农户退出承包地的现实基础、意愿、主要诉求,对地方开展的土地承包经营权退出试验进行考察,进而对引导农户退出承包地进行讨论。

开展本书讨论运用的具体研究方法如下。

①文献分析法。通过对有代表性的相关研究成果进行梳理,充分了解促进土地要素自主有序流动的有影响力的思想观点。

②比较分析法和案例分析法。主要通过对第二批农村改革试验区中重庆市梁平区、四川省成都市和四川省内江市市中区3个开展"土地承包经营权退出"试验的地区经验比较,发现其有益经验,考察引导农户退出土地承包经营权过程中面临的主要现实问题及挑战。

③定性和定量研究相结合。运用经济学、社会学、统计学等学科理论,开展问卷调查,利用计量分析工具,考察农户退出承包地的真实意愿表达、补偿诉求,影响农户退出承包地的主要因素等,增强提出结论的科学性。

---

① 中共中央 马克思 恩格斯 列宁 斯大林著作编译局.马克思恩格斯选集-第二卷[M].3版.北京:人民出版社,2012:700.

1.3 研究内容、可能的创新点

1.3.1 研究内容

第一章是导论,主要结合新时代农业农村农民产生的新变化、面临的新形势,结合"三权分置"制度,提出引导部分农户退出承包地可促进农民全面发展、加快农业农村现代化进程、保障国家粮食安全客观需要等,作为本书立论的背景,据此提出研究的理论意义和现实意义。在此基础上,阐述研究思路、研究方法,并对可能的创新点进行介绍。

第二章是文献回顾,主要对外国早期学者(思想家)关于土地的一些思想,学者们关于促进土地产权流转和土地开发保护的观点进行阐述,同时,还对国内学者关于土地承包经营权退出的内涵界定、重要意义、退出方式,以及学者提出的一些反对农户退出承包地的观点进行梳理、述评。

第三章是"有偿退出",关于基本概念、理论基础,主要将与本书主题密切相关的如农村土地所有权、土地承包经营权、土地承包权、土地经营权等概念进行说明,便于继续讨论。同时,还对马克思生产力与生产关系理论、马克思利益理论、土地产权理论、制度变迁理论、有限理性理论和外部性理论等进行梳理,为深入讨论农户土地承包经营权有偿退出问题奠定理论基础。

第四章是"有偿退出"依据,主要从理论层面,阐述引导农户退出土地承包经营权有客观现实需要;从法律及政策层面,梳理国家支持农户退出承包地的法律、政策依据;从农户自身视角,对农户"有偿退出"行为进行分析,阐明引导农户退出承包地具备理论可行性,符合国家法律和政策要求,对于部分农户来讲,即便是退出承包地,也不会对其长远生计产生影响。

第五章是对农户退出土地承包经营权的意愿调查分析,通过现场访谈、问卷调查，采用Logistic模型，结合受访者及其家庭基本情况、家庭经济条件、土地承包经营情况等，对581户农户做出愿意（或者是不愿意）退出土地承包经营权决策的影响因素进行分析，了解农户退出承包地的主要诉求，并对部分农户不愿意退出土地承包经营权的原因进行分析。

第六章是地方试验经验总结，对第二批农村改革试验区中开展"土地承包经营权退出"试验的重庆市梁平区、四川省成都市、四川省内江市市中区3个地区进行梳理，了解农户意愿、主要诉求、可能面临的现实问题等。

第七章是对农户土地承包经营权有偿退出讨论，主要从基本遵循、退出主体、承接主体、退出方式及退出补偿几个方面展开讨论。具体来看，引导农户退出土地承包经营权，应坚持牢牢守住三条底线、尊重农户意愿表达、以家庭为基本单位、促进土地要素自主有序流动等几个方面的基本遵循。从家庭劳动力资源配置（就业类型）状况、家庭收入水平及其他特殊情况几个层面，提出应引导哪些类型的农户退出土地承包经营权。结合地方试验，提出应支持哪些主体承接农户退出的承包地。从农户土地承包经营权退出形式、退出性质、退出程序几个方面，提出"有偿退出"方式。从补偿主体、补偿标准、补偿方式几个方面，讨论如何对退地农户进行合理补偿。

第八章是对促进农户退出承包地的思路及建议，提出出台农民集体所有土地使用权出让和转让暂行条例、培育农村产权交易（土地承包经营权转让）市场、高质量推进新型农村集体经济发展、完善土地承包经营权退出保障制度、持续推进以人为核心的新型城镇化、灵活农村集体经济组织成员认定几个方面的建议，以期对地方推进土地承包经营权退出改革实践有所助益。

第九章是结语与展望，从稳定土地经营预期、严格土地用途管制、促进农地使用机会均等、多给农民自由选择空间等几个方面，对未来推进土地承包经营权有偿退出改革提出几点展望。

1.3.2 可能的创新点

研究路径或有一定拓展。现有相关成果多以理论分析、案例讨论,或是调查分析的形式,讨论农户土地承包经营权退出问题。本书坚持辩证唯物主义和历史唯物主义的方法论,基于马克思生产力与生产关系理论、马克思利益理论、土地产权理论、制度变迁理论等,结合几个试验地区经验,通过现场访谈、问卷调查,采用计量分析工具,考察农户土地承包经营权退出问题,相对已有研究成果,在研究路径上或有一定拓展。

在具体讨论过程中,提出从农户分化类型看,应引导支持"非农户",特别是农业收入占家庭总收入比重小于5%的"非农户"退出土地承包经营权。根据农户收入水平,可引导20%的农村居民高收入组家庭退出土地承包经营权。结合农户实际情况,还可引导长期(10~15年)未实际开展农业生产经营活动的家庭、特殊类型家庭,以及户籍转变为城市户口的家庭退出土地承包经营权,可能对地方推进土地承包经营权退出改革实践有一定参考。

关于农户退出承包地的承接主体,除法定承接主体外,更倡导通过一定途径,如借鉴城市积分落户制度等,吸收外部成员加入具体农村集体经济组织,为新型农村集体经济组织注入新鲜血液,推动农村集体经济高质量发展,扩大土地承包经营权潜在承接主体市场范围半径,保护农户权益。

关于对退地农户的"合理补偿",书中提出地方政府可以制定农户退地"指导价",还可设定下限和上限。对于农民集体"受让"农户土地承包经营权的,严格按照指导价执行。对于一般主体"受让"农户的土地承包经营权的,应鼓励通过市场交易达成双方或多方合意,以更好保护和实现农户土地权益。

书中提出,农户以不同方式退出土地承包经营权,新的承包期开始时,应区别对待是否同未退地的农户具有"同等"的承包所在农民集体土地的权利,主要考虑退地农户是否获得合理补偿等因素。同时,笔者赞同学者们提出的农户

"有偿退出"行为应仅限定为土地承包经营权(财产性权利)的退出,以家庭为基本单位,且永久性退出而非一定期限退出的观点,并对具体理由进行阐述,可能对进一步丰富这一观点证据有一定贡献。

1.4 本部分小结

本部分主要从选题背景、研究意义、研究思路等几个方面,对全书关注的农户土地承包经营权有偿退出问题提出一个概括性思路。从农业劳动力持续向外流出的历史和现实出发,结合部分进城(离农)农户客观现实需求,试图提出农户土地承包经营权有偿退出的具体方式,以引导具备一定条件的农户自主有序退出承包地,更好保护和实现农户的土地承包经营权价值(权利),增进留守农村农户平等发展权利,促进土地要素流动。

引导一部分具备条件的农户逐步退出承包地(交回发包方、转让给其他经营主体等),是农业农村现代化、新型城镇化过程中必然要面对的客观问题。其实,早在20世纪90年代,人们就发现,伴随第二、第三产业迅速发展,受户均承包地规模限制,农业增产与农民务农收入降低的矛盾突出,越来越多的人认识到提高农民收入的根本途径在于减少农民数量[①],即需要部分农民退出农业生产活动,到其他领域寻求发展机会。正如学者们指出的,大量小农户拥挤在有限的土地上,单纯依靠农业,简单依靠降低生产成本难以增加农民收入,农民增收只能靠减少农民数量来实现,认为只有让"今天"的大部分农民"明天"不再是农民时,农民才可能走向共同富裕[②]。也就是说,要实现农民农村共同富裕,必然要求一部分农民退出农业生产领域,进而退出土地承包经营权,不再占有承

---

① 钟甫宁.我国能养活多少农民? ——21世纪中国的"三农"问题[J].中国农村经济,2003(7):4-9.

② 朱恒鹏.农民共同富裕:先共同还是先富裕[EB/OL].(2015-10-06)[2021-12-10].中国社会科学院公共政策研究中心.

包地,让留守农业农村的农户有机会承包更多的土地,为其提高土地适度规模经营水平创造条件,进而实现共同富裕。

现实地看,改革开放后,我国城镇化快速推进,城市就业机会增加,大量农业劳动力向城市转移。2022年,全国农民工总量达到2.96亿人①。尽管长期人地分离,土地对部分农户的功能发生较大转变,甚至不再需要土地。但由于缺乏土地承包经营权退出制度通道,进城农户难以将其土地承包经营权进行"资产转换",增强其在城市发展的能力,也造成留守农村的农户难以通过有效途径去承包经营更多土地,提高土地适度规模经营水平,限制了其在新时代平等发展的权利,也造成了有限的土地资源的浪费。

需要说明的是,本书开展农户土地承包经营权有偿退出的讨论,并不是要讨论土地私有化问题,更不是鼓吹土地私有化,而是探讨通过怎样的一种制度安排,在尽可能不减少农户根本利益的前提下,如何更好地提高土地资源要素配置效率,更好地保护和实现农户的土地承包经营权权益。鉴于此,本书试图做到以下几点。

①阐述引导不需要依靠土地开展生产经营活动维持生计的农户退出承包地的重要意义。

②阐明支持留守农户承包经营更多土地要素的重大现实意义。

③提出适合新时代农户退出土地承包经营权的具体方式。

④提出支持更多有意愿的农户"有偿退出"土地承包经营权的具体思路建议。以期为帮助农户提高土地适度规模经营水平,促进土地要素自主有序流动,以及地方推进土地承包经营权退出试验能够有一点作用和借鉴。

特别说明,有时为方便读者阅读,让讨论的内容在文字上显得更简洁,可能将"土地承包经营权有偿退出"同"有偿退出""土地转让""土地退出""退地""土地承包经营权退出""退出承包地"作同种意思表述。

---

① 数据来源于《2022年农民工监测调查报告》。

第2章　文献回顾

2.1　国外相关研究

现实地看,由于世界上大多数国家主要实行的是土地私有制[1],如有学者就指出"以农民集体所有制为基础的农村土地制度安排乃中国特有,国外可借鉴的经验有限"[2]。但从某种意义上讲,农户退出土地承包经营权凸显了对特定地块土地占有、使用等方面权利的转移,农户退出承包地,也属于土地要素流动的范畴。因此,农户退出承包地,可以理解为土地要素重新配置的一种方式,其含义与国外的土地交易多有类似[3]。所以,国外学者关于土地方面的一些思想观点,特别是促进土地要素市场化配置、土地合理开发利用等方面的研究成果,对考察新时代农户土地承包经营权退出问题仍具有一定借鉴意义。

2.1.1　早期土地思想

国外早期的一些学者(思想家)关于土地的思想,主要表现在土地对增进社会财富、促进农业生产水平提高的重要意义,以及土地权利来源、如何提高土地

[1]　王晓睿,钟晓萍,吕亚荣.基于内江土地承包经营权退出经验的研究[J].农业现代化研究,2019,40(1):10-17.

[2]　张红宇.关于深化农村改革的四个问题[J].农业经济问题,2016,37(7):4-11.

[3]　刘同山.农村土地退出:理论、意愿与实践[M].北京:经济管理出版社,2020:22.

利用效率、土地市场交易(地租)等方面。

1.土地对增进社会财富、促进农业生产水平提高的重要意义

威廉·佩蒂(William Petty,1623—1687)曾指出"土地是一切财富产生的源泉或原料,劳动是制造财富的方式",强调"土地应该被当作资本,而只有劳动力才能释放出土地的价值",进而引发了早期的一些学者将土地作为一种生产要素对于整个经济社会发展贡献和作用的研究①。弗朗索瓦·魁奈(Francois Quesnay,1694—1774)更断言"土地是财富唯一源泉",相对系统地阐明了土地资源要素在增进社会财富、促进农业生产及其他领域的重要现实价值。亚当·斯密(Adam Smith,1723—1790)也强调"土地和劳动力"代表了一个国家和地区的"真正财富",指出"土地的产出是每个国家和地区国民收入和财富唯一或主要的来源",进一步强调土地的重要性②。卡尔·海因里希·马克思(Karl Heinrich Marx,1818—1883)也充分肯定了土地对促进人类社会全面发展的巨大作用③。马克思还从人类的生存前提出发,认为"土地是人们生活、生产不可或缺的基本要素,是最基本的'容身之所'"④,指出"对大多数人来说,土地还是他们的劳动和资本不可缺少的活动场所"⑤,进而得出"地产,即一切财富的原始源泉"的科学观点⑥。现实地看,在人类社会发展的不同历史阶段,无论经济社会发展水平如何,人类都需要食物以维持自身的基本生活需要,而各种食物的生产同自然

① 安德罗·林克雷特.世界土地所有制变迁史[M].启蒙编译所,译.上海:上海社会科学院出版社,2016:52-64.
② 安德罗·林克雷特.世界土地所有制变迁史[M].启蒙编译所,译.上海:上海社会科学院出版社,2016:65-67.
③ 解保军.马克思"人与土地伦理关系"思想探微[J].伦理学研究,2015(1):23-27.
④ 中共中央 马克思 恩格斯 列宁 斯大林著作编译局.马克思恩格斯文集-2:1848—1859年[M].北京:人民出版社,2009:875.
⑤ 中共中央 马克思 恩格斯 列宁 斯大林著作编译局.马克思恩格斯文集-2:1848—1859年[M].北京:人民出版社,2009:910.
⑥ 中共中央 马克思 恩格斯 列宁 斯大林著作编译局.马克思恩格斯选集-第三卷[M].3版.北京:人民出版社,2012:175.

(土地)之间的关系就表现得十分密切了。对此,马克思专门指出:"农业劳动的生产率是和自然条件联系在一起的,并且由于自然条件的生产率不同,同量劳动会体现为较多或较少的产品或使用价值。"①进一步阐明土地对促进农业生产有重要的现实意义。

2.关于土地权利来源及其价值

伴随人类社会发展,特别是人们对土地的竞争愈演愈烈,为合理地调整人们占有土地的矛盾,逐步形成一些土地制度安排,赋予不同主体在具体土地上的权利。关于附着在土地上的相关权利,约翰·洛克(John Locke,1623—1704)较早提出了土地私有制并不依赖于国家法律,而是由人的辛勤劳动所创造的观点②。这里的"土地私有制",也可以理解为人们拥有的与土地相关的占有、使用,以及获取相应收益等方面的权利。让-雅克·卢梭(Jean-Jacques Rousseau,1712—1778)则鲜明指出"我们不能撇开人的劳动而思考私有财产的产生,正是农夫的辛勤劳动付出,赋予他权利、获得他耕种的土地上的产出,劳动使他至少在收获时占有土地本身"③。阐明人们拥有与土地相关的权利来自辛勤劳动付出的观点,提出劳动和土地结合能增进社会财富的思想。而按照马克思主义观点,除了土地改良所带来的资本和劳动投入,土地本身是没有价值的④。进一步讲,资本本身也是由人的劳动"创造"。因而,追根溯源,附着在土地上的各种"权利""价值"应属于人的劳动的回报。此外,马克思也承认"需求"会创造"价值"。马克思曾指出:"对建筑地段的需求,会提高作为空间和地基的土地的价

---

① 中共中央 马克思 恩格斯 列宁 斯大林著作编译局.马克思恩格斯全集:第四十六卷[M].2版.北京:人民出版社,2003:924.
② 安德罗·林克雷特.世界土地所有制变迁史[M].启蒙编译所,译.上海:上海社会科学院出版社,2016:21.
③ 陈锡文.读懂中国农业农村农民[M].北京:外文出版社,2018:49.
④ 赵磊."虚拟价格"何以可能:关于马克思土地价格理论的重大分歧[J].学术月刊,2015,47(11):49-55.

值。"①这表明,对于特定区位的土地,人与人之间对土地的需求(竞争)也会增进"土地的价值"。

3.关于土地利用效率的提高

基于土地本身难以移动(固定)和有限的属性,国外早期学者普遍注重思考如何提高土地利用效率。如威廉·佩蒂就提出"通过更公平的税收制度、更有效率的农业生产和建立可以消除财产所有权疑虑的土地注册制度,'土地利用效率的提高'的价值还可以进一步增加"的观点②,指引人们从制度层面探讨如何提高土地利用效率。大卫·李嘉图(David Ricardo,1772—1823)则认为"使用先进的技术和管理方法,可以提高土地产出,进而获取高额收入"③,较早地指出技术要素在提高土地利用效率方面的重要作用。亚当·斯密则主要强调分工的作用,认为"通过分工,包括在依靠土地进行的农业生产活动中,分工可以提高人们的劳动效率,进而提高土地利用效率"。马克思也是非常注重技术等现代要素与土地相结合,以提高土地利用效率的,如马克思就强调"一切现代方法,应当在农业中广泛应用"④。同时,马克思还从"规模生产"视角,认为"如果劳动力是微小的,劳动的自然条件(土地)是贫乏的,那么,剩余劳动也是微小的"⑤。当然,无论从分工,还是从"人类劳动的自然条件"的视角来看,抑或是农业领域及其他领域,一个重要前提是生产规模达到一定水平,也就是可利用的土地等要素满足一定"条件",才有具备分工的现实需要。农业生产活动也是一样,只有

① 中共中央 马克思 恩格斯 列宁 斯大林著作编译局.马克思恩格斯文集-2:1848—1859年[M].北京:人民出版社,2009:875.

② 安德罗·林克雷特.世界土地所有制变迁史[M].启蒙编译所,译.上海:上海社会科学院出版社,2016:52.

③ 任夏婧,黄洁.土地集约利用视角下的城市地下空间规划研究——以无锡市锡山区为例[J].江苏城市规划,2014(3):29-31.

④ 中共中央 马克思 恩格斯 列宁 斯大林著作编译局.马克思恩格斯选集-第三卷[M].3版.北京:人民出版社,2012:176.

⑤ 中共中央 马克思 恩格斯 列宁 斯大林著作编译局.马克思恩格斯全集-第四十六卷[M].北京:人民出版社,2003:895.

土地等生产要素达到一定规模,分工才会带来生产效率的提高。马克思还预言"在未来的较高级的共产主义社会里,级差地租和绝对地租等一切地租形式都将消失"①,阐明土地公有制的制度安排,也能够促进土地利用效率的提高。

4.关于土地市场交易(地租)

国外早期的学者比较关注通过市场交易的途径,以增进土地的价值。如康芒斯(Commons,1862—1945)从制度安排的角度,认为土地交易是"法律上认为平等和自由的人们之间进行的谈判,结果是相互交换商品和货币的合法控制权"②,进而通过土地这种商品的交易,让其流动到能够提高利用效率(价值)的主体手中。需要说明的是,在康芒斯看来,土地交易其实并不是实际"交货"那种意义上的"物品的交换",而是人与人之间对自然物(土地)的权利出让和取得关系,是所有权的转移③。某种意义上讲,土地交易也是人与人之间生产关系的转变。在土地交易过程中,自然而然地就会产生地租。通过对土地交易的考察,李嘉图还提出了绝对地租和相对(级差)地租的观点,认为绝对地租正是由于土地私有制造成的,结果是人为地抬高农产品价格,损害他人利益,他还为相对地租辩护,认为相对地租是由产业资本投入产生的"积极回报",应由产业资本(家)获得,否则产业资本便没有积极性继续投入④。让-巴蒂斯特·萨伊(Jean-Baptiste Say,1767—1832)指出地租源于"土地所有者对租佃者实行着一种垄断",指出"运河或公路的修建,该地区人口和福利的增长,总是提高租价……"⑤。马克思认为地租是"为了使用土地本身而支付的代价",指出地租的高低决定于土壤肥力的大小和土地的位置,最终是通过租佃者和土地所有者之间的斗争确定的⑥,

① 杜奋根,赵翠萍.对马克思地租理论现代价值的探索[J].求实,2013(12):8-12.
② 康芒斯.制度经济学-下[M].于树生,译.北京:商务印书馆,1962:76.
③ 袁庆明.新制度经济学[M].上海:复旦大学出版社,2012:32-33.
④ 桤林.李嘉图地租理论破产了吗?——农村公共品供给问题再研究[J].经济经纬,2013,30(1):27-32.
⑤ 马克思.1844年经济学-哲学手稿[M].刘丕坤,译.北京:人民出版社,1979:32.
⑥ 马克思.1844年经济学-哲学手稿[M].刘丕坤,译.北京:人民出版社,1979:31.

是土地所有权在经济上借以实现,即增值价值的形式,而且地租的量还受社会的发展、对土地本身直接需求影响①。需要说明的是,马克思对地租是持批判态度的,他认为"地租是土地所有者对土地的垄断,对社会的盘剥"②。马克思还认为"绝对地租,实质上是农业个人创造的剩余价值的一部分,体现了土地所有者和农业资本家共同剥削农业工人的关系"③,进而批评土地所有者、农业资本家对农业工人的残酷剥削。但后来的西奥多·W. 舒尔茨(Theodore W. Schultz, 1902—1998)④同李嘉图的观点相类似,认为地租本身具备一定的现实意义,指出地租在配置农业资源中执行着"一种必要的经济职能",认为"地租是指导农民更有效地使用农田的信号和激励",但他也指出应该确保有足够多的土地产出属于农民,以便为其提高土地利用效率提供一种激励。

2.1.2 土地产权流转

在市场环境下,随着土地产权制度不断完善,通过市场途径促进土地流转(交易、买卖)以增进土地利用效率的提高日趋稳定⑤。现实地看,国外土地的交易主要分为土地使用权交易和土地所有权交易,土地使用权的交易,类似我国农村土地经营权流转,也是土地交易最普遍的一种方式⑥。学者们普遍认为土地交易有利于促进土地要素流动到最能提高土地产出的经营主体手中,进而有利于实现土地规模化生产,形成规模经济和提高农业生产效率,增加边际产出,

---

① 中共中央 马克思 恩格斯 列宁 斯大林著作编译局.马克思恩格斯选集-第二卷[M].3版.北京:人民出版社,2012:606-613.

② 马克思.1844年经济学-哲学手稿[M].刘丕坤,译.北京:人民出版社,1979:33.

③ 道格拉斯·C.诺思.经济史中的结构与变迁[M].陈昕,陈郁,译.上海:三联书店,1994:68.

④ 西奥多·W.舒尔茨.改造传统农业[M].梁小民,译.北京:商务印书馆,2006:108-109.

⑤ 王丽娟,黄祖辉,顾益康,等.典型国家(地区)农地流转的案例及其启示[J].中国农业资源与区划,2012,33(4):47-53.

⑥ BASU A K. Oligopsonistic landlords, segmented labor markets, and the persistence of tied-labor contracts[J]. American Agricultural Economics Association, 2002, 84(2): 438-453.

实现土地资源优化配置和社会财富增长[1][2]。随着经济社会的发展,学者们逐步认识到仅以提高经济收益为目的,将土地资源在农业与非农业之间进行转换[3],难以达到相应目的,某些土地配置状态并非最佳的利用途径[4],应基于经济社会综合考虑土地可持续利用问题,以选择合适的土地配置方案[5]。

1.影响土地资源配置效率的因素方面

学者们指出单个农户经营土地面积、从事农业劳动人口数量、农业收入等都可能对农户的土地利用行为产生重要影响[6][7]。Lewis[8]认为正是传统农业部门存在大量过剩劳动力,导致劳动力同土地资源配置不合理,而这部分农业劳动力边际生产率为零甚至为负数,难以创造有效收入,既不利于提高土地资源利用效率,也将造成劳动力资源的浪费,这也是发展中国家农业生产率远低于工业生产率的重要原因。Taylor等[9]从实证角度证实促进农村闲置劳动力转移

① 速水佑次郎,弗农·拉坦.农业发展的国际分析[M].郭熙保,张进铭,等译.北京:中国社会科学出版社,2000:183-185.

② WANG J R, CRAMER G L, WAILES E J. Production efficiency of Chinese agriculture: evidence from rural household survey data[J]. Agricultural Economics, 1996, 15(1): 17-28.

③ 唐莹,罗伯特·梅森.国外土地配置研究对我国城乡建设用地增减挂钩的启示[J].同济大学学报(社会科学版),2016,27(2):118-124.

④ CLEMENT F, AMEZAGA J M. Afforestation and forestry land allocation in northern Vietnam: analysing the gap between policy intentions and outcomes[J]. Land Use Policy, 2009, 26(2): 458-470.

⑤ SHARAWI H A. Optimal land-use allocation in central Sudan[J]. Forest Policy and Economics, 2006, 8(1): 10-21.

⑥ KOKOYE S E H, TOVIGNAN S D, YABI J A, et al. Econometric modeling of farm household land allocation in the municipality of Banikoara in Northern Benin[J]. Land Use Policy, 2013, 34: 72-79.

⑦ MPONELA P, JUMBE C B L, MWASE W F. Determinants and extent of land allocation for Jatropha curcas L. cultivation among smallholder farmers in Malawi[J]. Biomass and Bioenergy, 2011, 35(7): 2499-2505.

⑧ LEWIS W A. Economic development with unlimited supplies of labour[J]. The Manchester School, 1954, 22(2): 139-191.

⑨ TAYLOR J E, LOPEZ-FELDMAN A. Does migration make rural households more productive? evidence from Mexico[J]. Journal of Development Studies, 2010, 46(1): 68-90.

有助于提升土地产出率和劳动生产率,同 Lewis 提出的观点相呼应。Gal 等[①]研究表明人们对农产品的需求,第一、第二、第三产业比重变化,以及农民生活水平和质量的提高等,都可能是影响土地要素配置的现实因素。Chen[②]从制度层面进行考察,发现在一些欠发达国家,由于土地产权不清,阻碍了土地要素流动,降低了农业的生产效率。也有学者发现,土地所有者的行为并不完全受市场影响,需要政府实施相应措施,引导土地所有者实施相应行为,以提高土地要素配置效率[③]。Arslan[④]也认为当土地出让价格为影子价格时,很难依据土地价格来解释农民的土地配置行为。

2.在如何更好提高土地资源利用效率方面

有学者提出可以通过把土地等生产要素配置给最有效率的农户,从边际产出相对低的生产者配置到更高的生产者手中,有利于扩大农户剩余积累,进而提高对土地的进一步投资,促进农业生产力的提高,增加社会总产出的观点[⑤⑥]。Carsjens 等学者[⑦]研究表明充分考虑地块间的拓扑关系,可以避免土地细碎化问题,进而提高土地利用效率。Teklu 等[⑧]认为可用熟练劳动力和牲畜数量越多,

---

① GAL Y, HADAS E. Land allocation: agriculture vs. urban development in Israel[J]. Land Use Policy, 2013, 31: 498-503.

② CHEN C R. Untitled land, occupational choice, and agricultural productivity[J]. American Economic Journal: Macroeconomics, 2017, 9(4): 91-121.

③ COUCH C, KARECHA J. Controlling urban sprawl: some experiences from Liverpool[J]. Cities, 2006, 23 (5): 353-363.

④ ARSLAN A. Shadow vs. market prices in explaining land allocation: subsistence maize cultivation in rural Mexico[J]. Food Policy, 2011, 36(5): 606-614.

⑤ FEDER G, FEENEY D.The theory of land tenure and property rights[J]. The Economic of Rural Organization, 1993: 240-258.

⑥ HSIEH C T, KLENOW P J. Misallocation and manufacturing TFP in China and India[J]. The Quarterly Journal of Economics, 2009, 124(4): 1403-1448.

⑦ CARSJENS G J, VAN DER KNAAP W. Strategic land-use allocation: dealing with spatial relationships and fragmentation of agriculture[J]. Landscape and Urban Planning, 2002, 58(2/3/4): 171-179.

⑧ TEKLU T, LEMI A. Factors affecting entry and intensity in informal rental land markets in Southern Ethiopian Highlands[J]. Agricultural Economics, 2004, 30(2): 117-128.

越有利于提高土地资源利用效率。还有学者提出,除区位等自然因素外,利益相关者参与程度,也对提高土地要素配置效率有重要作用[①]。

3.国外学者对中国农村土地制度的考察

国外一些学者对我国农村土地制度进行考察,根据他们的一些观点进行叙述,有利于从另一层面审视我国农村土地制度安排在提高土地要素利用效率等方面的利弊。McMillan等指出正是通过这种新的制度安排(农村土地承包经营制),让农民拥有了占有和使用土地的权利,付出劳动后,能够让农户获取更多土地产出剩余,有利于优化土地、劳动力资源配置,激发农民的生产积极性,同时还降低了农业生产中的监督成本,进而提高土地产出。Tin Nguyen等(1996)[②]对中国农村土地分割与农业生产效率的考察,认为只有更有效率的土地流转,才能提高农地适度规模经营水平,提高土地利用效率,从而推动农业技术提升和农户收入增加。Jin等人[③]通过分析中国农村土地流转对农户收入水平的影响,发现无论是土地经营权转出还是流入均可促进农户收入水平的提高。Kimura等[④]通过对中国土地租赁市场的考察,认为交易费用可能会引起土地要素市场失灵,并抑制土地资源的进一步优化配置。

2.1.3　土地利用保护

土地的稀缺性及重要价值,人们在对土地资源竞争的过程中,不可避免地产生一些矛盾和冲突,对农地(耕地)利用权利、土地利用过程中产生的一些现

① HESSEL R, VAN DEN BERG J, KABORÉ O, et al. Linking participatory and GIS - based land use planning methods: a case study from Burkina Faso[J]. Land Use Policy, 2009, 26(4): 1162-1172.

② NGUYEN T, CHENG E J, FINDLAY C. Land fragmentation and farm productivity in China in the 1990s [J]. China Economic Review, 1996, 7(2): 169-180.

③ JIN S Q, DEININGER K. Land rental markets in the process of rural structural transformation: productivity and equity impacts from China[J]. Journal of Comparative Economics, 2009, 37(4): 629-646.

④ KIMURA S, OTSUKA K, SONOBE T, et al. Efficiency of land allocation through tenancy markets: evidence from China[J]. Economic Development and Cultural Change, 2011, 59(3): 485-510.

实冲突,以及如何更好地对土地进行开发(利用)与保护思想的梳理,有利于丰富本书的研究思路,也更好阐明后文要提出的观点。

1.土地利用权利

正是由于土地的稀缺性和不可再生性,人们对土地资源的竞争更激烈,所以学者们提出了人们对土地平等利用权利的观点。如奥尔多·利奥波德(Aldo Leopold)就认为"土地共同体中的所有成员都有继续存在于一种自然状态下的权利,土地共同体的所有成员包括人在内的地位都是平等的"①,将人们平等利用土地的权利视为一种"自然的安排"。温斯顿·丘吉尔(Winston Churchill)从土地的固有属性出发,认为"土地,在面积上受到严格限制,在地理位置上是固定的,跟所有其他形式的财产都不一样"②。因此,保障人们平等地利用土地的权利,对任何一个国家和地区来讲,都有十分重要的现实意义。基于土地利用效率的提高,巴泽尔(Yoram Barzel)③还提出"新的权利对应于新的经济力量而产生"的观点。指出新的权利,正是人们如何更加公平地利用土地的权利,在更好保障和满足人们对土地需要的同时,以"新的权利"安排提高土地利用效率,增进社会财富。

2.关于人们在土地利用过程中产生的冲突

土地不可再生性(稀缺性)及对人类社会的重要意义,必然导致人与人之间对土地资源的竞争,进而产生一些现实冲突。Simmons就指出"土地冲突是没有或者缺乏土地的人同拥有大量土地的大地产阶级之间围绕土地使用权的抗争"④。关于对土地冲突的应对,学者们主要强调通过市场化途径,平衡土地竞

① 奥尔多·利奥波德.沙乡年鉴[M].侯文蕙,译.长春:吉林人民出版社,1997:282.
② 安德罗·林克雷特.世界土地所有制变迁史[M].启蒙编译所,译.上海:上海社会科学院出版社,2016:6-7.
③ 约拉姆·巴泽尔.产权的经济分析[M].2版.费方域,段毅才,钱敏,译.上海:格致出版社,2017:96.
④ SIMMONS C S. The political economy of land conflict in the eastern Brazilian Amazon[J]. Annals of the Association of American Geographers, 2004, 94(1): 183-206.

争者之间的矛盾。如 Haggard 等认为"实行包括土地资源在内的要素市场化改
革,是化解社会(土地)冲突的必然选择"[1]。世界银行还提出"明确土地产权,建
立土地使用权租赁和所有权流转市场,利用农村银行向小农提供贷款资金,降
低农村家庭私人投资的门槛等"[2],进而将土地利用权利更加公平地配置到大多
数农户手中,以化解土地冲突。但 Borras 通过对发展中国家考察,指出"市场化
改革举措没有打破土地垄断的局面,也没有带来预期的效率"[3],进而质疑期望
通过市场途径增进农户土地平等利用权利的观点。Ntsebeza 也认为"由于小农
和大地主在土地市场中所处地位和掌握的资源不同,大地产阶级反而可能'合
理'地通过资本从市场交易中控制更多的土地资源"[4],对大地产阶级侵害小农
户平等利用土地权利进行批评。

3.关于土地合理开发(利用)与保护

由于土地资源稀缺性和不可再生性,随着经济社会的发展,各个国家和地
区都普遍注重对土地资源适度开发和科学保护。如有学者就提出土地利用规
划对规划范围内的耕地和林地能够起到较好的保护作用[5]。强调"土地利用规
划在特定的社会环境中,有利于对土地所有者的土地配置行为产生影响"[6]。

---

① HAGGARD S, WEBB S B. What do we know about the political economy of economic policy reform?[J].
The World Bank Research Observer, 1993, 8(2): 143-168.

② DEINLNGER K, BINSWANGER H. The evolution of the world bank's land policy: principles, experience,
and future challenges[J]. The World Bank Research Observer, 1999, 14(2): 247-276.

③ BORRAS S M. Questioning the pro-market critique of state-led agrarian reforms[J]. The European Journal
of Development Research, 2003, 15(2): 109-132.

④ NTSEBEZA L. Land-reform politics in South Africa's countryside[J]. Peace Review, 2007, 19(1): 33-41.

⑤ HATHOUT S. The use of GIS for monitoring and predicting urban growth in east and West St Paul, Winni-
peg, Manitoba, Canada[J]. Journal of Environmental Management, 2002, 66(3): 229-238.

⑥ HALLEUX J M, MARCINCZAK S, VAN DER KRABBEN E. The adaptive efficiency of land use planning
measured by the control of urban sprawl. The cases of the Netherlands, Belgium and Poland[J]. Land Use
Policy, 2012, 29(4): 887-898.

Robinson 等[1]还认为对农地出台长期的保护政策,有利于减少对农用地的占用。有学者[2]综合考虑土地可持续性、土地利用优化和土地空间配置 3 个目标,提出土地开发保护的方案。从国家层面来看,为提高土地利用效率(科学开发),早在 1947 年,英国就通过法律的形式对人们开发土地的行为进行限制,要求有意愿对特定土地进行开发的人,须提出申请并取得开发许可[3],以更好地保护和开发土地资源。美国政府还采用信贷支持、政策引导、价格补贴等措施,鼓励家庭农场提高土地适度规模经营水平,促进土地合理开发利用[4]。为保护农户平等利用土地的权利,1952 年,日本实施的《农地法》也强调"只有从事耕作的农民才能拥有土地",并对单个主体土地使用数量的上限和下限做了规定(1970 年《农地法》修改时废除这一规定)[5],以对土地进行合理利用。

2.2　国内相关研究

改革开放后,随着城乡区域发展和收入分配差距扩大,大量劳动力持续离开农业农村,到非农领域寻求发展机会。在这一过程中,农户之间也逐渐开始分化,主要表现为家庭内部劳动力资源在农业和非农领域的重新配置,以及农村内部不同家庭收入水平差距不断加大。随着城乡经济社会的进一步发展,一部分农户在非农领域获得了稳定发展的机会,长期从事非农生产也能维持家庭成员正常生活需要,进而具备了彻底脱离农业农村的客观条件,再返回农村依靠从事农业生产活动维持生计的可能性大大降低。与此同时,农村地区土地流

① ROBINSON L, NEWELL J, MARZLUFF J. Twenty-five years of sprawl in the Seattle region: growth management responses and implications for conservation[J]. Landscape and Urban Planning, 2005, 71(1): 51-72.
② SANTÉ-RIVEIRA I, CRECENTE-MASEDA R, MIRANDA-BARRÓS D. GIS-based planning support system for rural land-use allocation[J]. Computers and Electronics in Agriculture, 2008, 63(2): 257-273.
③ 唐顺彦,杨忠学.英国与日本的土地管制制度比较[J].世界农业,2001(5):19-20.
④ 华彦玲,施国庆,刘爱文.发达国家土地流转概况[J].新农村,2007(2):28.
⑤ 张术环.当代日本农地制度及其对中国新农村建设的启发[J].世界农业,2007(6):41-43.

转①、耕地撂荒等现象普遍增多。这样,对一些事实上已经摆脱农业生产束缚的农民来说,如何更好地保护和实现土地的财产性权利就成为他们关注的焦点。土地承包经营权退出,作为农户特别是进城农户实现其土地权益的潜在途径,也是学者们关注的重点。

2.2.1 土地承包经营权退出内涵界定

考察农户的土地承包经营权退出,需要阐述清楚土地承包经营权内涵与外延。我国实行的是土地的社会主义公有制,农村土地属于农民集体所有②。作为农民集体微观组成单元的家庭(农户),和同为农民集体的其他农户共同享有占有、使用农民集体土地的权利。法律也非常注重保护农户作为农民集体成员对土地的占有、使用权利,明确规定"国家实行农村土地承包经营制度",强调"农村集体经济组织成员有权依法承包由本集体经济组织发包的农村土地"③。土地承包经营权正是农村家庭(农户)依法享有的对承包地使用、获取收益,以及转让土地承包经营权等权利集合。因此,土地承包经营权最初的获取主要是基于农户特定身份(农村集体经济组织成员),不仅是单纯经济方面的权利④,也体现出一种保障和福利性质。农户拥有的土地承包经营权也是一种兼有身份和财产要素性质的权利⑤。有学者从土地所有权、土地承包经营权的关系出发,指出农户的土地承包经营权是土地所有权派生出的一种相对独立的财产权形态,认为土地承包经营权属于物权,且属于物权中的他物权,属于他物权中的用

① 主要指土地经营权流转。
② 除法律规定属于国家所有的以外。
③ 《中华人民共和国农村土地承包法》(根据2018年12月29日第十三届全国人民代表大会常务委员会第七次会议《关于修改〈中华人民共和国农村土地承包法〉的决定》第二次修正)第三条、第五条。如无特别说明,本文引用《中华人民共和国农村土地承包法》相关条文,均为第二次修正后的。
④ 黄贻芳,钟涨宝.城镇化进程中农地承包经营权退出机制构建[J].西北农林科技大学学报(社会科学版),2014,14(1):13-18.
⑤ 孟勤国.中国农村土地流转问题研究[M].北京:法律出版社,2009:1-9.

益物权,是一种新型用益物权①。

本书讨论的"土地承包经营权退出"属于法律规定的土地承包经营权"转让""交回",以及"依法收回""依法征收"的范畴②,与土地经营权流转(一定期限土地使用权利的让渡)有本质区别。广义上讲,土地承包经营权退出是指农户根据自身情况,对其拥有的土地权利(主要为承包权、使用权)的处置,包括土地承包权、土地使用权的转让、出租、抵押等,可解读为兼有土地承包权的退出和土地经营权的流转③。狭义上讲,"依法收回""依法征收"等情形发生后,农民"被动"失去对土地占有使用的权利,进而成为"失地农民",土地承包经营权退出主要是基于农户"自愿""主动"行为的结果,是部分农民结合自身实际,彻底放弃承包地的行为④。农户土地承包经营权退出,还可以理解为农户,尤其是进城落户农户自愿退出承包地并获得相应补偿的自由选择权利,是农户基于一定的权利让渡而获得相应财产性收益的退出方式⑤。因此,农户退出土地承包经营权,从家庭劳动力资源配置来看,结果主要表现为劳动力资源从农业领域进入非农生产领域;从身份特征来看,家庭成员由农民转变为市民⑥。

也有学者从"三权分置"视角⑦出发,认为土地经营权主要为农户将特定土地一定时间内的占有、使用等权利进行流转(出租),有明显的时限性和可逆性特征;而农户土地承包经营权退出,主要为农户将附着在土地上的全部权利进

① 丁关良.农村土地承包经营权性质的探讨[J].中国农村经济,1999(7):23-30.
② 需要说明的是,现实中"依法收回""依法征收"可能不是基于农户"自愿",但事实上造成农户土地承包经营权的"灭失",相应权利都不存在了,权利主体自然就"退出"了。
③ 刘平.承包地退出规则之反思与重构:以《农村土地承包法》修改为中心[J].华中农业大学学报(社会科学版),2019(2):153-162,170.
④ 刘同山,赵海,闫辉.农村土地退出:宁夏平罗试验区的经验与启示[J].宁夏社会科学,2016(1):80-86.
⑤ 高强,宋洪远.农村土地承包经营权退出机制研究[J].南京农业大学学报(社会科学版),2017,17(4):74-84.
⑥ 黄贻芳,钟涨宝.城镇化进程中农地承包经营权退出机制构建[J].西北农林科技大学学报(社会科学版),2014,14(1):13-18.
⑦ 这里的"三权",是指农村土地所有权、土地承包权、土地经营权。

行转让、放弃或者退回,具有长久性和整体性特征[1]。如就有学者基于农户取得土地承包经营权的"身份性质",认为土地承包经营权退出,是包括农民集体成员身份的退出[2],强调土地承包经营权退出本质是农户对部分成员权利的放弃,是对农民身份利益的处分[3]。但也有学者认为,农户退出承包地只是将土地相关权利部分或者全部让渡给农民集体或第三方的行为[4]。本书更倾向于认为土地承包经营权退出主要是承包方(农户)因自身原因,客观对土地不需要,进而导致其相应权利得不到充分利用,通过 定方式将其转让给他人或组织的一种"土地使用方式"[5],从而保护和实现自身权益的行为,结果是促进土地要素流动,提高土地利用效率,实现土地要素优化配置。

2.2.2 对土地承包经营权退出的担忧

正是因为土地承包经营权直接关系农户切身利益,而现实中不同地区表现出的差异性又较大,对农户土地承包经营权退出行为持保留甚至反对的意见也从未停止。梳理学者们对农户退出承包地行为的不同意见,有利于对土地承包经营权退出问题进行深入探讨,以尽可能地反映真实农村社会现实。有学者认为,有能力在城镇定居的农民,多是经济条件相对优越,或是当地有影响的社会成员,动员各种社会资源能力较强,他们的退出可能会使农村失去带头人,"呼吁机制"会受到削弱,同时还会带走劳动力、资本等要素,影响农村经济社会的进一步发展[6]。也有学者结合土地的生产功能,认为在相当长时期内,兼具"生

① 罗必良,何应龙,汪沙,等.土地承包经营权:农户退出意愿及其影响因素分析:基于广东省的农户问卷[J].中国农村经济,2012(6):4-19.
② 韩立达,韩冬.市场化视角下农村土地承包经营权有偿退出研究:以成都市为例[J].中州学刊,2016(4):43-48.
③ 范朝霞."三权分置"视野下土地承包权退出机制研究[J].河南财经政法大学学报,2019,34(2):18-27.
④ 汪武静,李荣耀,叶兴庆.农户土地成员权退出定价研究综述[J].中国农业大学学报,2019,24(4):228-238.
⑤ 张克俊,李明星.关于农民土地承包经营权退出的再分析与政策建议[J].农村经济,2018(10):9-15.
⑥ 艾伯特·O.赫希曼.退出、呼吁与忠诚:对企业、组织和国家衰退的回应[M].卢昌崇,译.上海:格致出版社,2015:8-9.

产资料""就业""社会保障"等多重功能于一体的土地,仍是大部分农民维持基本生活需要的基础,农户对承包地的依赖度仍然较高,特别是当农业转移人口市民化失败后,农村的承包地自然就成了他们的生活"保险田"和现实"退路"①。还有学者从土地收益视角,认为只有当土地经营权流转预期收益为零甚至为负时,农户才会抛弃承包地,或者说是退出土地承包经营权②。也有学者从农户观念视角,认为很多农民都有"土地情结",同农村有着千丝万缕的关系,即便不再需要承包地,他们把土地经营权流转出去(收取租金),也是可选择的方案,选择退出承包地的只是少数③。还有学者指出市场机制作用下,如果没有处理好退地农民的就业及社会保障问题,可能导致大量失地农民涌入城市,形成贫民窟,加剧贫富分化,影响社会稳定④,强调其他方面的条件不成熟,如果放宽农民退出承包地限制,甚至可能会产生无地、无业的"流民"⑤。

还有学者认为在"三权分置"制度下,农民可以以保留土地承包权而让渡土地经营权的方式实现退出的效果。而且,农户保留土地承包权,某种意义上讲,可以为未来留下保障,特别是融入城市不成功后仍然可以返回农业农村,依靠土地生产活动维持基本需要。土地经营权的让渡,还免去了农户对土地进行耕种的负担,同时能获得一定的收益,认为土地经营权让渡对土地承包经营权退出产生了替代效应⑥。本书更倾向于认同学者们提出的"土地经营权流转为农户不彻底的、有期限的土地权益转让,仍然面临流转过程中土地承包权人同土地经营权人不履行合约的风险,以及面临土地承包期届满后可能对承包地进行调整等现实问题,与保持土地承包关系稳定、稳定土地经营主体预期等制度目

① 罗必良.农地保障和退出条件下的制度变革:福利功能让渡财产功能[J].改革,2013(1):66-75.

② 揭明,鲁勇睿.土地承包经营权之权利束与权利结构研究[M].北京:法律出版社,2011:89.

③ 乔金亮.土地承包经营权有偿退出试点破冰:帮农民算好进城账离农账后路账[N].经济日报,2017-06-13(4).

④ 韩长赋.中国农村土地制度改革[J].农村工作通讯,2018(Z1):8-19.

⑤ 郭晓鸣.警惕土地承包经营权退出的潜在风险[J].农村经营管理,2018(12):22.

⑥ 王吉泉,廖姣,李毅,等.农村土地承包经营权退出改革的现状、问题与对策研究[J].消费导刊,2016(12):15-16.

标相悖"观点①,而且仅仅是土地经营权流转,也不利于增加新的农业经营主体对提高土地地力的投资,甚至可能因为租金(地租)导致农业经营主体对土地进行掠夺性开发,不利于土地资源可持续利用。长期来看,在实行土地社会主义公有制的国家,一部分农业经营主体向土地承包经营权主体(农户)支付土地经营权租金,也是对他们劳动付出获得成果的剥夺。应引导部分不需要承包地的农户退出土地承包经营权,以保护人们平等利用土地的权利。

2.2.3 土地承包经营权退出重要意义

考察土地承包经营权退出问题,主要是基于劳动力资源持续离开农业农村的客观现实,仅通过土地经营权流转,难以提振农业经营主体投资积极性,难以提高农户土地适度规模经营水平,也难以避免土地撂荒等问题的产生。推进土地承包经营权退出改革,就是要破除阻碍土地要素自主有序流动的体制机制障碍,优化土地要素市场化配置②,保障不同市场主体平等获取土地要素的权利,进而更好地保护和实现农户特别是进城农户的土地承包经营权,对新时期更好地解决"三农"问题、增进民生福祉有重要现实意义。

1.有利于为农民全面发展创造条件

经济社会高质量发展需要具备一定的基础条件,人的全面发展也需要相应条件。人多地少的具体国情,是限制农民提高收入水平、改善生活品质,进而限制农民全面发展的主要因素,要提高农民收入水平、实现全面发展,就需要通过城市化、工业化完成农村人口转移(退出土地承包经营权)来实现③。现实地看,家庭承包经营制导致的土地分散经营,面对大市场客观上就很难适应,农业经

---

① 范朝霞."三权分置"视野下土地承包权退出机制研究[J].河南财经政法大学学报,2019,34(2):18-27.

② 新华社.中共中央 国务院关于构建更加完善的要素市场化配置体制机制的意见[EB/OL].(2020-3-30)[2021-03-22].中国政府网.

③ 杜润生.有关农村的一些情况、问题和建议(摘要)[J].南方农村,2002,18(6):50-51.

营方式的局限性越来越明显①。讨论土地承包经营权有偿退出,有利于引导部分农户将承包地交回给农民集体或者转让给其他经营主体,有利于让农民集体拥有更多土地要素,以满足新增人口对土地的需要,维护和增进农民发展权利。引导农户退出承包地以获得其他方面的补偿,还有利于为农业转移人口融入城市提供原始资本②,加快农业转移人口市民化进程。因为,如果进城农户仅将土地经营权流转给其他主体,从某种意义上讲,流转的仅为土地(资产)的收入流(服务流),如果土地收入流多变或不确定性增加,主要是流转双方不履行合约的风险,而当资产的收入可能受到交易各方影响时,对它的权利的保障就成问题了③,资产(权利)本身的价值也难以得到合理和公平的体现。引导部分农户退出承包地,还有利于减少新时期产生"不在地主"的可能,减少土地承包经营权主体(承包方)对其他土地经营主体劳动付出的剥夺,有利于依据农户土地经营能力和意愿,推动土地要素向"种田能手"集中,促进农民全面发展④⑤。

2.有利于提高土地资源利用效率、更好保障国家粮食安全

土地资源的合理利用,是大多数国家或地区必然要面对的现实问题,也是关乎新时代国家粮食安全的重大基础性问题。具体到人地关系高度紧张的现实国情,如何平衡人地关系在任何时期都必须予以高度关注,更重要的是提高土地要素配置效率⑥。推进土地承包经营权有偿退出,有利于引导土地资源向最有能力提高其利用效率的主体适度集中。粮食稳,天下安。粮食安全始终是关系国家大事的根本性问题,特别是对于拥有5亿多农村人口的人口大国来讲。在诸多影响农业农村发展、更好保障国家粮食安全的制度因素中,土地制

① 陈锡文.当前我国农村改革发展面临的几个重大问题[J].农业经济问题,2013,34(1):4-6,110.

② 王常伟,顾海英.城镇住房、农地依赖与农户承包权退出[J].管理世界,2016(9):55-69.

③ 约拉姆·巴泽尔.产权的经济分析[M].费方域,段毅才,钱敏,译.2版.上海:格致出版社,2017:8.

④ 高佳,李世平.城镇化进程中农户土地退出意愿影响因素分析[J].农业工程学报,2014,30(6):212-220.

⑤ 刘同山,孔祥智.参与意愿、实现机制与新型城镇化进程的农地退出[J].改革,2016(6):79-89.

⑥ 张红宇.中国农村的土地制度变迁[M].北京:中国农业出版社,2002:3.

度仍然是最重要的一项制度[1]。土地承包经营制度,客观上不可避免地带来了土地分散化、零碎化经营等缺陷[2],导致土地资源利用效率不高,如何保障国家粮食安全面临诸多现实挑战。加之户均实际占有的土地资源十分有限,种粮不赚钱、种粮难致富等,明显降低了农民种粮积极性。而如果农民进城后仍长期持有土地承包经营权,也容易导致土地的闲置或粗放利用,进而造成土地资源浪费[3],对保障国家粮食安全产生不利影响。建立土地承包经营权退出机制,有利于促使农民"既离土又离乡还离农",更好地保障离农农民土地权益的同时,提高留守农户土地适度规模经营水平,缓解"种粮不赚钱、种粮难致富"的矛盾,促进农民增收[4],更好地保障国家粮食安全。

3.有利于加快农业农村现代化进程

推进农业农村现代化是缩小城乡区域发展和收入分配差距的必然要求。现实地看,中国农业的问题正是生产经营规模太小,现代农业产业发展滞缓,小农户难以适应国内外大市场的激烈竞争[5]。要扩大农业生产经营规模,加快农业农村现代化进程,必然要求土地要素适度规模集中。自然地,引导部分农户退出土地承包经营权就成为农业农村现代化进程中重构农村人地关系的现实需要,也是加快农业现代化进程的客观要求[6]。国际经验表明,要实现农业农村现代化目标,也需要在减少农业人口的基础上,大幅地增加留守农村居民收入,使农村居民的收入水平逐步同城镇居民接近[7]。从另一层面来讲,要破解城市化与农业现代化双重困境,也需要在农村建立起更加灵活的土地产权关系,引

[1] 刘守英.土地制度与中国发展[M].北京:中国人民大学出版社,2018:35.

[2] 郭晓鸣.中国农地制度改革的若干思考[J].社会科学战线,2018(2):52-57.

[3] 郑兴明.城镇化进程中农民工土地承包权退出意愿探析:基于福建省部分地区的调研[J].西北农林科技大学学报(社会科学版),2014,14(1):19-24.

[4] 项继权,周娴.农民的地权选择与农地制度改革[J].学习与探索,2007(5):8-11.

[5] 杜润生.当前农村的三个问题[J].中国供销合作经济,2002(5):8-10.

[6] 郭晓鸣,高杰.我国农村土地承包权退出的地方探索与基本判断——基于四川省内江市的改革实践[J].国土资源科技管理,2017,34(2):1-8.

[7] 魏后凯."十四五"时期中国农村发展若干重大问题[J].中国农村经济,2020(1):2-16.

导部分农户退出承包地,改善人地关系,释放土地要素活力,从根本上解除土地对农民的束缚①。在"三权分置"背景下,引导农户退出土地承包经营权和促进土地经营权的自主有序流转是提高土地适度规模经营水平,优化土地要素配置的两个主要方向②。但现实中个别地区探索的"确权确地""确权确股不确地"③,仍然存在变相把农民锁定在土地上的问题,不利于农业劳动力向非农领域转移,也不利于提高农民收入水平。推进土地承包经营权有偿退出,正是在更好地保护和实现农户的土地承包经营权前提下,引导部分农户自愿有偿退出承包地,进而融入城市,为想种地、会种地的留守农户提高土地适度规模经营水平创造条件④。引导部分农户退出承包地,还对实现劳动力、土地等要素在城乡之间双向流动、激发农村内部发展活力等具有重要意义⑤。

2.2.4　土地承包经营权退出意愿考察

土地承包经营权直接关系农民的切身利益,特别是部分仍然需要依靠土地从事农业生产活动以维持基本生活需要的农民,更是十分珍惜和维护这一权利。但现实中,确实又存在一部分农户,特别是举家迁移至城市的农户,他们愿意退地,甚至有些迫切地希望能有偿退地,除土地生产功能对他们失去现实意义外,还有就是将小块土地租赁出去(流转土地经营权)收益低,若新的农业经营主体经营失败,还得再寻找新的土地需求方,增加交易成本。当然,农户退出

① 周其仁.中国农村改革:国家和所有权关系的变化(下):一个经济制度变迁史的回顾[J].管理世界,1995(4):147-155.
② 刘平.承包地退出规则之反思与重构:以《农村土地承包法》修改为中心[J].华中农业大学学报(社会科学版),2019(2):153-162,170.
③ 根据高海的解释,"确权确地"是指划分具体地块到户的土地承包经营权。"确权确股不确地"是指不划分具体地块到户并以股权体现的土地承包经营权。参见高海.论农民进城落户后集体土地"三权"退出[J].中国法学,2020(2):30-47.
④ 刘同山,吴刚.农村承包地退出:典型做法、面临问题与改革建议[J].新疆农垦经济,2019(4):42-48.
⑤ 王晓睿,钟晓萍,吕亚荣.基于内江土地承包经营权退出经验的研究[J].农业现代化研究,2019,40(1):10-17.

承包地的行为还会受到微观个体特征、中观家庭基本情况、宏观社会经济运行等多重因素的影响[1]。微观个体层面,户主性别、年龄、接受教育程度、恋土情结等都对农户退地意愿有一定影响[2]。中观家庭层面,家庭收入水平、主要劳动力就业状况、非农收入比等对农户退地的意愿也有显著影响[3]。宏观层面,社会保障水平、非农就业环境、对成功融入城市的预期等,都可能对农户退出承包地的意愿产生影响[4]。

具体来看,农户愿意或者不愿意退出土地承包经营权的原因还存在一些差异。如高佳[5]等研究则表明,农户家庭收入水平越高,非农化能力相对越强,越倾向于退出承包地。但刘同山等[6]发现若农户经济情况已经跨过市民化门槛,即农户收入水平提高到一定程度后,退地意愿可能反而会下降。苑鹏等[7]将此解释为,非农收入相对较高的农村家庭,土地退出收益的边际效用可能会相对较低。而且,这类农户更愿意将承包地作为一种资产长期持有,以期带来更多的收益[8],因而可能会降低其退地意愿。罗必良[9]通过对一些地区农户的考察,指出家庭非农收入份额的上升(下降),对农户退出承包地的影响是不确定的。

---

① 丁玲,钟涨宝.农村生源大学生土地承包经营权退出意愿及影响因素研究:来自武汉部属高校的实证[J].农业现代化研究,2015,36(6):1032-1037.

② 郭熙保.市民化过程中土地退出问题与制度改革的新思路[J].经济理论与经济管理,2014(10):14-23.

③ 严燕,杨庆媛,张佰林,等.非农就业对农户土地退出意愿影响的实证研究[J].西南大学学报(自然科学版),2012,34(6):128-132.

④ 罗必良,何应龙,汪沙,等.土地承包经营权:农户退出意愿及其影响因素分析——基于广东省的农户问卷[J].中国农村经济,2012(6):4-19.

⑤ 高佳,李世平.农民土地退出意愿对耕地利用效率的影响研究[J].大连理工大学学报(社会科学版),2014,35(1):75-80.

⑥ 刘同山,牛立腾.农户分化、土地退出意愿与农民的选择偏好[J].中国人口·资源与环境,2014,24(6):114-120.

⑦ 苑鹏,曲颂.进城农民工"三权"退出意愿实证研究[J].河北学刊,2020,40(5):152-157.

⑧ 朱要龙.政策认同、非农化能力与农户"两地"退出意愿——兼析土地功能分异的影响及退地方式的认同序列[J].西部论坛,2018,28(4):35-44.

⑨ 罗必良.农地保障和退出条件下的制度变革:福利功能让渡财产功能[J].改革,2013(1):66-75.

　　此外,严燕等[1]研究发现缺乏劳动力资源的农村家庭更愿意退出土地承包经营权。郑兴明[2]发现农民退地意愿受承包地面积、区位条件等因素影响。高佳等[3]发现家庭住址离县城距离越远的农户越倾向于退出土地。王丽双等[4]研究发现收入分化程度正向显著影响农民的土地承包权退出意愿。付振奇等[5]发现拥有政治身份(户主是否为党员或家庭成员中是否有村干部两个维度)的农户有退出承包地意愿的概率要大于没有政治身份的农户。高强等[6]研究认为,如果补偿标准合理、相关权益保障到位,有相当一部分进城落户农民愿意退出土地承包经营权。

　　还有不少学者通过现实调查,考察农户退出承包地的意愿。如罗必良[7]通过对广东省753户农户调研,发现有超过60%的受访者愿意退出承包地。张学敏[8]对河南、湖南、重庆等地886户农户进行调查,发现有19.64%的农户愿意退出承包地。高佳等[9]对陕西关中地区的580户农户调查发现,有24.2%的农户愿意退出承包地。刘同山等[10]对河北等地近800户农户调查发现,有21.69%的受

① 严燕,杨庆媛,张佰林,等.非农就业对农户土地退出意愿影响的实证研究[J].西南大学学报(自然科学版),2012,34(6):128-132.

② 郑兴明.城镇化进程中农民工土地承包权退出意愿探析:基于福建省部分地区的调研[J].西北农林科技大学学报(社会科学版),2014,14(1):19-24.

③ 高佳,李世平.产权认知、家庭特征与农户土地承包权退出意愿[J].西北农林科技大学学报(社会科学版),2015,15(4):71-78.

④ 王丽双,王春平,孙占祥.农户分化对农地承包经营权退出意愿的影响研究[J].中国土地科学,2015,29(9):27-33.

⑤ 付振奇,陈淑云.政治身份影响农户土地经营权流转意愿及行为吗?——基于28省份3305户农户调查数据的分析[J].中国农村观察,2017(5):130-144.

⑥ 高强,宋洪远.农村土地承包经营权退出机制研究[J].南京农业大学学报(社会科学版),2017,17(4):74-84.

⑦ 罗必良.农地保障和退出条件下的制度变革:福利功能让渡财产功能[J].改革,2013(1):66-75.

⑧ 张学敏.离农分化、效用差序与承包地退出:基于豫、湘、渝886户农户调查的实证分析[J].农业技术经济,2013(5):44-52.

⑨ 同③。

⑩ 刘同山,孔祥智.参与意愿、实现机制与新型城镇化进程的农地退出[J].改革,2016(6):79-89.

访者愿意在一定条件下退出承包地。方志权等[①]对上海松江、奉贤、金山等地1 255户农户调查,发现有65.3%的农户愿意退出土地承包经营权。李荣耀等[②]对重庆等地的716户农户进行调查,发现63.55%的农户愿意退出承包地。张广财等[③]基于长三角地区调查发现,农地全部流转的农户愿意退出承包地的比例达到62.26%,而农地尚未流转的农户愿意退地的比例仅为13.48%。还有一些学者调查发现农户退地意愿不强。如王兆林等[④]对重庆近2 000户农户的调查,发现仅有8.42%的农户愿意退出承包地。苑鹏等通过对北京、河北和河南等12个省(自治区、直辖市)外出农民工的调查,发现仅有7.25%的农户愿意退地,且农户退地意愿呈明显代际差异,老一代农民工(1980年以前出生)、第二代农民工(1980—1989年出生)和第三代农民工(1990年及以后出生)愿意以"村集体参照征地价格收回"承包地的比例分别为7.79%、14.29%、15.91%[⑤]。梳理学者们的调查,不难发现,农户退出承包地的意愿地区差异性明显,且呈现出一定的代际差异,同后文将要讨论的农户分化客观现实相符合,这也正是推进土地承包经营权退出改革的重要现实基础。

2.2.5 土地承包经营权退出方式研究

土地承包经营权退出涉及退地农户自身、农民集体(农村集体经济组织)、地方政府,以及有意愿承接(受让)土地承包经营权的农业经营主体等多方利益,退出主体、退出形式、补偿标准(方式)及主体、退出程序、退出土地利用等都

---

① 方志权,张晨,张莉侠,等.农村土地承包经营权退出意愿与影响因素:基于上海四区1255份农村调查问卷的分析[J].农村经营管理,2017(11):25-27.
② 李荣耀,叶兴庆. 农户分化、土地流转与承包权退出[J].改革,2019(2):17-26.
③ 张广财,何东伟,顾海英.农户分化何以影响农户土地承包权退出决策?[J].经济与管理研究,2020,41(2):66-81.
④ 王兆林,杨庆媛,张佰林,等.户籍制度改革中农户土地退出意愿及其影响因素分析[J].中国农村经济,2011(11):49-61.
⑤ 苑鹏,曲颂.进城农民工"三权"退出意愿实证研究[J].河北学刊,2020,40(5):152-157.

是需要解决的现实问题。

1.退地农户主体资格

土地承包经营权直接关系农户切身利益,农户退出承包地意味着可能将彻底割裂同农业农村之间的关系。如有学者认为农户退出承包地,实质上是农户将土地承包经营权进行转让的行为,结果是农户与发包方之间确立的土地承包关系解除,农户退出(转让、放弃)土地承包经营权须以丧失集体成员资格为前提[1]。也有学者认为农户退出承包地,退出的仅是土地承包经营权单一的财产性权利,不必然丧失农村集体经济组织成员资格,也不影响其作为农村集体经济组织成员享有的宅基地使用权、集体收益分配权等。考虑到退出承包地对农户可能产生的重要影响,学者们普遍认为应对有意愿退地农户的资格,或者说是具体条件,如家庭收入水平、劳动力就业状况、是否有社保等进行适当限制,以减少改革风险。

2.土地承包经营权退出形式

从农户退地形式来看,有学者将农户退出承包地分为主动退出和被动退出两种,主动退出又分为自愿退出和制度性退出(法定退出事由发生后,发包方依法收回的情形),被动退出主要指国家以公共利益为名义,对农村土地的征收或者征用[2],以及因自然因素,如承包地的严重毁损等。也有学者将土地承包经营权退出分为政策性退出、合作性退出和市场性退出三种类型,强调从长期来看,通过市场化途径退出应是重要方向[3]。还有学者将承包地退出归纳为政府收储型、集体收储型与自发交易型三种类型[4]。学者们还强调,无论是哪种形式的退

① 刘平.承包地退出规则之反思与重构:以《农村土地承包法》修改为中心[J].华中农业大学学报(社会科学版),2019(2):153-162,170.
② 张成功.关于完善农村土地承包经营权退出机制探析[J].中共山西省直机关党校学报,2015(3):90-93.
③ 高强,宋洪远.农村土地承包经营权退出机制研究[J].南京农业大学学报(社会科学版),2017,17(4):74-84.
④ 刘同山,吴刚.农村承包地退出:典型做法、面临问题与改革建议[J].新疆农垦经济,2019(4):42-48.

出,承包地退出都需要在农户自愿、有偿基础上开展,且应将承包地(土地承包经营权)返还给作为土地所有者的农民集体[1]。具体地,学者们强调农户退出土地承包经营权应以"户"为单位整体、永久性退出[2]。指出应引导举家进城的农户自愿有偿退出承包地[3]。但现实地看,不同地区在推进土地承包经营权退出试验中,主要还是尊重农户意愿,结合各地实际,尽可能满足部分家庭成员退地需求,以及在农户退出土地承包经营权的同时保留农民集体成员资格(宅基地使用权、集体收益分配权)要求。

3.补偿标准(方式)及补偿主体

补偿方式及具体补偿标准直接关系退地农户切身利益,也是学者们普遍关注的重点。学者们指出提高农民退地积极性的关键还在于对农民进行合理补偿,指出政府(农民集体)应当对退地农户予以资金、社会保障等方面补偿[4][5]。也有学者提出可构建以退地补偿置换农村社保等为基础,以其他方式进行补偿为补充的多元补偿机制[6],强调对农户退出土地承包经营权的补偿,不应仅限定在资金上的补偿,更重要的是要给予他们在未来生活中的保障[7],以保障退地农户长远生计。进而提出应设置合理的补偿标准和补偿年限对农民进行补偿,可以货币补偿为主,但不限于货币补偿[8]。还有学者强调应将退地农户的货币补偿和经营性补偿相结合,通过土地金融创新等途径,形成稳定的农地收益[9]。

---

[1] 吴康明,陈霄.农民土地退出意愿与关键环节拿捏:重庆例证[J].改革,2011(10):61-66.

[2] 范朝霞."三权分置"视野下土地承包权退出机制研究[J].河南财经政法大学学报,2019,34(2):18-27.

[3] 韩长赋.再谈"三权"分置[N].经济日报,2017-11-17(6).

[4] 汪晓春,李江风,王振伟,等.新型城镇化背景下进城农民土地退出补偿机制研究[J].干旱区资源与环境,2016,30(1):19-24.

[5] 楚德江,韩雪.农民工市民化进程中农地承包权退出机制研究[J].理论导刊,2016(7):71-75.

[6] 范朝霞."三权分置"视野下土地承包权退出机制研究[J].河南财经政法大学学报,2019,34(2):18-27.

[7] 张成功.关于完善农村土地承包经营权退出机制探析[J].中共山西省直机关党校学报,2015(3):90-93.

[8] 高佳,李世平.产权认知、家庭特征与农户土地承包权退出意愿[J].西北农林科技大学学报(社会科学版),2015,15(4):71-78.

[9] 黄花.农村土地退出路径研究[J].中南大学学报(社会科学版),2014,20(5):77-82.

4.退出程序及退出土地的利用

从各地试点来看,土地承包经营权退出程序,一般按照农户提出申请、审核、协商补偿、开会议定(发包方召开全体成员大会或成员代表大会讨论)、公示、签订合同、变更登记的程序进行①②。关于退出土地的利用,学者们提出,农户退出的土地应在满足农村集体经济组织内部成员需求和吸引外部力量进入之间寻求平衡,提高土地要素利用效率。有学者认为,退出的土地应在农村集体经济组织内部重新发包③,更好地保护留守农户权益。还有学者强调,农户将土地退回农民集体后,应由农村集体经济组织统一经营,以更好地满足农村集体经济组织发展需要,也可将土地经营权流转给其他主体④。

2.3 简要述评

国外学者在关于土地的思想、土地产权流转,以及对土地资源进行科学开发、利用和保护等方面开展了非常丰富的研究,形成了大量颇有见地的研究成果。但现实地看,我国同国外多数国家的基本国情、农地制度等方面有根本性不同,学者们研究的侧重点也有所区别,国外学者提出的一些思想、观点并不一定都适合我国具体国情。但也要认识到,当前我国同国外部分发达国家在特定历史发展阶段、农业资源禀赋、农业农村发展特征等方面仍然有一定的相似之处,国外学者的一些思想,特别是马克思恩格斯关于土地制度的一些思想,对新时代我国农村土地制度改革,尤其是对本书讨论的农户土地承包经营权退出,仍然具有借鉴意义。如马克思提出的"需求能增进土地价值""通过土地改良,

---

① 陶通艾.湄潭县:进城不退承包地 退地不退成员权[J].理论与当代,2019(2):47.
② 《成都市规范农村土地承包经营权退出的指导意见(试行)》(成农办〔2017〕141号)。
③ 吴康明,陈霄.农民土地退出意愿与关键环节拿捏:重庆例证[J].改革,2011(10):61-66.
④ 裴丽平.我国农村土地承包经营权退出机制的完善[J].淮海工学院学报(人文社会科学版),2017,15(6):26-29.

提高土地利用效率"，马克思对"地租"的批判等方面的思想，以及马克思强调的
"现代科技应当在农业中广泛应用"思想，特别是马克思指出"我们所具有的科
学知识，我们所拥有的耕作技术手段，如机器等，如果不实行大规模的耕作，就
不能有效地加以利用"的观点①，更加坚定了本书继续探讨农户土地承包经营权
退出问题，为农业经营主体提高土地适度规模经营水平，增加现代科技要素在
农业生产中运用的信念。

国外的一些学者，如约翰·洛克提出"土地权利米源于人的辛勤劳动"的思
想，巴泽尔提出的"新的权利对应于新的经济力量而产生"观点，以及 Feder 等学
者提出"把生产要素配置给最有效率的农户"的见解，对本书后面将要提出的
"应赋予留守农民、新型农业经营主体更多的土地权利"②，以提高土地适度规模
经营水平、增进土地生产效率等起到非常重要的思想指引作用。又如康芒斯提
出的"土地交易是人与人之间对自然物的权利的出让和取得关系"观点，也有利
于深化对土地承包经营转让的认识。国外学者对影响土地流转效率的研究，对
本书考察土地承包经营权退出的影响因素也非常受益。Lewis 提出的农业劳动
过剩观点，以及对发展中国家农业生产效率低下的解释，对理解我国农业人口
转移中人地分离、土地撂荒等现实也有明显的帮助。

国内学者对土地承包经营权内涵界定、农户退出土地承包经营权重大现实
意义、退出意愿及影响因素考察、退出形式等方面的研究，形成了一大批非常有
价值的理论成果，甚至是学者们提出的一些反对土地承包经营权退出意见（或
者说是"担忧"）也富有思想内涵，对推进农村土地制度改革，增进农民民生福
祉，加快农业农村现代化进程，促进农民共同富裕等有重要作用，对本书的撰写
也起到思想智库的作用。但目前，学界关于农户土地承包经营权退出的一些具
体问题，如对于是否具有普遍意义上农户土地承包经营权退出主体资格，退出

---

① 中共中央 马克思 恩格斯 列宁 斯大林著作编译局.马克思恩格斯选集-第三卷[M].3版.北京:人民出
版社,2012:176.

② 留守农民对应付出更多的辛勤劳动,新型农业经营主体对应新的经济力量。

性质(彻底退出还是部分退出?),补偿标准及方式,资金来源渠道,退出土地的利用(重新发包给农民集体内部的其他农户,还是将土地经营权流转给其他经营主体?)等问题仍未形成共识,需要进一步从农户土地承包经营权退出实践中,总结提炼解决方案,丰富农户承包地退出相关理论支持,以为地方推进土地承包经营权退出实践提供理论参考。

正如学者们提出的,国家全面实行农村土地承包经营制度近40年,城乡经济社会关系发生明显转变,特别是城乡人口关系发生较大变化,农村土地承包经营制度也凸显出一些现实问题,继续采取视而不见的回避态度,并非提倡的治学态度①。马克思也反复强调小块土地经营有天然的弊端和局限,必然会被规模经营所取代。现实地看,中国农地制度面临着农业转移人口"离农不离土"、农村土地资源"稀缺与闲置"并存、土地财产与保障功能"一升一降"、土地承包经营权退出"有意愿无路径"等现实困境②。当然,本书并非对未来的农地制度构想。恩格斯也曾说过:"关于未来社会组织方面的详细情况的预定看法吗?您在我们这里连它们的影子也找不到。"③本书只是希望在现有法律、政策框架内,尽可能提出如何进一步优化农村土地制度的方案,以提高土地资源配置效率。法律明确规定:"承包农户进城落户的,引导支持其按照自愿有偿原则依法在本集体经济组织内转让土地承包经营权或者将承包地交回发包方,也可以鼓励其流转土地经营权。"④允许农民退出承包地也是我国农村土地制度自我修正和完善的有益尝试,同时赋予了农民自由选择的权利⑤。在推进土地承包经营权退出过程中,如何在农户自愿的前提下,在更好地保护和实现农户的权

---

① 张红宇.中国农村的土地制度变迁[M].北京:中国农业出版社,2002:4.

② 丁延武,王萍,郭晓鸣.不同禀赋农民土地承包经营权有偿退出机制研究:基于四川省内江市市中区的经验和启示[J].农村经济,2019(9):57-64.

③ 中共中央 马克思 恩格斯 列宁 斯大林著作编译局.马克思恩格斯全集-第二十二卷[M].北京:人民出版社,1965:628-629.

④ 《中华人民共和国农村土地承包法》,第二十七条。

⑤ 王晓睿,钟晓萍,吕亚荣.基于内江土地承包经营权退出经验的研究[J].农业现代化研究,2019,40(1):10-17.

益基础上,设计出有利于促进农户退出承包地,有助于提高新型农业经营主体,特别是提高留守农户的土地适度规模经营水平,进而提高土地要素流动效率的制度安排有重要现实意义,也是本书关注的重点。

客观地讲,和很多现实问题一样,土地承包经营权有偿退出本身是一个不断发展的问题。马克思指出:"人类始终只提出自己能够解决的任务,因为只要仔细考察就可以发现,任务本身,只有在解决它的物质条件已经存在或者至少是在生成过程中的时候,才会产生。"①因此,本书希望尽可能就具体农户,特别是部分进城农户面临的如何更好保护和实现土地承包经营权的问题,提出合理的退出路径,引导他们退出承包地,进而让一部分有能力和意愿经营更多土地的农户获得更多土地要素。需要严肃表明的态度是,本书开展农户土地承包经营权有偿退出的探讨,持一种"不鼓励、不反对"温和而坚定的态度,只是希冀为一部分不需要土地的农户多提供一种实现其财产权的制度安排。最后,还需要说明的是,农户退出土地承包经营权,是在经济社会发展过程中,部分农民在其他领域寻求到更高回报的就业机会、更好的全面发展机会,进而表现出对土地这一生产要素重视程度的普遍降低。

---

① 中共中央 马克思 恩格斯 列宁 斯大林著作编译局.马克思恩格斯选集·第二卷[M].3版.北京:人民出版社,2012:3.

第3章 "有偿退出"：基本概念、理论基础

3.1 基本概念

在具体开展土地承包经营权有偿退出讨论之前，还需要引入一些与论文主题息息相关的概念，这样，才可以对本书关注的问题本身有更为深刻的认识。对国家围绕农村土地设计出的相应权利的制度安排进行阐述，也有利于更好地分析不同权利之间的关系，以提出新的制度安排。

3.1.1 农村土地所有权

与农村土地相关的权利制度安排中，土地的所有权无疑是最为重要的一项权利，是与土地相关的其他一切权利，包括土地承包经营权、土地经营权等的基础，甚至可以说同土地有关的权利都是由土地所有权派生出来的。广义上讲，所有权，主要是指所有权人对自己的不动产或者动产，依法享有占有、使用、收益和处分的权利①。土地制度对相应权利的安排同每个人（特别是农民）利益息息相关，基于土地不能无限获取、地理上不能移动的自然属性，加之人们对土地需求的无限性，对土地权利的安排也是调整人们之间生产关系的重要内容。考

① 《中华人民共和国民法典》，第二百四十条。

虑到土地本身的自然属性,对一个国家或地区,特别是对农民的重要作用,不同国家或地区在不同的历史阶段,具体土地制度安排都存在较大差异。关于土地所有权本身的历史属性,马克思曾指出:"土地所有权的正当性,和一定生产方式下的一切其他所有权形式的正当性一样,要由生产方式本身的历史的暂时的必然性来说明,因而也要由那些由此产生的生产关系和交换关系的历史的暂时的必然性来说明。"①因而,土地所有权权利安排,同具体的历史时期生产关系暂时性类似,也有明显的历史属性。新时代,按所有权权利主体划分,我国主要有国家所有权和集体所有权、私人所有权三种类别②。关于土地的所有权,法律规定:"城市市区的土地属于国家所有。农村和城市郊区的土地,除由法律规定属于国家所有的以外,属于农民集体所有。"③具体地,农民集体,又主要包括村农民集体、村内两个以上农村集体经济组织的农民集体,以及乡(镇)农民集体三种情形④。因而,按照法律,农村土地的所有权是属于具体的特定农民集体,而不是属于农民集体内部的具体农户,更不属于个人,而且,农民集体的土地所有权,也不可以分割到单独的家庭(农户)或个人,在我国土地买卖行为也是被禁止的⑤。简而言之,农民集体作为农村土地所有权权利主体是十分明晰的。

3.1.2 土地承包经营权

土地承包经营权,顾名思义,"承包"更多体现的是一种对社会(国家)、集体、他人,以及对土地本身的责任,"经营"则是具体由谁来占有、使用土地,并获取相应的收益。土地承包经营权,即农民集体内部的家庭承包、由农民集体或

---

① 中共中央 马克思 恩格斯 列宁 斯大林著作编译局.马克思恩格斯文集-2:1848—1859年[M].北京:人民出版社,2009:702.
② 《中华人民共和国民法典》,第二编"物权",第二分编"所有权"第五章。
③ 《中华人民共和国土地管理法》,第九条。
④ 《中华人民共和国土地管理法》,第十一条。
⑤ 吕康宁.我国"三农"法律的基本框架与立法经验[J].西北大学学报(哲学社会科学版),2019,49(2):36-45.

国家所有的土地,确立承包关系后,享有的对土地的一种权利,可以自己经营,也可以保留土地承包权流转土地经营权,由他人经营①。因而,土地承包经营权的权利主体为相应的家庭(承包方)。从我国农村的具体情况来看,农户要获得土地承包经营权需要具备两个必备条件:一是属于某个具体农村集体经济组织成员(成员属性);二是与发包方确立承包关系,签订承包合同,进而获得相应权利(财产属性)②。现实中,也有一部分农民,尽管属于具体的农村集体经济组织成员,但发包方未将土地发包给这部分农户(农户自然也未同发包方签订承包合同),未确立承包关系,他们就只拥有作为农民集体成员所享有的土地承包权,而没有土地承包经营权。狭义上讲,农户的土地承包经营权,主要包括"使用、获取收益,在承包地上自主组织生产经营和处置产品的权利",同时还可以将其拥有的权益"依法互换、转让",承包地被"征收、征用、占用",有依法获得相应补偿等方面的权利③。广义上讲,农户的土地承包经营权应该包括除不准买卖④以外的其他权利,以至于有学者称其为"准所有权"⑤。因而,土地承包经营权可视为在有中国特色的语境下的一种特殊权利,兼具身份权和财产权性质⑥。土地承包经营权上述性质,也是学者们对引导进城落户农民退出土地承包经营权持反对意见的重要原因之一,这里先按下不表,在后面进行讨论。

3.1.3 土地承包权、土地经营权

土地承包权,即农户作为农民集体微观个体成员,享有的承包所在农民集

---

① 《中华人民共和国农村土地承包法》,第九条。

② 刘振伟.巩固和完善农村基本经营制度[J].农村工作通讯,2019(1):20-24.

③ 《中华人民共和国农村土地承包法》,第十七条。

④ 这里主要是指所有权的转让。

⑤ KUNG J K. Equal entitlement versus tenure security under a regime of collective property rights: peasants' Preference for institutions in post-reform Chinese agriculture[J].Journal of Comparative Economics, 1995, 21(1): 82-111.

⑥ 王泽鉴.民法总则[M].增订版.北京:中国政法大学出版社,2001:67-76.

体土地的权利,是农户作为农民集体成员的重要权利之一。当发包方(农民集体)将土地发包给农户后,农户就享有"承包地使用、获取收益、自主组织生产经营"等方面的权利①。土地承包权,最初更多体现的是农民集体成员权,有明显的身份属性。同时,赋予农户土地承包权,某种意义上讲,也是对农民长期在特定范围内的土地上劳动付出、投资的回报。客观上讲,也主要是基于土地不可移动的自然属性,加之受交通条件、农户经营土地能力等方面的限制,农民实际可利用(耕种)的土地地理范围有限所致。因而,我国施行的以农村集体经济组织为基本单位,"采取家庭承包方式"是农民自己的选择,是现实可行的,也是经济的。需要说明的是,土地承包权因权利主体自身与集体成员身份密切相关,以特定成员身份为前提的,有明显的成员属性②③,是农户作为农民集体成员在农地分配上的一种行为结果④。

土地经营权,即一定时间期限内,权利主体对特定地块的土地占有、开展农业生产经营并取得收益的权利⑤,是承包地处于流转的一种状态,是由土地承包经营权分置出来的权利。为更好地适应人地分离新趋势,满足农业经营主体提高土地适度规模经营水平需要,提高土地要素利用效率,习近平总书记强调"完善农村基本经营制度,要好好研究土地所有权、承包权、经营权三者之间的关系"⑥。2016年10月,我国正式实行土地所有权、承包权、经营权分置并行,以落实集体所有权,稳定农户承包权,放活土地经营权⑦。2018年新修正的《中华人民共和国土地管理法》(以下正文中简称《土地管理法》)对土地经营权的取得、内涵、流转(价款)、权利保障等方面均有具体规定。以法律形式正式明确土地

① 《中华人民共和国农村土地承包法》,第十七条。
② 丁文.论土地承包权与土地承包经营权的分离[J].中国法学,2015(3):159-178.
③ 戴维,陈小君.论农村集体经济组织成员权利的实现:基于法律的角度[J].人民论坛,2012(2):20-23.
④ 朱广新.土地承包权与经营权分离的政策意蕴与法制完善[J].法学,2015(11):88-100.
⑤ 《中华人民共和国农村土地承包法》,第三十七条。
⑥ 叶兴庆.农用地的产权重构[N].中国经济时报,2015-05-13(5).
⑦ 新华社.中共中央办公厅、国务院办公厅印发《关于完善农村土地所有权承包权经营权分置办法的意见》[EB/OL].(2016-10-30)[2022-03-22].中国政府网.

集体所有权与土地承包权、土地经营权是承包地处于流转状态的一组权利，是"三权分置"[①]。因而，土地承包权、土地经营权都是从土地集体所有权中"分置"来的。其实，农户流转土地经营权获取的收益（价款），同农户退出土地承包经营权获取的"合理补偿"也有一定相似的地方，都是基于农户对土地劳动付出、投资的补偿。

3.1.4　土地承包经营权有偿退出

法律规定"土地使用权可以依法转让"[②]。土地承包经营权也属于土地使用权的范畴，土地承包经营权有偿退出，某种意义上讲，也是"土地使用权转让"的过程，是部分农户将其承包地通过一定的方式，退回给发包方或转让给其他经营主体，进而暂时或永久退出农业生产活动，甚至彻底割裂同农业农村的关系。广义上讲，任何致使农户退出农业生产领域，不再进行土地生产经营活动的行为，都属于农户退出承包地的范畴。狭义上讲，农户土地承包经营权退出，主要是农户实施相应行为，导致同发包方之间承包关系的终止。基于土地的特殊性质，特别是在实行土地社会主义公有制的社会现实中，农民集体的土地本身有一定公共产品属性。关于对退地农户的补偿，法律规定"承包方对其在承包地上投入而提高土地生产能力的，有权获得相应的补偿"[③]，且主要是基于承包方在土地上投资（付出劳动）等方面的因素，某种意义上讲，也是对农户在土地上投资产生的正的社会效益的补偿。其实，早在1984年，中央就认可了农户（社员）退出承包地的行为[④]，并提出"对农民向土地的投资应予合理补偿"[⑤]，以引导

---

① 新华社.关于《中华人民共和国农村土地承包法修正案（草案）》的说明[EB/OL].(2018-12-29)[2022-03-22].中国政府网.

② 《中华人民共和国土地管理法》,第二条。

③ 《中华人民共和国农村土地承包法》,第二十七条。

④ 主要指"社员在承包期内,因无力耕种或转营他业而要求不包或者少包土地的,可以自找对象协商转包",今天来看,"要求不包""协商转包"就呈现出农户退出土地承包经营权的客观事实。

⑤ 《关于1984年农村工作的通知》(一九八四年一月一日)。

部分不需要承包地的农户退出承包地。需要说明的是,农户土地承包经营权退出同土地经营权流转有本质区别。最本质的区别是,土地承包经营权退出,承包方和发包方之间的承包关系即行终止。而土地经营权的流转,则不会对双方确立的承包关系产生影响。

按照马克思主义观点,除了土地改良所带来的资本和劳动投入,土地本身是没有价值的[①]。当然本书讨论的"土地"大都有资本和劳动的投入,土地也得到一定改良,而且土地的价值及附着在土地上的权益也正是基于农户长期对土地在资本和劳动方面投入的重要体现。如有学者认为,随着承包方在土地上的长期投入,特别是增加的固定资产投资,超过一定"量"后,物的投入就会慢慢地超过"成员权",转变成"物权"的性质。对农户退出土地承包经营权的合理补偿,也正是基于物权性质的补偿[②],农户退出承包地正是权利人行使权利的一种方式[③]。现实地看,近40年来,大部分农村家庭承包的土地,尽管期间有一定的调整,但具体到家庭内部仍有大部分土地未调整,也就是说在大多农村家庭内部,一些特定地块的土地一直由同一农户占有、使用(经营)和获得收益,农户也持续向这些特定地块的土地投入劳动、资本等维持农业生产活动、提高土地地力。国家从法律层面提出农户退出承包地可以获得"合理补偿",既是对农民对土地投资的认可,也是维护农户权益的体现。同时,在"不得以退出土地承包经营权作为农户进城落户的条件"背景下[④],部分在城市务工经商、"不愿意务农、不愿意返回农村、不能返回农村"的农户,是不可能无偿把承包地交给集体的[⑤],更不会无偿转让给其他经营主体。

需要说明的是,根据《中华人民共和国农村土地承包法》(以下正文中简称

① 赵磊."虚拟价格"何以可能:关于马克思土地价格理论的重大分歧[N].学术月刊,2015,47(11):49-55.
② 张力,郑志峰.推进农村土地承包权与经营再分离的法制构造研究[J].农业经济问题,2015,36(1):79-92.
③ 朱继胜.论"三权分置"下的土地承包权[J].河北法学,2016,34(3):37-47.
④ 《中华人民共和国农村土地承包法》,第二十七条。
⑤ 郭熙保.市民化过程中土地退出问题与制度改革的新思路[J].经济理论与经济管理,2014(10):14-23.

《农村土地承包法》），农户自愿将承包地"交回发包方""发包方依法收回承包地"的行为，以及将其土地承包经营权"依法转让"①等情形发生后，农户应有获得相应补偿的权利，而且都会导致发包方和承包方之间承包关系的终止，都可以理解为土地承包经营权有偿退出范畴。尽管在"承包地被依法征收、征用、占用"情形下，可能因土地所有权性质转变，农户的承包地（土地承包经营权）事实上呈"被动"退出状态，而且农户也会获得一定的补偿，但这不属于本书要讨论的重点，后文也会对此进行解释。土地承包经营权的退出，也会面临退出主体、承接主体、退出方式、退出补偿等方面的具体问题，是土地承包经营权退出的重要内涵和外延。

3.2　理论基础

马克思主义政治经济学认为，生产资料所有制是生产关系的核心，决定着社会的基本性质和发展方向②。土地承包经营权作为土地产权的重要权能之一，权利人退出这一权利也是人与人之间占有土地关系（生产关系）变化的体现。对相关理论脉络进行梳理，有利于对这一问题获得更深层次的认识。

3.2.1　马克思生产力与生产关系理论

马克思生产力与生产关系理论，主要是指生产力的性质决定生产关系的性质，生产力的发展决定生产关系的变革，生产关系对生产力具有反作用，生产关系适合或者不适合生产力状况，对于生产力发展会起着促进或阻碍的作用③。现实地看，生产力水平的提高和生产关系的改善是人类社会进步的重要标志。

---

① 《中华人民共和国农村土地承包法》，第三十四条。
② 习近平.不断开拓当代中国马克思主义政治经济学新境界[J].求知,2020(9):4-7.
③ 《马克思主义哲学》编写组.马克思主义哲学[M].2版.北京:高等教育出版社,2020:155-157.

生产力主要是指人与自然之间的"物质-技术关系"①,是人类社会发展过程中长期积累形成的解决社会和自然之间矛盾的实际能力②。社会生产力水平的提高,表现出人们"利用自然、改造自然"以创造更多物质的和非物质的产品,以更好地满足自身需求的能力的增强。生产关系是人们在物质生产过程中结成的社会关系,是生产力诸要素相结合的社会形式,即生产方式的社会形式,由生产资料的所有制关系、人们在生产中的地位和交换关系、产品分配关系及由它直接决定的消费关系三个基本方面构成③。关于生产关系和生产力的辩证关系,马克思指出:"人们生产力的一切变化必然引起他们的生产关系的变化"④,强调"物质生活的生产方式制约着整个社会生活、政治生活和精神生活的过程。不是人们的意识决定人们的存在,相反,是人们的社会存在决定人们的意识。"⑤也就是说,生产力的变化决定生产关系的变化,生产关系的改变,会对生产力水平的进一步提高起到推动或者阻碍作用。

各种人类经济社会活动,都需要以物质生产为基础。物质生产又必然是社会的,既要发生人与自然的关系,又要发生人与人之间的经济联系及生产关系⑥。而且,不同历史时期,具体到一些国家或地区,生产力水平总是不断地客观变化的,这就需要由生产力决定的生产关系不断改变与之相适应。正如马克思指出的:"社会的物质生产力发展到一定阶段,便同它们一直在其中运动的现存生产关系或财产关系发生矛盾。于是这些关系便由生产力的发展形式变成生产力的桎梏。"⑦这时,就需要变革生产关系,以适应生产力水平提高的需要,

---

① 王小平.再谈生产力决定论:兼评里格比替代性理论[J].科学社会主义,2018(1):43-48.
② 肖前.历史唯物主义原理[M].北京:人民出版社,1983:84-85.
③ 徐光春.马克思主义大辞典[M].武汉:崇文书局,2017:58-59.
④ 中共中央 马克思 恩格斯 列宁 斯大林著作编译局.马克思恩格斯文集-2:1848—1859年[M].北京:人民出版社,2009:613.
⑤ 中共中央 马克思 恩格斯 列宁 斯大林著作编译局.马克思恩格斯选集-第二卷[M].3版.北京:人民出版社,2012:2.
⑥ 卫兴华.关于生产力与生产关系理论问题的研究与争鸣评析[J].经济纵横,2010(1):1-5.
⑦ 同⑤.

更好满足人的自主活动。另外，马克思将"生产关系的再生产"问题也是放在非常重要的位置的，认为生产关系的再生产是对生产关系中不适应生产力发展的某些方面和环节进行改革，从而以新的内容和形式来代替①。土地是农民最为重要的生产资料，是促进农村社会生产力水平提高的重要基础性条件，某种意义上讲，土地也是作为农民集体成员，"享有"对农民集体土地的"分配"，体现为人与人、人与社会（农民集体）之间的一种生产关系。从人的最基本的生存来讲，农民也需要利用土地，通过一定的劳动（技术）进行物质生产活动，以满足自身和家庭需要。因此，从唯物史观的视角来看，农村土地制度问题不是单纯的生产力或者生产关系的概念，脱离了生产力与生产关系来探讨土地制度问题，都是不合理不科学的。

3.2.2 马克思利益理论

利益问题同人类的各种活动直接相关，甚至可以说每个人的一生都伴随各种与利益相关的现实问题，对经济社会发展具有不可替代的作用②。按照《经济学大辞典》的解释，利益是代表一种促使自我保护、自我扩张的基本力量，强调这种力量驱动着人或拥有相似地位的个人、团体进行的行为③。现实地看，人与人、人与社会之间的利益也表现出个人"自我保护""自我扩张"的一种力量。在马克思、恩格斯的《1844年经济学-哲学手稿》《德意志意识形态》《共产党宣言》等多部著作中蕴含了非常丰富的利益思想。在马克思主义语境下，利益也蕴含于社会生产关系的基本矛盾之中，利益范畴是历史唯物主义的基本范畴④。如马克思基于人的现实需求，指出"人们为之奋斗的一切，都同他们的利益有

---

① 贝尔纳·沙旺斯.制度经济学[M].吕明慧，译.北京：中国经济出版社，2021：4-5.
② 董亮.马克思、恩格斯的"利益"思想及其时代价值：基于马恩经典著作相关论述的解读[J].海南大学学报（人文社会科学版），2021，39（9）：47-55.
③ 梁小民.经济学大辞典[G].北京：团结出版社，1994：341.
④ 王松涛.从马克思主义利益观看中国共产党的政治品格[N].光明日报，2021-07-23（2）.

关"①,指出"每一个人为另一个人服务,目的是为自己服务;每个人都把另一个人当作自己的手段相互利用。"②恩格斯也强调"每一既定社会的经济关系首先表现为利益"③,认为"所谓生存斗争不再单纯围绕着生存资料进行,而是围绕着享受资料和发展资料进行"④。根据马克思、恩格斯的观点,人有现实需要就会存在利益,这是利益的自然属性。同时,人也不是以孤立的单个人的形式存在的,而是一切社会关系的总和,人与他人、与社会之间都会存在一定的利益关系,体现出利益的社会属性⑤。因而利益是一个关系范畴,是社会经济关系最直接表现,人的需要是利益产生的前提,利益体现了个人之间、个人与社会之间矛盾的对立统一⑥。关于利益的具体指向,马克思、恩格斯还提出阶级利益,如资产阶级利益、无产阶级利益、中间等级利益,以及人的本质的利益(一般人的利益)、共同利益(国家的利益)、最近的利益、将来的利益、统治阶级的利益等⑦。

利益问题也是同土地制度安排密切相关的现实问题,表现出与土地相关权利主体的行为保护、禁止等。关于土地利益,马克思在考察地租问题时就发现,土地所有者"除了从工业、各种发现和劳动所取得的这种利益外"⑧,土地所有者还"从社会的繁荣得到好处,从人口和工业生产的增长,从社会需要的增长,总之,从社会财富的增长,得到利益"⑨。关于土地所有者同其他主体之间的利益

① 中共中央 马克思 恩格斯 列宁 斯大林著作编译局.马克思恩格斯全集-第一卷[M].2版.北京:人民出版社,1995:187.
② 中共中央 马克思 恩格斯 列宁 斯大林著作编译局.马克思恩格斯全集-第三十卷[M].2版.北京:人民出版社,1995:198.
③ 中共中央 马克思 恩格斯 列宁 斯大林著作编译局.马克思恩格斯选集-第三卷[M].2版.北京:人民出版社,1995:209.
④ 中共中央 马克思 恩格斯 列宁 斯大林著作编译局.马克思恩格斯选集-第四卷[M].2版.北京:人民出版社,1995:372.
⑤ 王义豪,贺银凤.论马克思主义利益理论[J].河北学刊,1991,11(2):45-49.
⑥ 易淼,赵磊.重提马克思的利益观:内涵·方法·比较[J].管理学刊,2013,26(6):10-14.
⑦ 马克思,恩格斯.共产党宣言[M].北京:人民出版社,2018:36-64.
⑧ 马克思.1844年经济学:哲学手稿[M].刘丕坤,译.北京:人民出版社,1979:34.
⑨ 马克思.1844年经济学:哲学手稿[M].刘丕坤,译.北京:人民出版社,1979:35.

冲突，马克思指出"土地所有者的利益是跟雇农的利益相敌对的"，而且"一个土地所有者的利益也决不跟另一个土地所有者的利益相一致"①。对应到我国农村实际，农村土地是由一定数量、一定范围的农民集体共同所有，农户又是农民集体的微观组成部分，对于单个农户，同所在农民集体内部其他农户一起，共同享有特定范围内土地的所有权。农民集体把一定面积的土地发包给农户，农户获得土地承包经营权，某种意义上讲也有一定的所有权性质。正如马克思指出的，土地所有者也会从社会财富的增长过程中得到益处。土地所有者同其他主体，如雇农之间的利益冲突，现实中也可以理解为土地承包经营权人（农户）同土地经营权人之间的矛盾。而"一个土地所有者的利益"同"另一个土地所有者的利益"不一致的问题，可以理解为农民集体内部不同农户之间与土地利益不一致或矛盾的问题。部分农户退出承包地的行为，不仅同农民集体之间有着密切的利益关系（社会利益），还同农民集体内部其他农户有着紧密的利益关系（个人利益），甚至同有意愿承包经营农村土地的其他农民集体内部的农户，以及城市居民也有着某种"利益"关系。马克思还指出，总有一天，社会利益绝对高于个人利益，必须使这两者处于一种公正而和谐的关系之中。②运用马克思利益理论，考察土地承包经营权有偿退出问题也较具有现实意义。

3.2.3　土地产权理论

与生产资料所有制、土地密切相关的就是土地产权。在马克思看来，土地产权主要指由土地所有权，以及由土地所有权派生出来的占有权、使用权、收益权等权能组成的权利束③。关于土地的所有权，马克思指出土地所有权的前提是"一些人垄断一定量的土地，把它作为排斥其他一切人的、只服从自己个人意

---

① 马克思.1844年经济学：哲学手稿[M].刘丕坤，译.北京：人民出版社，1979：35.

② 中共中央 马克思 恩格斯 列宁 斯大林著作编译局.马克思恩格斯选集·第四卷[M].2版.北京：人民出版社，1995：179.

③ 洪名勇.论马克思的土地产权理论[J].经济学家，1998（1）：29-34.

志的领域"①,阐明土地所有权"排他性质"。同时,马克思还一针见血地指出"土地所有权的根源,即卑鄙的自私自利,也必然以其无耻的形式表现出来"②,对土地私有制进行强烈批评。关于土地占有权,马克思指出"实际的占有,是发生在对这些条件的、能动的、现实的关系中"③。这表明,土地占有权来自社会实践过程中人与人、人与社会的关系。自然地,土地使用权、收益权就是土地所有者,以及其他主体根据需要利用土地开展一定生产性和非生产性活动,并有获取相应收益的权利。关于土地转让,马克思认为可借助于商品的各小部分的所有权证书,能够一部分一部分地投入流通④。他还指出,正是由于地租的作用,土地产权不仅丧失了不动产的性质,而且"变成一种交易品"⑤。因而,马克思也是支持通过市场途径促进土地产权流转的。但马克思是旗帜鲜明地反对土地私有制的,强调"土地必然要在未来社会实现国有化,最终消灭农业的资本主义生产方式,改变劳动和资本的关系"⑥。

广义上讲,产权就是受制度保护的利益⑦。土地产权,即在特定国家或地区一定的历史时期内,对人们关于土地权利的规定,也就是说土地产权安排的重要作用之一就是规范人们之间关于土地的权利关系和边界,属于生产关系的范畴。土地产权可以分为私有产权和共有产权,共有产权与私有产权相比,其显著特点在于共有产权在个人之间是不可分割的,每个人都可以对土地加以利用

① 中共中央 马克思 恩格斯 列宁 斯大林著作编译局.马克思恩格斯选集-第二卷[M].3版.北京:人民出版社,2012:605.

② 马克思.1844年经济学-哲学手稿[M].刘丕坤,译.北京:人民出版社,1979:39.

③ 中共中央 马克思 恩格斯 列宁 斯大林著作编译局.马克思恩格斯全集-第四十六卷(上)[M].北京:人民出版社,1979:493.

④ 中共中央 马克思 恩格斯 列宁 斯大林著作编译局.马克思恩格斯全集-第四十六卷(下)[M].北京:人民出版社,1980:446.

⑤ 中共中央 马克思 恩格斯 列宁 斯大林著作编译局.马克思恩格斯选集-第一卷[M].北京:人民出版社,1972:148.

⑥ 中共中央 马克思 恩格斯 列宁 斯大林著作编译局.马克思恩格斯文集-2:1848—1859年[M].北京:人民出版社,2009:230-233.

⑦ 盛洪.现代制度经济学[M].北京:北京大学出版社,2003:7-16.

以满足需要[①]。"人类社会发展的不同历史阶段，伴随生产力水平不断提高，土地所有权的表现形式也不尽相同"[②]，甚至在同一历史阶段，不同国家或地区的差异也较大。我国实行土地的社会主义公有制[③]，全民所有和劳动群体集体所有也是我国土地产权最根本的特征。研究产权的学者，都比较注重"自主有序流动"对产权（包括土地产权）对应的主体的重要性，强调促进产权流动，以增进权利供需双方利益的重要意义。正如秘鲁经济学家德·桑托所说的"不能交易的资产是死的资产，只有能够交易的资产才能变成活的'资本'，才能带来财富的涌流和资源配置的改善"。产权经济学也认为，在组成产权的各项权利当中，转让权（交易权）起着更为关键的作用[④]。只有更好满足和实现这一权利，才能让产权所有者权利实现价值最大化。

3.2.4　制度变迁理论

制度变迁可理解为制度创新、制度演变等，是人们力图通过新的制度安排，在尽可能不损害相关者利益的前提下，以获得更多新的利益，增进社会经济效益。制度变迁就是新制度创设、修订及随时间变化而不断被打破（修正）的方式[⑤]。因此，制度变迁的过程，既可以理解为一种更有效制度的生产，也可以理解为规则的改变或重新界定权利的界限[⑥]，以调整人与人之间的关系。马克思非常关注制度对人的活动的影响，在马克思看来，人的活动都是在一定的制度环境下进行的，不同的制度效率也是不同的[⑦]。新制度经济学则认为制度的发

---

① 袁庆明.新制度经济学[M].上海:复旦大学出版社,2012:97-98.
② 中共中央 马克思 恩格斯 列宁 斯大林著作编译局译.马克思恩格斯全集-第四十六卷[M].北京:人民出版社,1979:454.
③ 《中华人民共和国土地管理法》,第二条、第九条。
④ 张五常.经济解释:张五常经济论文选[M].易宪容,张卫东,译.北京:商务印书馆,2000:113.
⑤ 道格拉斯·C.诺思.经济史中的结构与变迁[M].陈昕,陈郁,译.上海:上海三联书店,1994:144.
⑥ 盛洪.中国的过渡经济学[M].上海:上海人民出版社,1994:64.
⑦ 袁庆明.新制度经济学[M].上海:复旦大学出版社,2012:21.

生和演变便是为了节约交易成本[1],以增进经济社会效益。从经济社会发展历史和现实来看,制度变迁本身就是从一个均衡走向另一个均衡的结果[2],以更好调整经济社会关系,促进经济社会全面发展。

从经济社会发展的历史视角来看,任何一种特定的制度安排都不可能长期处于静止不变的状态。因为,新的制度安排生成以后又会形成相应的利益结构、损益关系和内生机制,制度安排的运行成本上升是必然的趋势,对国民经济的负面影响会不断凸显[3]。进一步地,当制度安排预期收益大于预期成本,就会诱致新的制度产生[4]。同时,一些新的经济的或非经济的力量,也总是推动(阻碍)新制度的产生,以更好地利用制度本身的一些优势,实现自身利益最大化。因而,任何新的制度的产生,都是正反两方面力量较量的最终结果。从制度变迁过程看,制度变迁一般通过两种方式进行,强制性制度变迁和诱致性制度变迁[5]。现实地看,无论是农村土地承包经营制度改革,还是城镇国有土地使用权出让和转让改革,都可以以上述两种方式进行解释。改革开放40多年来,正是一系列新的制度安排,有力地促进了我国城乡经济社会持续发展。运用制度变迁理论,考察新时代农户土地承包经营权退出问题,有利于更好地理解土地制度变迁过程,以推动构建新的制度安排增进人们利益。

3.2.5 有限理性理论

新古典经济学把个人假设为追求自身利益、具备完全理性的经济人,强调

① 埃瑞克·G.菲吕博,鲁道夫·瑞切特.新制度经济学[M].孙经纬,译.上海:上海财经大学出版社,1998.

② 萨缪·鲍尔斯.微观经济学:行为,制度和演化[M].江艇,洪福海,周业安,等译.北京:中国人民大学出版社,2006:203.

③ 刘守英.土地制度与中国发展[M].北京:中国人民大学出版社,2018:14.

④ 张红宇.中国农村土地产权政策:持续创新——对农地使用制度变革的重新评判[J].管理世界,1998,14(6):168-177.

⑤ 科斯,阿尔钦,诺斯.财产权利与制度变迁:产权学派与新制度学派译文集[M].刘守英,等译.上海:上海人民出版社,1994.

理性经济人有能力预测可能发生的事件,并可以在各种可行的方案中进行评价和做出最佳选择[1]。但具体到真实社会中,无论是决策者还是具体执行的人,都不是无所不知,也难以收集到真实社会中的全部信息,尽管人们可以被看作"意欲理性"的,但是,他们并非"超级理性"的[2]。也正如此,不完全理性,或者是有限理性更接近真实世界的情况。现代认知行为科学理论也表明,当事人都是有限理性的,"有目的的理性,却只能受限制得如此"[3]。人作为能动个体,在做任何决策的时候,除了受到客观条件(收集到的各种信息、自己的认知)的限制,往往还夹杂着一些情感的,甚至是非理性的因素,结果表现出最终做出理性决策的不理性特征。威廉姆森就指出"理性有限是一个无法回避的现实问题"[4]。尽管大多数情况下个体总是在一定约束条件下追求目标函数最大化,但要实现效应最大化,同时还需要对一定的约束条件有正确、充分的认识,进而做出合理的选择,并通过自身努力,最终实现利益最大化。从农户土地承包经营权退出行为的内在逻辑来看,农户自身面临的客观条件是其行为发生的基础,农户决策本身也是其结合自身实际做出的有限理性决策。在城乡经济社会关系迅速转变的客观背景下,对土地承包经营权退出问题的考察,考虑到决策层对农业农村真实实际的了解和认知,农户对自身行为、权利,以及未来能够在城市(非农领域)实现可持续生活等方面的认知的不充分性,本书更接受有限理性的设想。

3.2.6 外部性理论

所谓外部性,就是一个经济人的行为对另一个人的福利所产生的效果,而

---

[1] 袁庆明.新制度经济学[M].上海:复旦大学出版社,2012:17.

[2] 黄典林.激进传统与产业逻辑:论传播政治经济批判的两种路径[J].南京社会科学,2016(9):116-122,137.

[3] WILLIAMSON O E. Transaction cost economics and the Carnegic connection[J]. Journal of Economic Behavior and Organization, 1996, 31(2): 149-155.

[4] 威廉姆森.资本主义经济制度:论企业签约与市场签约[M].段毅才,王伟,译.北京:商务印书馆,2004:70.

这种效果往往没有(难以)通过货币或市场交易反映出来①。也就是说一些经济人的行为对别人产生正的或负的影响，既难以获取应得的收益，也可能不会负担额外的成本。如在公共土地上放牧一样，一开始的时候，个别牧羊人增加牲畜数量(可能对其他放牧者产生负的影响)不用负担额外的成本，而他减少牲畜数量(可能对其他放牧者产生正的影响)，也难以获得额外的收益。因而，正的外部性往往容易造成资源配置不足，负的外部性正好与之相反。外部性一词最早是由阿尔弗雷德·马歇尔(Alfred Marshail)提出的，主要是指由私人成本(收益)与社会成本(收益)不相等造成的，进而认为外部性可能会导致经济低效率。1960年，科斯(Coase)在讨论技术外部性问题时指出："之所以会出现负的外部性，原因在于人们无偿使用了某种财产，假如这些财产的所有权是确定的，并且具有竞争性价格，那么这种技术外部性问题就可以解决，社会最优就可以达到。"②与外部性相关的概念还有社会成本、帕累托改进等。因而，通常只关心收益最大化的生产者并不会太多顾及社会成本，而且只会从事一种活动，即所利用的各种要素的生产价值大于他们的私人成本③。现实地看，我国实行的是土地的社会主义公有制，某种意义上讲，农村土地也属于公共产品的范畴，农户承包农民集体所有的土地会产生明显的正的或负的外部性特征。当农户通过自己勤劳付出，努力提高土地地力，就会产生正的外部性，而当农户对土地进行掠夺式开发，或者是土地资源低效率利用时，就会产生明显的负的外部性。引导一部分不需要依靠土地开展生产经营活动维持基本需要的农户退出承包地，有利于将土地要素流动到最需要的人的手中，这部分人往往也最珍惜土地，会积极增进对土地的投资(增进正的外部性)，提高土地资源利用效率，扩大土地产出。一部分农户退出承包地，也有利于需要提高土地适度规模经营水平的农户获取更多的土地要素，生产出更多的农业产品，形成新的正外部效应。

---

① 袁庆明.新制度经济学[M].上海:复旦大学出版社,2012:60-62.

② 梁小民.经济学大辞典[G].北京:团结出版社,1994:153-154.

③ 盛洪.现代制度经济学[M].北京:北京大学出版社,2003:39.

3.3　本部分小结

需要说明的是,本书引用的一些国外学者的理论、观点同马克思主义的理论有不一致的地方,甚至是矛盾的地方,但大多数学者开展具体问题研究的出发点都是为了增进整个社会效益(福祉),他们所处时代的客观环境同马克思考察土地问题的年代也已经发生较大变化,而他们所处时代的客观环境同新时代我国农业农村实际有一定相似的地方。因而,对他们提出的一些观点进行有甄别地批判式吸收利用,有利于拓展讨论问题的思维空间。

本部分对农村土地所有权、土地承包经营权、土地承包经营权有偿退出等概念作出进一步说明。同时,还从马克思生产力与生产关系理论、马克思利益理论、土地产权理论、制度变迁理论、有限理性理论、外部性理论几个方面,阐述考察土地承包经营权退出问题的理论基础。具体来看,利用马克思生产力与生产关系理论,主要阐明新的制度安排(土地承包经营权退出)是"生产关系需要同生产力水平提高"相适应的客观要求;利用土地产权理论,来具体分析如何通过市场途径,促进土地要素(产权)自主有序流动;有限理性理论,主要说明农民对自身及各种信息的认知有一定限度,开展土地承包经营权有偿退出还需要对一些具体方面进行限制;外部性理论,主要说明引导部分农户退出承包地,会增进全体人民的福祉,实现帕累托改进。

有学者曾提出,"仅从纯粹经济学意义上讲,撇开农地所有权讨论农地使用制度的产权问题,其实是一种帕累托最优的选择"①。本书认为,我国现行农村土地制度,土地的所有权法律有明确的规定,不需要太多讨论。需要花费更多精力思考的是如何更好对土地使用权(土地承包经营权)进行赋能,让一些认为

---

① 张红宇.中国农村土地产权政策:持续创新——对农地使用制度变革的重新评判[J].管理世界,1998,14(6):168-177.

该项权利对自己最有价值的人,能够通过自身努力取得,进而增进土地要素流动性,促进土地有效利用,以实现改革目的。农村土地所有权、土地承包经营权是一种典型的共有产权[①],而复杂产权只有经过产权细分才能得到有效实施,需要在状态依存的互动过程中寻求相对有效的产权安排[②]。另外,尽管研究产权的经济学家通常不赞成对产权施加约束,认为任何约束都会"稀释"产权[③]。还有学者认为改革开放前,不存在土地和劳动力市场,土地要素无法得到有效率的使用,劳动力难以流动,生产率注定要降低,是影响农业发展的重要制度性因素[④]。正如学者们指出的,权利的适当分解才是良好制度安排的要旨[⑤]。因此,对于部分长期离农的农户,特别是已经市民化的农户而言,他们的土地承包经营权更多是一种财产表现形式,引导这部分农户将其拥有的土地权益转变为一些流动性更强的财产形式[⑥],有利于释放土地这一公共产品正的外部效益,增进留守农户利益,促进农业转移人口市民化,这也是本书探讨土地承包经营权有偿退出问题的初衷和目的。

---

① 同时也是农村相对"复杂产权"的重要制度安排。

② 张曙光,程炼.复杂产权论和有效产权论:中国地权变迁的一个分析框架[J].经济学(季刊),2012,11(3):1219-1238.

③ 约拉姆·巴泽尔.产权的经济分析[M].2版.费方域,段毅才,钱敏,译.上海:格致出版社,2017:122.

④ 邹至庄.中国经济[M].天津:南开大学出版社,1984:140.

⑤ 张红宇.中国农村土地产权政策:持续创新——对农地使用制度变革的重新评判[J].管理世界,1998,14(6):168-177.

⑥ 郭晓鸣,高杰.我国农村土地承包权退出的地方探索与基本判断:基于四川省内江市的改革实践[J].国土资源科技管理,2017,34(2):1-8.

第4章 "有偿退出"依据:理论阐释、法律及政策、农户行为

1978年后,农村土地承包经营制度在全国范围迅速推行,不仅有效提高了农民的生产积极性,释放了农业劳动生产力,而且确立了农户自主配置物化生产要素的市场主体地位,"归还"了农民自由劳动权利①。农民也能够根据市场需求,不断优化劳动力、土地要素配置,实现效益最大化。但随着大量农业劳动力持续向非农领域转移,农户之间不断分化,呈现出人地长期分离的状态,部分进城农户在非农领域获得了稳定发展机会,进而将户口迁移到所在城市。在这一背景下,对这部分农户来讲,如何更好地保护和实现自己在土地上的权益,就成了他们正在或即将面临的现实问题。国家之所以推进土地承包经营权有偿退出改革,也正是基于人地长期分离、土地保障功能弱化的客观现实,具有较强的理论基础、法律和政策支撑,符合农户行为特征。

4.1 "有偿退出"理论阐释

制度变迁,最初总是源于需求的发生,而制度需求的发生,源于这样一种认识,那就是按照现有的制度安排,难以获得更多利益,而改变现有安排,就可能

---

① 陈锡文.读懂中国农业农村农民[M].北京:外文出版社,2018:99.

获得在原先制度下得不到的利益①。从农业农村发展的角度看,随着城乡经济社会发展变迁,农民内部产生分化,土地对农民的功能发生明显转变,以及制度性土地细碎化问题等,土地承包经营制度对提高农业生产效率的阻碍作用越来越凸显,难以在现有制度安排下增加更多有效产出。

4.1.1 适应农户分化现实需要

尽管从历史上来看,中国的农民是不大愿意流动的,安土重迁的思想影响较大。当然,这一点也主要受传统社会交通、通信条件,以及统治者社会治理理念等诸多因素影响。近几十年,由于城乡之间发展机会不均等,如获取更高收入机会等方面的差距,诱使大量农业劳动力持续向非农领域转移、向能够获取更高收入的地区转移。据不完全统计,1989年,我国第一次出现"农民工"潮,全国"流动大军"达3 000万人,1997年突破1亿人②,这一趋势一直持续至今。随着时间推移,一部分转移到城市的劳动力,逐步寻求到获取稳定收入的机会,甚至一部分农民通过自身努力在城市购买有住房等不动产,也将户口从农村迁移到城市。这一过程中,农村内部家庭也逐步分化。

农户分化的概念最早由A.恰亚诺夫提出,主要基于人口因素,并未太强调市场性的因素③。一般认为,由于农户在技术水平、市场参与能力等先天或后天方面的不同,造成了农户之间就业结构、收入水平形成一定的差异,这种差异通过一定积累,逐渐使农户间发生分化④。农户分化,现实主要表现特征之一就是农民与土地之间的关系、农民对自身开展农业生产活动的观念等发生根本变

① 张国华.宅基地使用权流转的经济学分析[J].经济研究参考,2013(62):3-11.
② 陈锡文.读懂中国农业农村农民[M].北京:外文出版社,2018:112-113.
③ A.恰亚诺夫.农民经济组织[M].萧正洪,译.北京:中央编译出版社,1996:43-53.
④ 张广财,何东伟,顾海英.农户分化何以影响农户土地承包权退出决策?[J].经济与管理研究,2020,41(2):66-81.

化[①],持续降低部分农户对土地依赖的同时,增加了农户将其土地承包经营权转变为现实经济利益的要求。伴随农户进一步分化,部分农户彻底不再需要依靠土地维持生计,逐渐脱离农业农村,呈现出人地长期分离的客观状态,需要新的土地制度安排,以适应农民与土地关系的转变。

从现实来看,对于部分纯农户,仍然需要依靠土地进行生产经营活动以维持家庭基本需要,土地也是其实现就业的主要载体,他们在非农领域也难以寻求到更好的发展机会。这部分群体,农业农村仍然是他们的主要选择。而对于部分兼业户甚至是"非农户",他们的生产生活活动部分或全部脱离农业农村,土地的生产功能对他们来讲已缺乏现实意义,土地已经逐渐由生产资料演变为一种财产性资产。在推进城镇化过程中,一部分农户越来越不需要土地的保障,或者觉得这份保障的代价太高(土地的束缚)[②]。因而,对于部分兼业户或者非农户来讲,一旦有机会,他们就可能会将承包地这一"保障""退路"转变为脱离农业农村进而融入城市的"出路"。

从学者们的研究来看,农户分化过程中,一部分农户具备彻底脱离农业农村的条件,表现出较强的退出土地承包经营权(实现土地财产性权利)、脱离农业农村的意愿。如有学者研究表明,随着农民非农就业机会增多、非农就业时间持续增加,非农收入比重较大的农户就对退出土地承包经营权,进而融入城市表现出明显的兴趣[③]。另外,预计2035年我国常住人口城镇化率将超过70%。这一过程中,仍有大量农业人口转移出去,逐步脱离农业农村,人地分离的现象可能更加普遍,这对如何更好保护和实现农户特别是进城落户农户的土地权益也提出了新的现实要求[④]。因此,建立土地承包经营权退出机制,为农户更好实

① 刘守英.中国土地制度改革:上半程及下半程[J].国际经济评论,2017(5):29-56.

② 黄贻芳,钟涨宝.城镇化进程中农地承包经营权退出机制构建[J].西北农林科技大学学报(社会科学版),2014,14(1):13-18.

③ 陈志刚,曲福田.农地产权制度变迁的绩效分析:对转型期中国农地制度多样化创新的解释[J].中国农村观察,2003(2):2-9,13.

④ 韩长赋.中国农村土地制度改革[J].农村工作通讯,2018(Z1):8-19.

现土地承包经营权经济价值创造条件,在农户分化、土地功能转变过程中逐渐形成了坚实的现实基础。

4.1.2 适应适度规模经营需要

其实,早在20世纪80年代中后期,农村土地家庭承包经营制取得重要经济社会效益的同时,逐渐凸显出"规模不经济""农民增产不增收"等困境,学界就开始反思"家家都种田,户户小而全"的农村土地承包制度安排①②。正如其他制度变革一样,随着时间的推移,城乡经济社会关系转变,特别是大量农业劳动力资源持续向其非农领域转移,土地承包经营制度本身面对的客观环境发生变化,制度的激励作用逐渐释放殆尽,农民生产积极性也难以在原来的制度下得到进一步提高③,不可避免地暴露出一些现实问题。如家庭经营规模普遍偏小,土地使用权利稳定性不佳,土地要素流转不畅等④。

家庭经营的土地规模太小,既不利于提高农业劳动生产效率,也容易造成农业劳动力资源浪费,还增加了缩小城乡区域发展和收入分配差距的难度系数。正如马克思指出的"我们所具有的科学知识,我们所拥有的耕作技术手段,如机器等,如果不实行大规模的耕作,就不能有效地加以利用"的观点⑤。具体到我国农业农村实际,推进土地承包经营制度之初,主要将优劣、远近的土地进行搭配,从而以更加公平的方式将农民集体的土地发包给具体农户,这也导致大多数农村家庭承包的土地都"四下散落、并不连片",家庭可利用的土地资源

---

① 冯明放.土地制度改革中的适度规模经营问题[J].理论导刊,1988(6):13-16.

② 李元才.如何完善农村土地制度[J].农业经济问题,1988,9(12):49.

③ 朱喜,史清华,李锐.转型时期农户的经营投资行为:以长三角15村跟踪观察农户为例[J].经济学(季刊),2010,9(1):713-730.

④ 李昊,李世平,南灵.中国农户土地流转意愿影响因素:基于29篇文献的Meta分析[J].农业技术经济,2017(7):78-93.

⑤ 中共中央 马克思 恩格斯 列宁 斯大林著作编译局.马克思恩格斯选集·第三卷[M].3版.北京:人民出版社,2012:176.

零碎化特征明显,且单个家庭承包的耕地非常有限,户均耕地面积只有7亩多,仅相当于欧盟的1/40,美国的1/400,非常缺乏竞争力[①]。大多数农户依靠少量土地开展生产经营活动,也难以有更多产出(积累),以扩大家庭生产经营规模,实现规模经济。因而,对大多数农村家庭开展农业生产活动来讲,仅从可利用的土地要素来看,是非常不经济的,即便是增加劳动力、技术等要素投入,也难以提高产出。结果是家庭承包经营制制度性导致小农户同现代农业生产越来越不匹配,农户对土地等要素占有同现代农业产业发展之间的矛盾越来越凸显。这些就需要引导一部分农户退出承包地,进而让另一部分农户利用更多土地等生产资料,提升内在发展能力。

国家统计局发布的《2018年全国时间利用调查公报》显示,2018年,全国农村居民家庭生产经营活动[②]参与率[③]仅为41.1%。也就是说,接受访问的农村居民家庭中,"未从事任何生产经营活动"的家庭占比高达60%左右,如果把一些同土地关系不大,甚至同土地没有直接或间接关系的生产经营活动排除开,农村居民家庭生产经营活动参与率甚至会更低。正是受户均拥有的土地资源限制,造成了农业劳动力的浪费,对提高农业劳动生产率非常不利。盖庆恩等[④]通过实证表明,若土地能够有效配置,农业部门全要素生产率可提高1.36倍,农业劳动力占比可下降16.42%。这样,就需要引导部分具备条件的农户退出承包地,为另一部分农户提高土地适度规模经营水平创造条件,优化土地要素配置,提高农业劳动生产效率和土地产出。

2014年,中共中央提出"现阶段,对土地经营规模相当于当地户均承包地面积10至15倍、务农收入相当于当地第二、第三产业务工收入的,应当给予重点

① 韩长赋.中国农村土地制度改革[J].农村工作通讯,2018(Z1):8-19.

② 家庭生产经营活动:指以家庭为单位、以获得收入或自用为目的进行的生产经营活动。

③ 活动参与率:参与某类活动的人数(参与者人数)除以全部调查对象人数。对工作日和休息日数据分别按5/7和2/7加权汇总得出某类活动的参与率。

④ 盖庆恩,朱喜,程名望,等.土地资源配置不当与劳动生产率[J].经济研究,2017,52(5):117-130.

扶持"①。据此测算,"农业适度规模经营"为80~120亩②。且从绝大多数地方的实际情况来看,在土地经营规模达到这一水平时,纯农户务农收入可相当于当地从事第二、第三产业的家庭收入,农民的收入和生活就比较体面③。从地方实际来看,家庭经营50~200亩的土地规模,是最合适的④。从促进土地适度规模经营视角,既有一部分农户有实现土地财产性权利的客观需要,也有一批农户需要提高土地适度规模经营水平,以实现规模经济,进而提高土地利用效率。这样,就需要引导一部分农户退出承包地。

4.1.3　适应科技水平提高需要

早期社会,受技术条件限制,人们对土地资源的竞争,以及家庭人口规模的增长,单个农户经营的土地规模越来越小。在传统农业社会,在一个国家或地区,伴随人口增长,如果没有大量劳动力由农业领域向非农领域转移,由于可利用的土地(耕地)资源有限性,人均占有和使用的耕地资源只能是越来越少。如有研究就显示正是因为人口的增长和财产在子嗣间的分割,在广东省南部,一片在16世纪可以养活一个富裕家庭的土地,到19世纪末被超过700个家庭分而享有;1600年,一个劳动力的收入可以养活四口人,而在1750年,一个劳动力的收入只能养活两口人,到了1910年,一个劳动力的收入只能勉强满足他自己的需求⑤。既表明人与人之间对土地的激烈竞争,还充分证明土地细碎化对农业科技投入的限制。

---

① 新华社.中共中央办公厅、国务院办公厅印发《关于引导农村土地经营权有序流转发展农业适度规模经营的意见》[EB/OL].(2014-11-20)[2022-03-22].中国政府网.

② 叶兴庆.建立竞争力导向的农业政策体系[J].当代农村财经,2015(7):2-5.

③ 陈锡文.读懂中国农业农村农民[M].北京:外文出版社,2018:130.

④ 田文生.种地收益低缺乏吸引力 子女进城已无耕地意愿 部分农民为何愿意放弃土地[N].中国青年报,2016-09-27(05).

⑤ 安德罗·林克雷特.世界土地所有制变迁史[M].启蒙编译所,译.上海:上海社会科学院出版社,2016:159.

按照现在的观点看来,技术条件的改善,会有利于提高农业劳动生产率,单个农业劳动力养活的人口数也越来越多,且随着城市化进程推进,农业机械化应用水平将进一步提高,仍将继续释放出大量剩余农业劳动力,仍将有大量农业劳动力转移出来,不再从事农业生产,逐渐脱离农业农村,也会逐步释放出更多的土地等生产资料。世界银行数据库发布的数据就显示[①],2019年世界主要的43个国家和地区中,有22个国家和地区第一产业就业人员数占就业人员总数的比例小于10%,占比最低的阿根廷仅为0.1%,美国为1.3%,英国为1%,日本为3.4%,我们国家这一比例高达25.4%。具体看,1978年,我国第一产业就业人员数占就业人员总数的比例高达70.5%,到2020年则迅速降低至23.6%。与此同时,1978年,我国农业机械总动力为11 749.9万千瓦,到2020年迅速提高到105 622.1万千瓦[②]。第一产业就业人员数的迅速减少,表明人地关系发生巨大变化,也显示出科技投入水平提高对释放农业劳动力的巨大作用,这些都对进一步优化土地承包经营制度提出现实要求。

正如马克思所说的"人类支配的生产力是无法估量的[③],而这种无法估量的生产能力,一旦自觉地运用并为大众造福,人类肩负的劳动就会很快地减少到最低限度"[④]。现实地看,最终还是要使科技力量(这种无法估量的生产力)同人的劳动、土地等结合起来,才能够"为大众造福""减少人的辛苦劳动"。要提高土地利用效率,减少劳动投入,实现农业农村现代化、农民农村共同富裕等,农民必须追加技术要素投入[⑤]。而这些现代要素的投入,要么农民自己通过努力拥有,要么通过购买服务的方式获取,但只有农户经营土地的规模达到一定程度,从纯粹意义上讲,这些投入才是经济和可行的。大量农户户均承包的土地

① 数据来源于《中国统计年鉴—2021》。
② 同①。
③ 主要是指资本、劳动和科学的应用,可以使土地的生产能力无限地提高。
④ 中共中央 马克思 恩格斯 列宁 斯大林著作编译局.马克思恩格斯选集-第三卷[M].3版.北京:人民出版社,2012:38-39.
⑤ 西奥多·舒尔茨.经济增长与农业[M].郭熙保,译.北京:中国人民大学出版社,2015:33.

面积非常有限,远达不到农业规模化经营的门槛,既不利于增进现代农业科技运用,也容易造成劳动力、土地等要素的浪费。因为如果农民支配的耕地资源太少,土地产出比较收益也会越低,新的科技运用就不经济,也会迫使部分农民到其他领域寻求机会,这样,可能会造成土地资源的浪费[①]。因此,推进土地承包经营权退出,也是适应农业科技运用水平提高的现实需要。

4.1.4 适应土地要素流动需要

农村土地家庭承包经营制,是农民自愿选择的结果,是在特定历史阶段能够更好地满足农民客观需要、有利于促进农业增产、农村稳定安宁的良好制度安排。但家庭承包经营制客观上不利于土地要素在全社会范围合理配置,不利于将土地流动到最需要的人,或者是说最能发挥土地价值的人的手中,且随着城乡经济社会发展,人地分离现象增多,这一矛盾愈发凸显。如按照现行法律,农村土地所有权就不能在不同农民集体之间进行转移,土地承包经营权在不同农民集体内部成员(农户)之间的转移也是不被允许的,明显缩小了土地市场的规模,降低土地要素市场流动性,不利于保护和实现农户的土地承包经营权。虽然法律允许农户转让土地承包经营权的行为,但转让对象范围狭窄,加之受到承包期等方面的限制[②],明显减小了土地承包经营权转让市场范围半径,也限制了外部劳动力、资本、技术等要素向农村的转移[③]。

现实地看,土地承包经营权还有明显的身份属性,而要获得这一身份,主要是通过婚姻、出生等,封闭性特征明显。各地对农村集体经济组织成员身份的认定,也表现出较大的差异性,牵涉大量现实问题,如对户口迁出者、新出生人口、外嫁女、婚后户口迁入者等的"农村集体经济组织成员"身份认定界定,目前

---

① 蔡继明.论中国农地制度改革[J].山东农业大学学报(社会科学版),2005,7(3):1-8.

② 主要是承包期结束后,其他农户通过"转让"方式获得的土地承包经营权是否仍然"存在"的问题。

③ 瞿志印,陈江强.构建城乡统一土地管理制度的探讨[J].农业经济问题,2008,29(12):93-96.

各地具体做法就多种多样,并未形成一套绝大多数成员都认可的资格认定办法[1]。农户拥有的土地承包经营权,权利本身封闭运行的性质,导致一部分有意愿放弃这一权利的主体有更多顾虑,难以做出退出决策,阻碍部分希望获得相应权利的主体获得,因为如果农户退出这一权利,那么希望通过自身努力再获取类似权利将是非常困难的。

从理论上分析,任何一个社会组织,包括经济的和非经济的,都需要不断吸收新的力量的加入,以提升组织发展能力,促进组织持续健康发展。鲜有一个社会组织是长期保持一种相对封闭的状态而持续繁荣发展的。这也可能正是当前个别村落凋敝的原因之一。正是权利获取身份的限制,导致部分有意愿退出(转让)该项权利的农户不愿意退出,因为退出后再难以通过自身努力而获得。当然,对于部分希望通过自身努力来获得这一权利的农户或者其他经营主体来讲,也是非常困难的。同时,权利的封闭运行,还明显降低了权利(产权)的经济价值,不利于更好地保护和实现农户的土地承包经营权。概言之,现行农村土地制度安排,使农民难以通过行使退出权以呼吁组织提高效率,保护和实现自身利益,难以将土地要素流动到需要依靠土地维持生存的农户手中,以保护其平等发展权利,也难以将土地要素流动到最能发挥土地价值的经营主体手中,以提高土地利用效率,增加土地产出。

4.1.5 适应新增人口土地需要

实行土地的社会主义公有制,一个显著的特征就是保护每个人(农户)都有平等地使用土地的权利。法律也规定"任何组织和个人不得剥夺和非法限制农村集体经济组织成员承包土地的权利"[2]。以保障农户的土地承包权,确保农户平等使用农民集体土地的权利。但囿于各种客观原因,国家同时倡导"增人不

---

[1] 陈锡文.读懂中国农业农村农民[M].北京:外文出版社,2018:174.

[2] 《中华人民共和国农村土地承包法》,第五条。

增地,减人不减地",强调"保持土地承包关系稳定并长久不变""承包期内,发包方不得调整承包地"①。因而,从现行法律来看,对具体农民集体内部农户之间承包地的调整可以讲是非常僵化的,事实上难以保证妇女(婚姻)、新出生人口等新增人口的土地承包权。从地方实践来看,各地在承包期结束后,可能会根据承包方(农户)家庭人口等因素,对承包地进行一定的调整,但涉及的范围非常有限,特别是在一些大城市、特大城市、超大城市近郊区域,涉及征地拆迁等诸多因素,很多地方对承包地的调整非常困难,主要是调整起来容易引发更多矛盾,这类地区往往就"理性"地简单采取"增人不增地,减人不减地"的"不调整"方式应对。而在一些相对偏远的地区,尽管承包期结束后,农民集体会对农户的承包地进行调整,也主要是对农户承包的一些边角地零星调整(适当平衡),难以满足新增人口对土地的现实需求。另外,尽管法律规定"集体经济组织依法预留的机动地",以及"发包方依法收回和承包方依法、自愿交回的"土地等,应当用于调整承包土地或者承包给新增人口②,但现实中大多数农民集体都非常缺乏上述"应当用于调整承包土地或者承包给新增人口"的土地,很多的农民集体甚至没有,不具备把这些土地承包给新增人口以保护和实现其土地承包权的条件。考虑到上述诸多情形,也需要引导部分有条件的农户退出土地承包经营权,以满足另外一部分农户的现实需要,保护和实现其土地承包权。

4.2 "有偿退出"法律及政策分析

长期以来,无论是法律层面还是相关政策,都没有禁止农户退出土地承包经营权的行为。但现实地看,由于土地资源本身的特殊性质,农户主动退出承包地的现象并不多见,这和法律及政策落实的支撑条件不足也非常相关。梳理

---

① 《中华人民共和国农村土地承包法》,第二十八条。
② 《中华人民共和国农村土地承包法》,第二十九条。

法律和政策对农户退出土地承包经营权相关要求导向,有利于明晰未来推动土地承包经营权退出改革思路,找准主攻方向。

4.2.1 法律引导

2002年8月颁布的《农村土地承包法》对农户土地承包经营权的取得、保护、流转等有明确规定。关于农户土地承包经营权的退出(法定退出、主动退出),明确规定"承包方全家迁入设区的市,转为非农业户口的,应当将承包的耕地和草地交回发包方"[①],强调"国家保护承包方依法、自愿、有偿地进行土地承包经营权流转"[②]。需要说明的是,农户承包地的法定退出,主要是农户因户籍转变,客观导致不具备农村集体经济组织成员身份。主动退出主要表征农户自愿的一种行为,是对自身拥有的土地权益的一种处置,两者共同特征就是农户对土地本身客观不需要等现实。关于对农户退出承包地的补偿,法律明确规定"承包方对其在承包地上投入而提高土地生产能力的,有权获得相应的补偿"[③]。也就是说,对退地农户的补偿主要是基于农户对土地的劳动付出(投资),是对农户行为产生正的社会效益的一种补偿。因此,法律对农户退出土地承包经营权的行为不但未禁止,而且明确规定农户实施这一行为,在满足一定条件下,有获得相应补偿的权利。而对于农户土地承包经营权流转的"限制",法律主要强调"不得改变土地所有权的性质和土地的农业用途,流转的期限不得超过承包期的剩余期限,受让方须有农业经营能力,本集体经济组织成员享有优先权"

---

① 《中华人民共和国农村土地承包法》(中华人民共和国第九届全国人民代表大会常务委员会第二十九次会议于2002年8月29日通过),第二十六条。

② 《中华人民共和国农村土地承包法》(中华人民共和国第九届全国人民代表大会常务委员会第二十九次会议于2002年8月29日通过),第十条。

③ 《中华人民共和国农村土地承包法》(中华人民共和国第九届全国人民代表大会常务委员会第二十九次会议于2002年8月29日通过),第二十六条。

等[①]。也就是说,2002—2018年(《中华人民共和国农村土地承包法》第二次修正)并未将农户土地承包经营权"转包""转让"等行为对应的潜在承接主体限定在"本集体经济组织的其他农户"。《农村土地承包法》的颁布实施,对促进土地要素流动提供了正式的制度性安排,以保护和实现农户权益。

需要说明的是,这一时期[②],土地承包经营权流转同本书讨论的土地承包经营权退出有一定相似的地方,但不属于同一范畴。按照现行法律应将上述农户土地承包经营权的流转行为理解为土地经营权的流转。但2002年颁布的《农村土地承包法》,仍然对土地承包经营权的法定退出、自愿退出,以及有获得相应补偿的权利等有明确规定,以体现国家对农民在土地上长期投入的认可。客观上讲,受诸多现实因素影响,这一时期,农户的土地承包经营权退出行为并不普遍,但农户"有偿退出"行为是受法律支持和保护的。

伴随人地分离、现代农业产业发展、农业科技运用水平提高等长期客观因素变化,特别是进入新时代,从宏观层面看,城乡交通、通信等基础设施逐步完善,在促进土地、资本、劳动力等要素流动上提出新的现实要求。从农业农村内部看,人地长期分离,新生代农民工不愿意种地、不会种地,各类新型农业经营主体大量涌现等,也都对完善农村土地制度提出新的要求[③]。2018年,新修正的《农村土地承包法》[④]也没有禁止农户退出承包地的行为,为强化对农户特别是进城农户土地权益的保护,还专门强调"不得以退出土地承包经营权作为农户

① 《中华人民共和国农村土地承包法》(中华人民共和国第九届全国人民代表大会常务委员会第二十九次会议于2002年8月29日通过),第三十三条。

② 2009年第一次对《中华人民共和国农村土地承包法》修正时,仅将第十六条、第五十九条"征用"修改为"征收、征用"。"这一时期"特指2003年3月1日(《中华人民共和国农村土地承包法》施行日期)至2018年12月29日(《中华人民共和国农村土地承包法》第二次修正)。

③ 李飞,周鹏飞.巩固和完善农村基本经营制度:刘振伟谈农村土地承包法修改[N].农民日报,2019-01-04(1).

④ 根据2018年12月29日第十三届全国人民代表大会常务委员会第七次会议《关于修改〈中华人民共和国农村土地承包法〉的决定》第二次修正。

进城落户的条件"①。同时,新的农村土地制度安排,还对农户主动和被动退出土地承包经营权应当获得相应补偿的情形做出一些具体规定。遗憾的是,新修正的《农村土地承包法》对农户土地承包经营权的转让对象,限定在"本集体经济组织的其他农户"②,明显限制了受让主体市场范围半径,不利于土地要素在更大范围内合理配置。尽管现行法律对农户"有偿退出"行为做出了更为严格的限定,主要是对受让主体的限定,以更好保护农户土地权益,但仍然是保护农户通过"有偿"方式退出土地承包经营权的行为的,以利于部分农户更好实现土地权益,促进土地要素流动。

4.2.2　政策支持

在实行家庭联产承包之初,政策层面禁止农户"有偿退出"行为,就当时农业农村实际来看,农户刚刚从集体生产转变过来,土地承包经营权流转也不具备客观条件。但到了1984年,为帮助部分有条件的农户,主要是劳动力资源相对丰富的家庭"扩大生产规模,提高经济效益",中央就提出"社员在承包期内,因无力耕种或转营他业而要求不包或者少包土地的,可以自找对象协商转包"③,以更好满足农户对土地的需要或者不需要。部分农户因自身原因,"要求不包土地""自找对象协商转包"的行为,其实就可以理解为农户退出土地承包经营权的行为。同时,中央还专门针对退地农户,提出"对农民向土地的投资应予合理补偿"④。这一阶段,主要是根据农村家庭劳动力资源禀赋,引导部分不需要土地的农户退出承包地,并基于"农民向土地的投资"等给予农户"合理补偿",是对农户在土地上进行劳动、资金投入的一种补偿。

伴随城乡经济社会快速发展,特别是农业劳动力资源大量向外流出进而形

---

① 《中华人民共和国农村土地承包法》,第二十七条。

② 《中华人民共和国农村土地承包法》,第三十四条。

③ 《关于1984年农村工作的通知》(一九八四年一月一日)。

④ 同③。

成人地分离的客观状况,一部分农户长期脱离农业农村,其土地权益难以保障。为此,1993年11月,党的十四届三中全会指出"允许土地使用权依法有偿转让";1998年10月,党的十五届三中全会进一步明确"农户承包地使用权可以自愿、有偿流转"①。表明党和政府都希望引导农户根据自身需求,将其拥有的土地承包经营权通过"转让""流转"等形式,促进土地要素自主有序流动,从而让其他经营主体得以将对应的土地资源进行利用,维护和增进农户利益,提高土地资源利用效率,保障国家粮食安全等。其实,早在2006年,成都、重庆等部分统筹城乡综合改革试验区就开展过农户土地承包经营权有偿退出的探索。遗憾的是,受诸多因素影响,特别是一些"被退出""被放弃"等侵害农户权益行为的发生,相关改革陆续被中止②。加之受农户分化程度、农村外部经济社会发展形势、农业转移人口融入城市不确定性等因素影响,农户"有偿退出"推进缓慢。

党的十八大后,国内外形势发生深刻变化,人地关系、人们对土地本身的观念和态度发生较大转变,农户分化进一步加剧等,土地制度作为农村最基本的制度,必须适应新的形势变化进行改革和完善③。农户土地承包经营权有偿退出相关政策措施密集出台实施,持续从政策层面对农户"有偿退出"行为加持。2014年12月,原农业部(现农业农村部)提出"在重庆梁平县、四川省成都市、四川省内江市市中区开展土地承包经营权退出试点,正式推进土地承包经营权退出改革"④。将土地承包经营权退出从法律和政策层面引导、支持,落实到现实试验操作层面,积极探索土地承包经营权退出改革有效路径。2015年10月,党的十八届五中全会提出"维护进城落户农民土地承包权、宅基地使用权、集体收益分配权,支持引导其依法自愿有偿转让上述权益"⑤,将农民的"三权"退出同

---

① 韩长赋.中国农村土地制度改革[J].农村工作通讯,2018(Z1):8-19.
② 董欢.土地承包经营权退出改革何去何从:来自四川省内江市市中区的经验与启示[J].中州学刊,2020(7):34-39.
③ 同①。
④ 《关于第二批农村改革试验区和试验任务的批复》(农政发〔2014〕5号)。
⑤ 贺有利.坚持依法自愿原则 保障进城落户农民权益[N].农民日报,2021-09-11(3).

农业转移人口市民化相结合,提高农业转移人口融入城市的能力。2016年10月,正式将土地承包经营权分为承包权和经营权,实行所有权、承包权、经营权分置并行①。进入新时代,在农村土地"三权分置"制度环境下,农户"有偿退出"农村"三权",逐渐从理论层面分析、法律引导向细化为具体可执行的政策措施转变,政策导向明显,为地方推进土地承包经营权有偿退出改革提供了政策保障。

4.3 "有偿退出"农户行为认识

土地是农民的重要生产资料,也是农民主要的财产性资产。无论是作为生产资料还是财产性资产,只有土地要素在市场中能够"自主有序流动",土地生产资料作用才能更好发挥,土地这一财产性资产才能转变为现实财富。

4.3.1 农户能够做出正确选择

制度经济学认为,产权受到限制时,权利所有者在相关约束条件下可以通过使其潜在非独占性收入损耗最小的方法来作出反应②。改革开放至今,农民对家庭内部劳动力资源在农业和非农领域的配置,对土地资源的重新配置等,无不表明农民对受到限制的土地产权的反映,这种限制,既表现在对退出土地承包经营权方面的限制,也表现在希望获得更多土地承包经营权方面的限制。结果是农民既难以通过将土地这种财产性资产转变为现实财富,增强其融入城市的能力,也难以保护和实现自身的土地承包经营权权益。

现实地看,土地这种要素,无论是作为一种生产资料,还是财产性资产(商品),对应到具体农户的土地承包经营权,都可以"计算"出它的价值(价格),可

---

① 新华社.关于完善农村土地所有权承包权经营权分置办法的意见[EB/OL].(2016-10-30)[2021-10-11].中国政府网.

② 思拉恩·埃格特森.经济行为与制度[M].吴经邦,等译.北京:商务印书馆,2004:290.

以计算出将这一权利转让给其他人是否能为自身带来益处。在市场经济环境下，基于双方自愿，商品（权利）转让的过程，往往也是增进双方利益的过程。如对于城市居民来讲，大都乐意将其拥有的商品，这里主要指劳动力商品转让给需要的主体，以获得相应收益，维持家庭生活需要。在商品交换过程中，各自发挥比较优势，以实现自身及家庭效益最大化。农村居民为何不能将土地承包经营权这种资源（权利）通过市场途径进行重新配置，发挥比较优势，以增强在非农领域发展，抑或是融入城市的能力，实现利益最大化呢？从理论上分析，让利益直接相关者做决策，往往要比其他人做决策更有效。因为只有利益直接相关者，才最关心自身利益，才愿意付出更多时间和精力，以充分保护和实现自身权益。当然，如果简单不允许转让，不让利益直接相关者做决策，也就谈不上资源优化配置，对应产权价值不但不会提升，反而可能会明显地降低，更不会增进整个社会利益，包括相应权利主体自身的利益。因此，推进农村土地制度改革，特别是推进农户"有偿退出"改革，还需转变观念，就是一些决策者和学者潜在地认为政府比农民更具理性，认为如果政策一放开，农民就有可能做出错误的选择，进而给政府和社会带来负担①。其实，这些都是一些不必要的担心。

本书认为，大多数农民都是理性的，至少是相对理性的。即便是全面放开对土地承包经营权退出或获取的限制，也不会，或者很难产生大量农民放弃土地承包经营权的现象，更难以出现大量社会资本（城市居民）"盲目"进入农业农村"兼并土地"的情形。退一步讲，即便是发生上述"非理想"现象，也可以通过限制农户或者一般经营主体占有土地的规模的方法以有效应对。法律规定不能随意调整已经承包给农户的土地，正是因为这（土地承包经营权）是农户的财产权②。法律保护和支持农户退出承包地的行为也正是为了更好保护和实现农户的财产性权利。对于部分确实不需要土地以维持生产生活需要的农户，不让其将这一财产权转变为现实的真金白银，又何尝不是对农户的这一权利的剥

① 郭熙保.市民化过程中土地退出问题与制度改革的新思路[J].经济理论与经济管理,2014(10):14-23.
② 陈锡文.读懂中国农业农村农民[M].北京:外文出版社,2018:168.

夺? 不让部分不需要土地的农户"有偿退出",需要土地的农户就难以占有和利用更多土地资源,何尝不是对另外一部分农户发展权益的损害? 当然,对于部分农户,特别是完全不依赖土地生活,早已脱离农业农村的农民,本书并不是主要讨论如何让这部分农户做出"退出或不退出"的决策,也不是主要讨论他们是否愿意退出的问题,而是希望或者呼吁能够为他们从制度层面提供可选择的机会。我们应该有充分理由相信农户能够做出正确的选择,政府也应该为农户提供更多可选择的制度安排。

4.3.2 农户不会轻易放弃土地

对于需要扩大土地生产经营规模,特别是需要依靠土地开展生产经营活动维持基本需要的农民来讲,土地这种生产资料对他们的价值无疑是巨大的,除非退出的诱惑或者是说能够获取到的比他可能失去的多得足够多,他们才有可能放弃土地。而对于部分不需要依靠土地生活的农民而言,土地的价值就显得不那么重要,甚至是"多余的"。如后文将要讨论的,我们在访谈过程中就发现部分农户将其承包地免费交给亲戚朋友耕种,或者是以100~300元/(亩·年),相对"理想"的能够以500~1 000元/(亩·年)的收益将土地经营权流转给其他主体进行耕种①,免费的以及部分愿意以100~300元/(亩·年)的费用(价款)将土地经营权流转给其他经营主体的农户,土地对他们来讲,土地本身的价值就相对较低,甚至是"多余的"。

当然,对于这部分农户来讲,土地的价值非常低,还主要是由于家庭承包经营的土地规模非常有限,土地的产出能力不足,再加上必要的成本,剩余就非常少,限制农户进一步发展的空间,他们自己不愿意种地,种地也难以获得满意的

---

① 需要说明的是,在实际调研访谈过程中,也有个别地区土地经营权流转价款高达4 000~6 000元/(亩·年),但都是一些城市郊区(地理区位条件优越),以及一些光热等自然资源条件十分独特的地区。

收入水平。同时，由于承包地零碎化特征明显，他们将土地经营权流转出去获取的收益非常有限，甚至很难流转出去，只能免费交给亲戚朋友耕种，或者是撂荒。即便是这样，一部分受访农户也是不愿意退出土地承包经营权的。因为他们认为农村还有父母在，还有亲戚朋友，各种社会关系网络，当他们在城市"失败"后，还可以返回农业农村。还有就是一些农业转移人口，除了他们对自身能否成功融入城市的预期不确定，对他们的子女能否持续在城市正常生活也是缺乏预期的。因而，即便是承包地没有让这些农户获取到收益，或者获取到的收益非常有限，他们也不愿意退出承包地。因此，长期来看，对于这部分农民来说，如果他们在土地上的权利难以更好转变为现实经济或非经济的利益，又限制其进一步发展的条件和空间，某种意义上讲，土地就可能异化成对他们的一种"束缚"。

改革开放至今，大量农民通过自身努力，到农村外部非农领域寻求工作和发展的机会，甚至是将户口迁移至城市，正是挣脱这一束缚的现实反映。大量土地经营权流转、土地撂荒的现实，也充分表明农民不是不能放弃这一权利。客观地讲，"大多数农户的土地承包经营权的价值（价格）可能不会超过城市的一套普通商品房的价值（价格）"。因而，不是土地承包经营权的价值（价格）已经大到农民不能放弃的程度，而是退出承包地后难以有机会通过自身努力，再获得同类权利。同样地，假如城市的住房只能转让（卖出），不能购入，也就不可能会再有人愿意转让自己的房产。这也说明，虽然法律层面未对土地承包经营权退出行为禁止，但农户退出承包地的行为并未普遍发生，一是因为法律上规定农民可以获得的补偿难以实现，另一重要的原因正是在于放弃这一权利后，难以通过自身努力获得同类权利。本书的观点是，尽管农户的土地承包经营权的价值（价格）没有大到农户不能"转让""放弃"的程度，但对于大多数农户来讲，也不会轻易放弃承包地。也就是说，其实大多数农民并不会有地就"卖"

的[1][2]。由于现实诸多因素的限制,至少在目前政策环境下,农户是不会轻易放弃土地(土地承包经营权)的,即便是放开相关的法律和政策限制,短期内也不会有大量农户放弃承包地,土地承包经营权有偿退出市场本身需要相当一段时间孕育,才能正常运行。

4.3.3 失地农民也能正常生活

一部分对农户退出土地承包经营权行为持"保留""中立",甚至"反对"态度的学者,认为目前中国农村土地制度是几百年甚至上千年最优制度安排,对农民退出土地承包经营权的限制,某种意义上讲,是对农户的保护,能够避免农民失去土地[3],变成流民,进而引发社会动荡;还可以避免土地兼并,产生对土地资源的浪费,产生剥削,产生两极分化,诱发社会不安定因素,进而对农户退出承包地产生质疑。从理论上分析,当一种资源失去流动性,或者失去其他方面的价值,往往会明显降低资源本身的价值(价格),也不利于将资源流动到最能发挥作用的人的手中。当然,当某种资源的价值降低到一定程度的时候,资源的拥有者(所有者)失去这种资源造成的损失也可以忽略不计了。

改革开放40多年的实践,事实上我国已经有大量农民"失去土地"[4],包括"被依法征收、征用、占用",农村内部水利、交通基础设施建设占用,以及土地"因自然灾害严重毁损"等被动失去土地的情形。现实中更多的是一些主动失去土地的情形,主要指部分在非农领域寻求到更好生存和发展机会的农户,客观地不再进行农业生产的情形(放弃土地权利,如抛荒;转让土地权利,如将土地经营权流转),他们逐渐脱离农业农村,长期与承包的农民集体的土地分离,

① 这里主要是指转让土地承包经营权的权利。
② 秦晖.中国农民问题[J].理论参考,2004(4):4-5.
③ 聂飞.城镇化进程中家庭化迁移研究:样态及困境——基于两代农民工家庭个案[J].理论月刊,2021(4):134-143.
④ 这里,将事实上不以从事农业生产活动维持生产生活需要的农民理解为"失去土地的农民"。

这类情形可理解为主动"失去土地"的行为,某种层面上讲,本书讨论的土地承包经营权退出问题,也主要是针对这类主动"失去土地"的农户。

相信大部分人都会同意的是,上述"被动失去土地"的农户,普遍是经济社会发展的受益者,或者说是直接利益获得者,他们"失去"土地后,生活水平不但没有降低,反而得到很大程度的改善。而另外一部分"主动失去土地"的农户,相对于留守在农业农村,特别是仍然从事农业生产经营活动,依靠土地产出获取一定收入的农户,他们的生活水平也是普遍较高的,甚至可以说他们是农村真正的"成功者",他们中间的一些人,也可能早已脱离农业农村,融入城市。概言之,我国40多年快速城镇化进程充分表明,上述两种类型的农民主动或被动失去土地之后,生活水平不仅没有下降,反而得到明显提升。这表明,让一部分农民认为"失去土地"其实并不可怕,特别是农民自愿地"失去土地"更不是可怕的事情,大部分"失去土地"的农民也能很好地生活。

4.4 本部分小结

本部分从适应农户分化现实需要、提高土地适度规模经营水平需要、科技水平提高需要、土地要素流动需要、新增人口对土地的需要等几个方面,对农户"有偿退出"行为进行理论分析。从法律、政策方面,阐明农户退出土地承包经营权的行为受到法律保护和政策支持。同时,通过对农户"有偿退出"行为本身的分析,提出"农户能够做出正确的选择""农户不会轻易放弃土地""失地农民也能正常生活"的思路,丰富农户"有偿退出"依据。

传统农业社会,土地承载着农民的就业、养老保障等诸多功能,在土地私有制安排中,即便是当农民年龄增长到一定程度(丧失劳动能力),并不是说简单地把土地"卖了"转变为其他资产用以养老,而是由老年人的子女来耕种,以满足(保障)老人及家庭基本生活(农户不会轻易放弃土地)。因而,在传统农业社会,土地的就业、养老保障功能要强于财产性功能。改革开放后,随着农村公共服务和社会保障水平的提高,特别是城市经济社会快速发展,为全社会创造出大量就业机会,农村土地的就业和保障功能呈逐渐弱化趋势[1],且这一功能正逐渐让位于财产功能[2]。正是土地对农民的作用,特别是土地的就业功能转变,人与土地之间的关系发生深刻变化,越来越多的农民通过自身努力挣脱农业农村束缚。同时,农村土地家庭承包经营制度安排对农民在土地上生产积极性的激励作用也明显减退,越来越多的农民不再需要承包地维持生产生活需要[3]。当然,这些并不是说,在社会主义公有制安排下,农户会轻易地放弃承包地。

正如有学者指出的,从那些处于传统社会生活环境人群的角度来看,肾脏有效地保存了人体内的盐分,这是优势,而非劣势[4];而到了现代社会,调味盐瓶摆在各处,让食盐获取这么快捷,才使得原本具有保存体内盐分的这一肾脏功能成为健康的不利因素,而非有利因素[5]。进入新时代,土地对部分农户来讲正犹如肾脏功能对身体健康一样。另外,如上文所述,城市居民拥有的房产、有价证券等财产,允许自由转让,不见得出现大量城市居民将自己的住房转让的现象[6]。因而,我们可以建设性设想,即便是畅通了农户退出土地承包经营权的渠道,也不一定会有大量的农户退出土地承包经营权。

其实,早在1984年1月,为降低家庭承包经营土地细碎化带来的不利影响,结合农业农村实际,特别是部分社员(农户)缺乏劳动能力,转营他业等具体情况,引导土地要素流动(向种田能手集中),中共中央提出"在承包期内,社员可

---

① 王纪辛,周怀宗.土地有偿退出之后,承包者如何盈利? [EB/OL].(2019-05-30)[2022-03-21].新京报.
② 罗必良.农地保障和退出条件下的制度变革:福利功能让渡财产功能[J].改革,2013(1):66-75.
③ 国家统计局发布的《农业生产跃上新台阶 现代农业擘画新蓝图——新中国成立70周年经济社会发展成就系列报告之十二》显示,2004年农村承包地流转面积为0.58亿亩,到2018年,全国家庭承包耕地流转面积超过了5.3亿亩。
④ 因为在传统社会,食盐是稀缺的,获取不易,重要的是使体内保有食盐而不是摒弃食盐。
⑤ 贾雷德·戴蒙德.为什么有的国家富裕,有的国家贫穷[M].奕奇,译.北京:中信出版社,2017:158,171.
⑥ 特别是一户只拥有唯一住房的情况下。

以将土地交给集体统一安排,也可以经集体同意,由社员自找对象协商转包。"①
"将土地交给集体统一安排""协商转包"等,某种意义上就可理解为社员退出土
地承包经营权的行为,目的就是要引导部分不需要承包地的农户,将土地权利
"转让"出去,以优化土地资源配置,保护和实现农户的权益。2003年3月1日起
施行的《农村土地承包法》明确规定农户的土地承包经营权"可以依法采取转
包、出租、互换、转让或者其他方式流转"②。农户流转土地承包经营权的行为正
式得到法律层面的认可和保护。

在这一过程中,还有学者提出,不触动土地所有权,有没有一种扩张的土地
使用权,确认农地使用权的物权化趋势,以最大限度地解决家庭承包制的制度
缺陷③。很快,这一观点随着"土地承包经营权"进入《中华人民共和国物权法》④
得到法律层面认可和保护。本书关注的土地承包经营权退出问题,正是在新时
代城乡关系、人地关系发生深刻转变的背景下,在不触动农村土地"农民集体所
有"的前提下和"土地承包经营权"物权化、"三权分置"制度下,探讨是否有一种
"扩张"的土地使用权,以弥补或者解决农村土地承包经营制度在促进土地要素
流动方面的缺陷。现实地看,目前留守农民和其他经营主体对土地的需求还相
对较大,退地农民拥有一定的议价能力。再经过几十年,今天的大部分农民不
存在,新生代农民不会种地,更不愿意种地,那时的退地农民的议价能力会进一
步减弱,可能对维护和实现农民的土地权益更加不利。且这几十年时间里,如
果不通过一定的途径,引导部分农户退出承包地,既不利于土地资源有效利用,
也可能损害了留守农村的劳动者的发展权利。

本书的判断是,进入新时代,对于部分农户,特别是长期在城市工作生活

---

① 《关于1984年农村工作的通知》(一九八四年一月一日)。
② 《中华人民共和国农村土地承包法》(中华人民共和国第九届全国人民代表大会常务委员会第二十
九次会议于2002年8月29日通过),第三十二条。
③ 张红宇.中国农村的土地制度变迁[M].北京:中国农业出版社,2002:4.
④ 2007年3月16日第十届全国人民代表大会第五次会议通过,自2007年10月1日起施行。2021年1
月1日,《中华人民共和国民法典》施行后,《中华人民共和国物权法》同时废止。

（相对稳定工作、居住空间），形成一定资产积累的"农户"，事实上他们已经真正成功地融入城市，农村"三权"（特别是土地承包经营权）客观上对他们来讲也不会很重要，如果他们有了退地的意愿，提出退地的制度安排的时机自然就成熟了。对于这部分农户而言，他们退地的风险也相对较小，退出承包地获得的相应补偿还能帮自己更好地在城市生活①。其实，农民退出土地承包经营权，也并不是可怕的事情。一部分农民失去②土地，如果政策引导适当，会让另外一部分农民拥有更多土地资源，农民对土地长期投资的预期会更加稳定，提升这类农户拥有的资源禀赋优势，土地投资增加也会进一步提高土地的产出，提振农业农村发展动能，逐步缩小城乡区域发展差距。因此，引导部分农民退出土地承包经营权，会提升整个社会效益。但也应注意的是，推进土地承包经营权有偿退出，必须尊重农户意愿，最大限度避免对农户利益侵害行为发生。不难预想，农民"有偿退出"可能会面临一些风险，特别是对于一部分在其他领域竞争"失败"的退地农户来讲。因此，推进土地承包经营权有偿退出试验，还需要从法律和政策层面提出新的安排，以尽可能减少一些不确定性风险因素的影响，更好保护和实现农户的土地承包经营权。

① 田文生.农民"退地"探索尚需更多顶层设计[N].中国青年报,2016-09-27(5).
② 主要指自愿有偿退出土地承包经营权。

第5章 "有偿退出":现实调查

习近平总书记强调,把选择权交给农民,由农民选择而不是代替农民选择[①]。从现实看,农民是农村土地制度直接受益者,与其他任何人相比,农民更清楚自己需要什么样的制度[②]。伴随城乡关系、人地关系持续发生的变化,提出新的土地制度安排考量,需要结合新的实践时代特征,考察农户退出承包地的意愿、主要诉求,以及农户不愿意退出承包地的影响因素等,以提出科学的因应之策。

5.1 问卷设计

将理论讨论与现实实践相结合,特别是深入拥有土地承包经营权的农户当中,面对面了解关于农户就业、收入水平等方面基本情况,同农户沟通交流对土地承包经营权退出的态度、认识,了解农户的真实意愿表达、主要诉求等,有利于掌握同本书关注问题相关的真实素材,也是开展具体现实问题研究的有效方法。为更好地了解部分农户的土地承包经营权退出意愿、主要诉求,以及影响农户做出"有偿退出"决策的主要因素等,充分借鉴国内外学者相关研究成果,初步设计出对农户进行访问的问卷。同时,结合本书前期对部分农户的访谈,

---

① 蔡继明.如何处理好新形势下农民和土地的关系[N].中国青年报,2016-05-16(2).
② 刘同山.农村土地退出:理论、意愿与实践[M].北京:经济管理出版社,2020:39.

对调查问卷进一步完善,以对正在讨论的农户土地承包经营权有偿退出问题进行更有针对性、符合农业农村农民实际的调查活动,最终设计的问卷主要包含4个方面、17个具体问题。

一是受访者及其家庭基本信息。主要包括受访者的性别、年龄、受教育程度,以及受访者家庭人口数、家庭住址与县城的距离等,以了解受访者及家庭基本情况。二是受访者及家庭经济状况。主要包括受访者家庭人均可支配收入、受访者是否与用人单位签订合同、是否购买社保,以及受访家庭是否拥有小轿车、是否购买商品房(住宅及商业用房)等问题,进一步了解受访者及家庭经济状况,以考察经济条件对农户土地承包经营权"有偿退出"意愿的影响。三是受访者承包地生产经营情况。主要包括受访家庭承包农民集体土地的面积、地块数、土地生产经营活动收入占家庭总收入比重等问题,以考察农户分化及农户对土地的依赖程度[①]。四是对受访者(家庭)土地承包经营权"有偿退出"意愿、希望获得"合理补偿"等进行调查。

5.2 样本概况

本书全部数据主要通过现场走访、电话访谈、网络问卷[②]等方式对农户进行访谈(调查)获得,访谈对象涵盖四川、山东、重庆等20个省(自治区、直辖市),访谈时间为2021年11月25日至2022年3月22日。累计获得问卷673份,将一些受访谈对象年龄小于18岁,未对"是否愿意退出承包地"等关键问题进行回答,以及一些回答自相矛盾的问卷剔除,最终得到有效问卷581份,有效率86.33%。有效问卷中,来自四川省490份,占84.34%;来自其他地区91份,占

---

① 张克俊,李明星.关于农民土地承包经营权退出的再分析与政策建议[J].农村经济,2018(10):9-15.
② 主要通过"问卷星"设计和发布调查问卷。长沙冉星信息科技有限公司旗下"问卷星",旨在以问卷为基础,提供强大的数据收集、存储和分析工具,深挖数据价值。

15.66%。需要说明的是,尽管获得的有效问卷从省域分布来看,四川省的问卷相对集中,但四川省成都市、四川省内江市市中区属于全国第二批农村改革试验区,且承担"土地承包经营权退出"试验任务,较具有代表性。来自四川省的问卷相对集中,从某种意义上讲,有利于更好对土地承包经营权退出问题进行考察,不会对本书进一步分析产生较大影响。

5.2.1 受访者及家庭基本信息

从受访者的性别看,女性 270 人,占 46.47%;男性 311 人,占 53.53%,性别比例适中。从受访者年龄来看,18~30 岁 101 人,占 17.38%;31~40 岁 235 人,占 40.45%;41~50 岁 171 人,占 29.43%;51~60 岁 58 人,占 9.98%,受访者年龄段分布相对均衡。从受访者受教育程度来看,初中及以下文化程度的有 187 人,占 32.19%;高中(中专)文化程度的有 95 人,占 16.35%;大学(大专及以上)文化程度的有 299 人,占 51.46%。与国家统计局、国务院第七次全国人口普查领导小组办公室发布的相关数据相比,本书受访者的受教育程度为"高中(中专)"的基本相当(本次调查为 16.35%,国家发布的数据为 15.09%),受教育程度为"初中及以下"的相对偏低(本次调查为 32.19%,国家发布的数据为 59.27%)①,受教育程度为"大学(大专及以上)"的受访者相对国家发布的数据偏多。从受访者家庭人口数来看,3 人、4 人、5 人、6 人及以上的家庭数量相当,分别占 23.06%、24.78%、24.78%、23.41%,1~2 人的家庭占 3.96%,受访者家庭人口数量规模适中。从受访者家庭住址与县城的距离来看,181 名受访者家庭住址与县城的距离小于 10 千米,占 31.15%;145 名受访者为 10~30 千米,占 24.96%;30~50 千米的有 111 人,占 19.10%;大于 90 千米的有 46 人,占 7.92%。详见表 5-1。

---

① 数据来源于国家统计局、国务院第七次全国人口普查领导小组办公室《第七次全国人口普查公报(第六号)——人口受教育情况》。

表5-1 受访者及家庭基本信息统计情况

指标类型	访问指标	指标内容	样本量	占比/%
受访者及家庭 基本信息	样本数(户)	—	581	100
	性别($X1$)	女性	270	46.47
		男性	311	53.53
	年龄($X2$)	18~30岁	101	17.38
		31~40岁	235	40.45
		41~50岁	171	29.43
		51~60岁	58	9.98
		61岁以上	16	2.75
	受教育程度($X3$)	初中及以下	187	32.19
		高中/中专	95	16.35
		大专	76	13.08
		本科	148	25.47
		研究生	75	12.91
	家庭规模($X4$)	1~2人	23	3.96
		3人	134	23.06
		4人	144	24.78
		5人	144	24.78
		6人及以上	136	23.41
	家庭住址与县城的距离($X5$)	<10千米	181	31.15
		10~30千米	145	24.96
		30~50千米	111	19.10
		50~70千米	61	10.50
		70~90千米	37	6.37
		>90千米	46	7.92

5.2.2　受访者及家庭经济状况

从受访者从事的职业(行业)来看,主要为农民(务农、农民工)、教师、公务员、医生、服务业等,相对比较分散。具体来看,受访者中,与用人单位签订劳动合同的有311人,占53.53%;未签订劳动合同的有270人,占46.47%,与学者们的研究结果比较接近。从受访者家庭2021年人均可支配收入来看,主要设置<0.47万元,0.47万~1.1万元,1.1万~1.5万元,1.5万~2.1万元,2.1万~3.9万元,3.9万~5.5万元,5.5万~9.6万元,>9.6万元等8个收入水平区间[①]。其中,人均可支配收入低于0.47万元的93人,占16.01%;0.47万~1.1万元的100人,占17.21%;1.1万~1.5万元的76人,占13.08%;1.5万~2.1万元的62人,占10.67%;2.1万~3.9万元的81人,占13.94%;3.9万~5.5万元的74人,占12.74%;5.5万~9.6万元的55人,占9.47%;高于9.6万元的40人,占6.88%。需要特别说明的是,因为收入是相对敏感(隐私)的数据,可能与真实情况存在一定偏差。另外,从受访者反馈的情况看,有424人已购买(享有)社保,占72.98%;有304名受访者(家庭)拥有小轿车,占52.32%;304名受访者(家庭)购买了商品房,占52.32%,详见表5-2。

---

① 0.47万元是参考2020年农村20%低收入组家庭人均可支配收入(4 681.5元)设置,1.1万元是参考农村20%中间偏下收入组家庭人均可支配收入(10 391.6元)设置,1.5万元是参考农村20%中间收入组家庭人均可支配收入(14 711.7元)设置,2.1万元是参考农村20%中间偏上收入组家庭人均可支配收入(20 884.5元)设置,3.9万元是参考20%农村高收入组家庭人均可支配收入(38 520.3元)设置;5.5万元是参考20%城镇中间偏上收入组家庭人均可支配收入(54 910.1元)设置;9.6万元是参考20%城镇高收入组家庭人均可支配收入(96 061.6元)设置。数据来源于《中国统计年鉴—2021》。

表5-2 受访者及家庭经济情况

指标类型	访问指标	指标内容	样本量	占比/%
受访者及家庭经济情况	样本数(户)	—	581	100
	是否与用人单位签订合同(X6)	有	311	53.53
		没有	270	46.47
	家庭人均可支配收入(年)(X7)	<0.47万元	93	16.01
		0.47万~1.1万元	100	17.21
		1.1万~1.5万元	76	13.08
		1.5万~2.1万元	62	10.67
		2.1万~3.9万元	81	13.94
		3.9万~5.5万元	74	12.74
		5.5万~9.6万元	55	9.47
		>9.6万元	40	6.88
	是否购买社保(X8)	有	424	72.98
		没有	157	27.02
	家庭是否拥有小轿车(X9)	有	304	52.32
		没有	277	47.68
	是否购买商品房(X10)	有	304	52.32
		没有	277	47.68

5.2.3 受访家庭土地经营情况

从农户承包经营的土地面积来看,大部分家庭承包经营的土地有限,其中,承包土地面积小于1亩的有148人,占25.47%;1~3亩的有214人,占36.83%;3~5亩的有111人,占19.10%;5~9亩的有55人,占9.47%。从承包地地块数来看,1~3块的有292户,占50.26%;4~6块的有176户,占30.29%;7~9块的有68户,占11.70%。从农业生产经营收入占家庭总收入的比重来看,小于5%的受访者有330人,占56.80%;10%左右的有115人,占19.79%;20%左右的有46人,占

7.92%；50%左右及以上的有48人，占8.26%，详见表5-3。从受访者土地生产经营情况来看，有207户全部（大部分）自己耕种，占35.63%；有173户大部分送给亲戚或者租给其他经营主体耕种，占29.78%[①]。

表5-3　受访者及家庭土地承包经营情况

指标类型	访问指标	指标内容	样本量	占比/%
受访者家庭土地承包及生产经营情况	样本数（户）	—	581	100
	承包集体土地面积（X11）	小于1亩	148	25.47
		1~3亩	214	36.83
		3~5亩	111	19.10
		5~7亩	38	6.54
		7~9亩	17	2.93
		9~13亩	20	3.44
		大于13亩	33	5.68
	地块数（X12）	1~3块	292	50.26
		4~6块	176	30.29
		7~9块	68	11.70
		大于等于10块	45	7.75
	农业生产经营活动收入占家庭总收入的比重（X13）	小于5%	330	56.80
		10%左右	115	19.79
		20%左右	46	7.92
		30%左右	32	5.51
		40%左右	10	1.72
		50%左右	22	3.79
		60%左右及以上	26	4.48

① "受访农户土地生产经营情况"设置的为非必选题，因而受访农户总数小于581户。

5.3 模型选择

本研究问卷主要针对农户是否愿意有偿退出土地承包经营权,属于二分类变量类型。因此,采用Logistic回归模型,分析农户有偿退出土地承包经营权的影响因素。Logistic回归模型数学表达式如下。

$$Y(\ln = \frac{p}{1-p}) = \alpha + \beta X_i + \varepsilon \qquad (i = 1,2,3,\cdots,n)$$

其中,Y为被解释变量,p为农户愿意有偿退出的概率,α为模型截距项,β为待估参数(回归系数),X_i为解释变量,表示农户是否愿意有偿退出土地承包经营权的影响因素,ε为误差项。

变量选取与说明。借鉴学者们已有研究成果,从农户有偿退出土地承包经营权意愿影响因素中选取了13个变量进行实证分析,详见表5-4。

表5-4 农户"有偿退出"意愿解释变量说明

指标类型	变量	指标代码	指标赋值
受访者及家庭基本信息	性别	$X1$	男=1,女=0
	年龄	$X2$	18~30岁=1,31~40岁=2,41~50岁=3,51~60岁=4,61岁及以上=5
	受教育程度	$X3$	初中及以下=1,高中/中专=2,大专=3,本科=4,研究生=5
	家庭规模	$X4$	1人=1,2人=2,3人=3,4人=4,5人=5,6人及以上=6
	家庭住址与县城的距离	$X5$	<10千米=1,10~30千米=2,30~50千米=3,50~70千米=4,70~90千米=5,>90千米=6
受访者及家庭经济情况	是否与用人单位签订合同	$X6$	有=1,没有=0

续表

指标类型	变量	指标代码	指标赋值
受访者及家庭经济情况	家庭人均可支配收入	X7	≤0.47万元=1,0.47万~1.1万元=2,1.1万~1.5万元=3,1.5万~2.1万元=4,2.1万~3.9万元=5,3.9万~5.5万元=6,5.5万~9.6万元=7,>9.6万元=8
	是否购买社保	X8	有=1,没有=0
	家庭是否拥有小轿车	X9	有=1,没有=0
	是否购买商品房	X10	有=1,没有=0
受访者家庭土地承包及生产经营情况	承包集体土地面积	X11	小于1亩=1,1~3亩=2,3~5亩=3,5~7亩=4,7~9亩=5,9~11亩=6,大于11亩=7
	地块数	X12	1~3块=1,4~6块=2,7~9块=3,10~12块=4,13~15块=5,大于15块=6
	农业生产经营活动收入占家庭总收入的比重	X13	小于5%=1,10%左右=2,20%左右=3,30%左右=4,40%左右=5,50%左右=6,60%左右=7,大于65%=8

5.4 农户"有偿退出"意愿、影响因素及主要诉求

5.4.1 农户"有偿退出"意愿

退出土地承包经营权,从某种意义上讲也是农民脱离农业农村,退出农民集体的过程。土地承包经营权有偿退出,无论是对农民集体还是对具体家庭都是有益的。引导部分农户退出承包地,有利于这部分农户实现土地权益,也有利于其他农户使用更多承包地。对于农民集体来讲,如果其成员没有退出权,

不但不利于公正,同样不利于效率的提高,人力资源作用也难以发挥①。现实地看,在我国40多年快速城市化中,数亿农民进城,很多甚至是举家进入城市,这部分农户对土地的依赖明显降低。加之纯农业收益过低,由此引发大量农民弃地进城谋求机会。由此不难发现,农户退出土地承包经营权的需求确实存在。

本次问卷调查结果也显示,有306名受访者(占52.67%)表示"在获得一定补偿的前提下"愿意退出土地承包经营权,但也有275名受访者(占47.33%)明确表示不愿意退出土地承包经营权。表明农户在是否愿意退出土地承包经营权中"意见明确""比例相当",与上文对农户分化的相关讨论形成印证。同农户现场交流访谈过程中也发现,当退出土地承包经营权能获得相应补偿并达到自己预期时,很大一部分农户是愿意退出承包地的,特别是当问及是否愿意参照当地征收农用地的"区片综合地价"退出土地承包经营权时,有很大一部分受访者表示"愿意"。但也有部分农户,考虑到家庭内部劳动力在其他领域就业能力、土地增值,以及难以通过自身努力再获取等诸多因素,表示即便是参照当地征收农用地的"区片综合地价",也不愿意退出承包地。

同时,当问及"如果没有任何补偿,而且您及家人不再从事农业生产活动,您愿意将承包的农民集体的土地如何处置"时②,有154户,占26.51%的农户愿意将土地交还给农民集体;有170户,占29.26%的农户愿意将承包地让亲戚朋友耕种;有398户,占68.50%的农户愿意将承包地流转给其他经营主体。值得重视的是,还有34户,占5.85%的农户选择将土地"撂荒在那里"。究其原因,可能是农户考虑到赠送给亲戚朋友耕种,未来收回,可能影响双方感情,且亲戚朋友在土地上进行投资,碍于情面不好干涉,后期更不好收回。如果出租给其他经营主体耕种,同样会面临其他经营主体在土地上投资,特别是进行综合整治,影响自己未来对土地的利用。不仅如此,土地经营权流转收益过低,可能也会降低农户流转土地经营权的意愿,详见表5-5。

① 王建友.完善农户农村土地承包经营权的退出机制[J].农业经济与管理,2011(3):47-53.
② 需要说明的是,本次访问部分问题为多选题,因而做出不同选择的农户总数之和大于581,百分比之和也大于100%。

表5-5　受访者退出土地承包经营权意愿及诉求

指标类型	访问指标	指标内容	样本量	占比/%
土地承包经营权退出意愿	样本数(户)	—	581	—
	如果退出土地承包经营权能获得一定的补偿,您是否愿意退出(X14)	愿意	306	52.67
		不愿意	275	47.33
	如果没有任何补偿,而且您及家人也不再从事农业生产活动,您愿意*(X15)	交还给农民集体	154	26.51
		交给亲戚朋友耕种	170	29.26
		撂荒在那里	34	5.85
		租给别人耕种	398	68.50

注:添加"*"的访问问题为多选题。

进一步分析,在"没有任何补偿,而且假设受访者及其家人不再从事农业生产活动"的前提下[1],154户(占26.51%)受访农户表示愿意将土地承包经营权交还给农民集体,170户(占29.26%)表示愿意将土地交给亲戚朋友耕种,34户(占5.85%)表示将土地"撂荒在那里",398户(占68.50%)表示"如果可以,愿意将土地租给别人耕种"。受访农户的上述行为,正好说明现阶段,对于一部分农户来讲,土地对他们的价值已经非常有限,当不再需要的时候,"交还给农民集体""交给亲戚朋友耕种""撂荒在那里""租给别人耕种"等都是可以接受的选择。这样,对于政府、农民集体来讲,是不是就只需要等待呢? 是不是要等到土地的价值降低到一定程度,土地承包经营权的拥有者(农户)失去这一权利所造成的损失可以忽略不计了,到时候再推进相应的改革呢? 本研究认为应该不是这样的。倘若政府与农村集体同时选择耐心等待,由此可能会出现"雁群效应",即大部分不需要承包地的农户都选择等待。因此容易导致稀缺的土地被撂荒(低

---

① 问卷未设置"如果没有任何补偿,您是否愿意退出土地承包经营权",主要考虑现阶段,无论从法律层面,还是从政策层面,都没有强制性要求农户(进城农户)退出土地承包经营权的情形。如果不是强制性要求退出,在没有补偿的前提下,农民们为什么还要退出土地承包经营权呢?

效利用），容易诱发一些不必要的冲突等。也不利于需要土地的农户（或其他经营主体）扩大土地生产经营规模，增加对土地的投资，提高土地利用效率。

5.4.2 农户"有偿退出"影响因素回归分析

根据问卷调查数据，利用Stata14.0软件，采用Logistic模型对13个解释变量进行统计分析，回归结果基本达到预期目标，详见表5-6。

表5-6 "有偿退出"影响因素Logistic回归分析

变量	Coef.	Std. Err.	z	P>|z|	[95% Conf. Interval]	
X1	0.290	0.112	2.59	0.010	0.070	0.509
X2	0.006	0.055	0.13	0.899	−0.100	0.114
X3	0.023	0.049	0.48	0.634	−0.073	0.121
X4	−0.106	0.045	−2.34	0.019	−0.194	−0.017
X5	−0.064	0.036	−1.79	0.074	−0.135	0.006
X6	0.122	0.135	0.90	0.367	−0.143	0.388
X7	0.004	0.027	0.17	0.861	−0.049	0.059
X8	−0.227	0.142	−1.60	0.110	−0.506	0.051
X9	0.005	0.126	0.04	0.967	−0.243	0.253
X10	−0.015	0.132	−0.11	0.909	−0.274	0.243
X11	0.093	0.037	2.51	0.012	0.020	0.166
X12	0.059	0.052	1.14	0.256	−0.042	0.161
X13	−0.074	0.031	−2.32	0.020	−0.136	−0.011
_cons	0.347	0.395	0.88	0.379	−0.427	1.122
Number of Obs	581					
Wald chi2(13)	31.42					
Pseudo R²	0.037					
Log pseudolikelihood	−386.947					

（1）受访者个人及其家庭情况。回归结果显示，男性（X1）、年龄（X2）、受教育程度（X3）与农户做出"愿意退出土地承包经营权"决策有正相关关系，家庭人口数（规模）（X4）、家庭住址与县城的距离（X5）与农户做出"愿意退出土地承包经营权"决策有负相关关系。其中，性别（X1）、家庭规模（X4）、家庭住址与县城的距离（X5）对"有偿退出"意愿影响分别在5%、5%、10%的显著性水平上显著。

从性别来看，男性相对女性，更愿意退出承包地。本书的解释是，男性相对女性，单纯从体力来讲有一定优势，男性在一些非农领域获取更高劳动报酬的机会也较多，且近年来主要依靠体力，或者是需要一定技术的就业岗位，如快递（外卖骑手）、家具安装、房屋检修，以及工程项目上的一些技术性工作等劳动报酬增长较快，伴随收入水平的提高，他们逐渐不愿意再进行更加辛苦，但又难以获取理想劳动报酬的农业生产活动，更倾向于退出承包地。而女性则更多在一些餐饮类服务型企业就业，收入水平增长有限，对未来获取稳定收入水平的信心也不足，自然而然退地意愿不强。而且，相对男性，女性的风险规避性特征比较明显，毕竟退出土地承包经营权，对未来可持续生计可能产生一定影响。

从年龄来看，年龄越大，相对年龄较小的受访者，越倾向于退出承包地，但未通过显著性检验。本书的解释是，受访者年龄越大，从事农业生产活动的时间就可能相对越长，越能够对农业生产"投入-收获"有一个更加清晰的认识。且年龄越大，在非农领域就业获取报酬的经历相对也越丰富，农业生产回报同非农领域劳动报酬比较，可能更倾向于退出农业生产活动，进而在非农领域寻求机会。当然本书结合这部分群体的个人认知、社会影响、家庭地位和话语权等，更倾向于认为他们能够对问卷提出的问题做出客观正确的回答，但获取到的有效问卷也反映出受访者年龄相对集中，31~40、41~50岁的受访者，合计占比达到69.88%，也可能是未通过显著性检验的原因。

从"受教育程度"对农户有偿退出意愿的影响来看，受教育程度越高的受访者越倾向于退出承包地，但未通过显著性检验。一般来讲，受教育程度越高的受访者，通过劳动获取的报酬往往也相对越高，收入水平的提高，会降低其从事辛苦程度更深的农业生产活动的意愿,进而退出土地承包经营权。未通过显著性检验可能的原因是,尽管受教育程度同收入状况存在相关性,收入水平又会影响融入城市(退出农村相关权益)的意愿,但随着农业转移劳动力资源长期在城市工作生活,享受到城市带给人们的益处,城市对其产生较大吸引力,使其更愿意到城市居住生活,脱离农业农村。因而,单纯的"受教育程度"同农户做出愿意退出承包地的决策关联性逐渐变弱。

"家庭人口数(规模)"同农户做出退出土地承包经营权的决策呈负相关关系,且在5%的统计水平上显著。这主要是因为,家庭人口数越少,承包经营农民集体的土地的面积可能越小,经营土地的收入也就非常有限,而且会付出较大的代价。同时,家庭人口数相对较少,家庭内部劳动力资源更容易在农业和非农领域进行转换,退出承包地相对损失或是风险较小,因而愿意退出承包地。家庭人口数越多的农户,可能会考虑到家庭基本生活需求,贸然退出承包地,可能需要承担更大的风险,进而不愿意退出承包地。

"家庭住址与县城的距离"同农户愿意退出土地承包经营权呈负相关关系,且在10%的水平上通过显著性检验。家庭住址距离县城越远的农户,交通区位、农业生产条件相对较差,这些地区的农户即便是退出土地承包经营权也难以获得理想的合理补偿,个别地方甚至难以获得补偿,这样还不如不退。另外,往往是距离县城越远的地方的农户,越是努力通过自己的勤劳和智慧,勇敢地走出农业农村,逐步在非农领域获得成功,进而融入城市。按照一般理解,他们似乎更愿意退出承包地以获得其他方面收入,但这部分"成功"的农民,土地的生产功能弱化,土地的情感价值、规避风险及其他方面的价值可能会提升,进而短期和中长期内不愿意退出承包地。还可能是近年来农村地区交通基础设施相对比较完善,"回家"的便捷度提高,因而家庭住址与县城的距离相对较远的农户也不倾向于退出承包地。

(2)受访者及家庭经济状况。回归结果显示,是否与用人单位签订合同($X6$)、家庭人均可支配收入($X7$)、家庭是否拥有小轿车($X9$)与农户做出"愿意退出土地承包经营权"的决策有正相关关系,是否购买社保($X8$)、是否购买商品房($X10$)与农户做出"愿意退出土地承包经营权"决策有负相关关系,但上述几个方面的影响,都没有通过统计性检验。

家庭收入水平相对越高,越不愿意从事更辛苦的农业生产活动,更倾向于退出承包地。劳动者与用人单位签订合同($X6$),表明用工单位同劳动者之间确立的劳动关系较规范,稳定性较好。这样,劳动者收入水平也相对更稳定,相对未签订合同的农业转移劳动力,他们退出承包地的现实意愿更强。未通过显著性检验的原因可能是尽管劳动者与用人单位签订合同,获取相对稳定收入的可能性较大,但这类情形,往往劳动者获取的收入水平相对不高,对做出愿意退出承包地的支持作用不明显;而一些灵活就业(未签订合同)的劳动者虽然稳定性相对较差,但获取的收入水平可能更高,这种类型的农户,可能更愿意退出承包地,因而未通过显著性检验。

家庭人均可支配收入($X7$)同农户做出愿意退出承包地的决策呈正相关关系,如上文分析,收入水平相对越高的家庭,越愿意退出承包地,进而在非农领域寻求机会。未通过显著性检验的原因,可能是家庭人均可支配收入属于比较敏感的数据,数据真实性可能存疑。也可能是因为部分家庭收入水平相对较高的农户,"有偿退出"的合理补偿难以达到其预期水平,或者是合理补偿本身非常有限,还不如不退,以有"最后的保障"。

购买(享有)社保($X8$)的受访者,相对未购买社保的,往往经济条件相对较好一些,"有偿退出"意愿更强。但回归分析显示购买(享有)社保的受访者相对未购买社保的,更倾向于不退出土地承包经营权。本书的解释是,大部分农业转移劳动力购买(享有)的社保,保障层次相对较低,伴随物价上涨,可能更倾向于保留承包地,以降低对其的影响。也有可能是购买了社保的农户,经济条件相对较好,退地的补偿同其预期有一定差距,不如继续占有承包地,以满足心理(情感)以及其他方面的需求。

家庭是否拥有小轿车($X9$)同农户做出愿意退出承包地的决策之间呈正相

关关系,家庭是否拥有小轿车同家庭收入水平息息相关,具体理由同对"家庭人均可支配收入"的分析。

家庭是否购买商品房($X10$)同农户做出愿意退出承包地的决策之间呈负相关关系。回归结果显示,家庭购买商品房的农户,相对未购买的,更倾向于不退出土地承包经营权。但据上文分析,收入水平相对越高的农户越倾向于退出承包地。对此的解释是,农户在城市购买商品房,大多为两种情况。一种是真正意义上跨过市民化门槛的情形,如学者们研究的,土地的情感价值、固定资产保值增值等相对这类农户更明显,他们可能反而不愿意退出承包地。另外一种情形也较普遍,就是购买商品房的农户,大多是以住房抵押贷款的方式购买,债务负担较重,如果他们退出承包地,又未能持续在非农领域获得稳定收入,这样将"腹背受敌",加剧生存危机。为降低可持续生计风险,他们可能会暂时性选择保留承包地,以留"最后保障"。

(3)受访者及家庭土地承包经营情况。受访家庭承包集体土地面积($X11$)、农业生产经营活动收入占家庭总收入的比重($X13$)对"有偿退出"意愿影响通过显著性检验,且均在5%的显著性水平上显著。回归结果显示,受访者家庭承包农民集体土地面积越大,"有偿退出"意愿相对越强,主要是承包地面积越大,退出获得的合理补偿期望也就可能越多,农户更倾向于退出承包地。农业生产经营活动收入占家庭总收入的比重越小,退出承包地承担的相应风险也相对较小,更倾向于退出承包地,"有偿退出"意愿相对越强。受访者家庭承包农民集体的土地的地块数($X12$)越多,土地细碎化程度越深,农户就更倾向于退出土地承包经营权,但没有通过显著性检验。可能的原因是农户承包地面积本身非常有限,不同地区差异又比较大,如同样面积的土地,在平原地区地块数可能较少,丘陵和山区就可能较多,因而未通过显著性检验。

5.4.3 农户"有偿退出"主要诉求

从问卷调查结果看,如果有机会退出土地承包经营权,农户对通过"按年固定现金+分红"、购买社保和就业安置的方式补偿的期待最为强烈。其中,353人希望"按年固定现金+分红"方式进行补偿,占60.76%;278人希望通过"购买社保"方式进行补偿,占47.85%;239人希望"能够得到就业安置"补偿,占41.14%。充分表明,受访农户更加注重自身长远利益得到良好保障。另外,还有一部分农户希望通过一次性现金、置换城市住房、按年以实物(粮食等)方式进行补偿。其中,128名受访者希望通过一次性现金补偿方式,占22.03%;118人希望通过置换城市住房的补偿方式,占20.31%,表明部分农业转移人口融入城市的意愿较强烈;还有74人希望按年以实物(粮食等)方式进行补偿,占12.74%。需要说明的是,在调查问卷设置中,"如果您愿意退出土地承包经营权,您希望获得哪些方面的补偿"可以对上述6个选项进行"多选",以尽可能反映农户的现实需求,所以数据显示人数超过受访者总人数(581人),占比之和也超过100%。详见表5-7。

表5-7 受访者及家庭"有偿退出"主要诉求

指标类型	访问指标	指标内容	样本量	占比/%
"有偿退出"主要诉求	样本数(户)	—	581	100
	如果您愿意退出土地承包经营权,您希望获得哪些方面的补偿*(X16)	就业安置补偿	239	41.14
		购买社保补偿	278	47.85
		一次性现金补偿	128	22.03
		按年固定现金+分红补偿	353	60.76
		按年以实物(粮食等)补偿	74	12.74
		置换城市住房补偿	118	20.31

注:添加"*"的访问问题为多选题。

另外,调查还发现,有意愿退出土地承包经营权的306户农户中,对退出土地承包经营权的期望"价格"呈现出一定差异性[①],有95户希望获得6万元以上/亩的补偿,占31.05%;41户希望获得5万~6万元/亩的补偿,占13.4%;26户希望获得2.5万~3万元/亩的补偿,占8.50%。详见表5-8。

表5-8 有意愿退出承包地的受访者土地"价格"期望值

指标类型	访问指标	指标内容	样本量	占比/%
"有偿退出"期望价格	样本数(户)	—	306	—
	您期望获得的补偿是____万元/亩(X17)	<1	23	7.52
		1~1.5	18	5.88
		1.5~2	19	6.21
		2~2.5	13	4.25
		2.5~3	26	8.50
		3~3.5	23	7.52
		3.5~4	20	6.54
		4~4.5	13	4.25
		4.5~5	15	4.90
		5~5.5	20	6.54
		5.5~6	21	6.86
		>6	95	31.05

从受访农户反馈的情况来看,大部分农户对退出土地承包经营权期待的"价格"都在合理区间,通过问卷调查,较好地反映了农户对退出土地承包经营权补偿的差异化诉求。即便是"期望获得的补偿大于6万元/亩"的受访者,其诉求也具有一定合理性。根据不完全统计,四川省成都市几个主要县(市、区)中,

---

① 对这一问题,本文作者与受访者充分沟通,希望受访者尽量客观实际地反映诉求。

龙泉驿区征收农用地区片综合地价达到62 800元/亩①，最低的大邑县（邮江镇、花水湾镇、西岭镇）为34 000元/亩②。又如四川省眉山市的仁寿县征收农用地区片综合地价执行的为61 200元/亩、58 200元/亩、53 000元/亩、50 000元/亩、43 000元/亩5种价格③。现场访谈也发现，有意愿退出承包地的农户，退地具体诉求同当地"征收农用地区片综合地价"关系紧密。

5.5　本部分小结

本部分通过问卷调查，利用Stata14.0软件，采用Logistic模型对影响农户"有偿退出"意愿进行实证分析。结果发现，愿意"有偿退出"的农户和不愿意的农户占比都比较高（数量相当），分别有306名受访者（占52.67%）表示愿意"有偿退出"，有275名受访者（占47.33%）表示不愿意"有偿退出"。回归结果显示，受访者性别（$X1$）、家庭规模（$X4$）、家庭住址与县城的距离（$X5$）、承包集体土地面积（$X11$），以及农业生产经营活动收入占家庭总收入的比重（$X13$）等对农户"有偿退出"意愿有显著影响，且通过显著性检验。尽管回归结果显示，受教育程度（$X3$）、是否与用人单位签订合同（$X6$）、是否购买社保（$X8$）等对农户"有偿退出"意愿也有显著影响，但未通过显著性检验。同时发现，有意愿退出土地承包经营权的农户，表现出十分注重对自身长期利益保障的诉求。本部分还对受教育程度（$X3$）、是否与用人单位签订合同（$X6$）、是否购买社保（$X8$）等可能对农户"有偿退出"意愿有较大影响，但回归结果未通过显著性检验的原因进行解释。

问卷访谈基本实现预期目标，一定程度上证实了农户退出承包地具备现实

---

① 《成都市龙泉驿区人民政府关于公布成都市龙泉驿区征收农用地区片综合地价标准的通知》（龙府函〔2020〕203号）。

② 《大邑县人民政府关于公布实施大邑县征收农用地区片综合地价的通知》（大邑府函〔2020〕179号）。

③ 《仁寿县人民政府关于公布仁寿县征收农用地区片综合地价标准的通知》（仁府函〔2020〕149号）。

条件,为进一步提出"有偿退出"方式提供了良好基础。值得引起重视的是,部分受访农户承包地呈现出"撂荒"的状况。正如杜润生(1998)所讲"农民既想离开土地,又要守住土地,既不愿种田,又不能不种田。受这种心态支配,自然会出现一些短期行为,粗放耕作,不愿在改良土壤方面下本钱"①,进而将土地进行撂荒"处置"。一方面反映出土地在一部分农户家庭生产生活中的作用明显降低,另一方面也反映出土地资源利用效率相对较低,农户土地承包经营权的保护和实现仍然存在问题。

另外,从现场对农户的访谈情况来看,有很大一部分农户认为承包农民集体土地面积有限,地理上又分散为许多小块,既不利于自己耕种,也难以将土地经营权流转出去获取租金收益,其他经营主体也不愿意进入,更不利于提高土地利用效率。同时,从受访农户来看,还普遍表现出土地的产出收入非常有限,而且地区差异性、不稳定性特征明显,如在成都市温江区、崇州市等地,受市场环境影响,农户承包地上生长的花木等经济作物,近几年收入非常有限,个别受访农户纯粹依靠土地的收入仅有 1 000~2 000 元/年的水平,对提高家庭收入水平和生活质量的贡献非常有限,如果缺乏畅通的有偿退出渠道,农户只能选择耐心等待。而当问及是否希望自己的承包地被国家征收时,农户都普遍表现出积极意愿,有所期待。这表明,当退地补偿能够达到农户预期水平,农户就会认真地在退地或者不退地之间进行权衡,以实现自身利益最大化。访谈中还发现,除区位条件外,外部力量的进入,如外部资本进入,对土地进行综合整治,成片开发,形成规模经济,能增加对外影响力,提升人气,有效提高土地价值,直接表现为土地经营权流转费用的提高,带动增加农户土地生产经营及非农生产经营活动收入。用受访农户的话语来讲,就是看到有些地方外部力量进入,将一家一户零星的土地进行综合开发,能重塑对外形象,吸引人们过来参观、休憩,带动农副产品销售,提高老百姓收入水平。即便是农户不进行土地生产经营活

---

① 杜润生.稳定农民预期与土地制度法律化[J].中国改革,1998(8):13-14.

动,纯粹的土地经营权流转的租金收益,也能得到较大幅度的提高。还值得关注的是,受访农户普遍表现出自身不想务农,也特别不希望后辈的子女仍然从事农业生产活动,他们甚至表现出对农业生产活动有一定的厌恶情绪,觉得太辛苦,收入又非常有限,又十分不稳定,还不如做其他工作来得实在。

需要说明的是,解决"三农"问题绝不能光靠感情,还有许多非常现实的问题需要研究和解决[1]。提出问题,并试图把问题解释清楚,也是本书的主要目的之一。马克思也指出:"无论哪一种社会形态,在它所能容纳的全部生产力发挥出来以前,是决不会灭亡的;而新的更高的生产关系,在它的物质存在条件在旧社会的胎胞里成熟以前,是绝不会出现的。"[2]新时代,中国经济社会各项事业发展形势良好,容易产生一种忽视"三农"的倾向,觉得GDP中农业所占的比重、农业人口在总人口中的比重都在不断下降,认为"三农"问题不再是具有全局性的重要问题[3]。需要清醒地认识到,当前中国还有5亿多乡村人口,比1949年新中国成立时4.84亿乡村人口还多[4]。特别是在农业现代化进程中怎么把分散的小规模经营纳入农业现代化的轨道中去,而不是简单地迫使他们(农民)离开土地[5]。如何把有意愿退出土地承包经营权的农户手中的承包地全面激活,促进土地要素自主有序流动起来? 如何更好维护和实现农户特别是进城农户的土地承包经营权? 以及如何更好保护和增进留守农户平等发展权利? 这些都是摆在我们面前不容回避的现实课题。

---

① 陈锡文.当前我国农村改革发展面临的几个重大问题[J].农业经济问题,2013,34(1):4-6,110.

② 中共中央 马克思 恩格斯 列宁 斯大林著作编译局.马克思恩格斯选集-第二卷[M].3版.北京:人民出版社,2012:3.

③ 廖九阳.给农民带来实实在在好处:陈锡文谈"乡村振兴战略"[J].中国政协,2017(21):29-31.

④ 数据来源于《中国统计年鉴—2021》。

⑤ 陈锡文.读懂中国农业农村农民[M].北京:外文出版社,2018:195.

第6章 "有偿退出"：地方试验

　　仅限于理论方面的探讨,还远不足以指导现实,某些理论方面的思考甚至可能误导实践。对于案例研究的重要性,阿尔斯通曾指出"案例研究方法常常是推动我们积累关于制度变革理论知识的唯一方法"①。地方推进的土地承包经营权有偿退出试验显然是有益的,它是政策对农民现实需求的一种反映,以"获得在原有制度下得不到的利益"。对推进农户"有偿退出"试验地区经验的考察,也有助于理论同现实相结合,进一步深入讨论本书关注的问题。考虑到"土地承包经营权退出"被纳入全国第二批农村改革14项试验任务当中,具体由重庆市梁平区、四川省成都市、四川省内江市市中区3个地区承担"土地承包经营权退出"试验任务②。3个试验区作为全国第二批农村改革试验区,且承担"土地承包经营权退出"试验任务,较具有典型性和代表性。本部分主要梳理3个试验区的推进措施,面临的主要困难和取得的有益经验,考察有待进一步突破的主要方面,为讨论土地承包经营权有偿退出提供现实例证。

---

① 李怀,邵慰.新制度经济学的研究方法解析[J].经济纵横,2009(3):14-17,29.
② 第二批农村改革试验区分别为北京市通州区、天津市宝坻区、河北省曲周县等34个地区。《关于第二批农村改革试验区和试验任务的批复》(农政发〔2014〕5号)。

6.1 重庆市梁平区"有偿退出"试验

6.1.1 试验背景

梁平区①地处重庆市东北部,全区面积1 892.13平方千米,辖33个乡镇(街道)。开展土地承包经营权退出试验之初,全区户籍人口92.66万人(2014年数),其中农业人口73.04万人,占比78.82%;承包地面积97万亩,人均1.33亩。伴随城乡经济社会发展,全区大量农业劳动力转移到城市或非农领域就业,甚至举家迁移到城镇②。人地呈现出长期分离状态,一方面,导致土地资源撂荒现象逐渐增多,土地利用效率降低,不利于经营主体提高土地适度规模经营水平,不利于农业农村稳定发展。另一方面,如果农户的土地承包经营权不能"有偿退出",仅限于土地经营权的流转,农户拥有的土地承包经营权就难以转变为其他财产形式,难以得到更好实现③。在城乡经济社会发展过程中,梁平部分农民逐渐在其他领域寻求到稳定的就业机会,进而彻底脱离农业农村融入城市,为梁平推进"有偿退出"试验提供了重要现实条件。

在正式开展"有偿退出"试验之前,2014年3月,梁平的农户就自发进行土地承包经营权退出(转让)探索,具体来看,该区金带镇仁和村的首小江先是申请将其户口从仁和村迁至义和村,并成为该村的"农村集体经济组织成员",进而以法律规定的"其他方式"承包该村15亩土地,承包期为50年④。首小江通过这种方式承包的15亩土地主要来自该村20户有"有偿退出"意愿的农户。农户

① 原为梁平县,2016年12月,国务院批准撤县设区,2017年1月10日,梁平撤县设区挂牌。

② 2014—2020年,在全区人口总数变化不大(减少0.4万人)的情况下,农村人口由73.04万人迅速减少至54.95万人,占人口总数比重由78.82%降低至59.57%,下降近20个百分点。

③ 王硕.农户退出土地承包权的意愿及影响因素:以重庆市梁平区为例[J].农村经济与科技,2018,29(13):18-21.

④ 刘同山.农户承包地的退出路径:一个地方试验[J].重庆社会科学,2016(11):38-43.

退出土地承包经营权获得相应3万元/亩的补偿,以体现对土地的劳动付出和投资的回报,农民集体作为土地所有者,获得0.45万元/亩的承包费,以实现土地所有者权益,两部分费用均由新的承包方承担。梁平自发探索的这种有偿退出方式,实质上是在现行法律框架内,先把对应的承接主体吸收为具体的农村集体经济组织成员,进而让其获得土地承包权,再通过农户转让的途径,获得相应的土地承包经营权[①],促进土地要素流动。

2014年12月,梁平获批第二批农村改革试验区[②],承担"土地承包经营权退出"等3个方面试验任务。2015年,梁平结合农业农村实际,选定礼让镇川西村、屏锦镇万年村等地开展"土地承包经营权退出"试验,逐步探索形成"三方联动、供需平衡、稳妥退地"的退地机制[③],取得了一定经济社会效应。

6.1.2 试验内容

1.退出方式

梁平根据土地承包经营权退出和承接主体双方需要,设计出"整户退出""部分退出"两种退地方式。"整户退出",即以"户"为基本单位,永久性地退出承包地,且不再要求承包所在农民集体的土地。农户退出的承包地,由农村集体经济组织连片整治后,统一开发利用,主要为"流转土地经营权"或"重新发包给具备条件的农户",川西村农户有偿退出以这种模式为主[④]。"部分退出",主要为根据土地需求方(其他经营主体)用地需求,农户将承包的部分土地的经营权流转出去,具体由农民集体、退地农户和用地主体三方协商确定对退地农户的补

---

① 张云华,伍振军,刘同山.农民承包地退出制度在试验中渐成型:梁平县农民承包地退出试验可行[N].中国经济时报,2016-11-16(5).

② 《关于第二批农村改革试验区和试验任务的批复》(农政发〔2014〕5号)。

③ 赴重庆调查组.重庆梁平:探索农村土地承包权退出机制[EB/OL].(2016-05-20)[2021-10-11].中华人民共和国农业农村部.

④ 同①。

偿、农民集体与退地农户的权利义务等,承接主体支付费用后,在约定期限内获得相应土地经营权[①],义和村、万年村农户"有偿退出"采取这一模式。

2.基本条件

为稳慎推进土地承包经营权退出试验,梁平综合考虑农户是否有稳定职业和收入来源或无力耕种等具体情况[②],提出"整户退出"须具备有稳定职业或收入来源、有城镇固定住所等条件;"部分退出"的农户,退地面积不得超过家庭承包地面积的50%[③]。梁平通过这种设置相对严苛的退出条件,以尽可能消除有偿退出试验潜在风险,确保有偿退出试验顺利推进,从某种意义上讲,也是对退地农户的保护。

3.退出程序

为更好地保护和实现农户的土地承包经营权,平衡各方利益,让有意愿退出的农户"能退出"、有意愿承接的农户更好"满足需求"。梁平坚持充分尊重村民意愿,按农户自主申请、民主决策、村镇审核、张榜公示、签约交割、注销权证、上报备案的程序[④],有序推进有偿退出试验。

4.补偿标准

为充分保障土地承包经营权退出方、承接方和农民集体三方利益,梁平按照"合法、合理、可操作"的原则,考虑具体地块土地资源禀赋特征,如交通区位条件、土地肥沃程度、水利基础设施配套等,结合承包期剩余年限、当地土地经营权流转价款等因素,经农民集体、退地农户、土地承接方等充分讨论,最终确

---

① 需要说明的是,梁平探索的"部分退出"实质上仅是土地经营权的流转。邓俐."农地退出"破题——重庆市梁平县农村土地改革试验调查[N].农民日报,2016-11-25(1).

② 赴重庆调查组.重庆梁平:探索农村土地承包权退出机制[EB/OL].(2016-05-20)[2022-03-22].中华人民共和国农业农村部.

③ 农村改革试验区办公室.重庆市梁平县退用结合探索承包地退出机制[N].农民日报,2017-03-22(1).

④ 同③.

定对农户"合理补偿"指导价为1.4万元/亩①。现实中川西村、万年村以此作为标准,并达成三方"合意"。

5.资金来源

考虑到农村集体经济组织发展薄弱,不具备对退地农户进行补偿的能力,如果全部依靠土地承包经营权承接方来承担,容易造成新的经营主体资金占用压力大等问题。梁平探索采取农村集体经济组织自筹、金融机构担保融资、承接业主支付、乡镇财政借支、县级财政补助等多种方法筹集退地补偿金②。同时,梁平还为土地承包经营权退出试验安排专项周转资金③。试验中,梁平区的礼让镇川西村正是借助政府设置的专项周转资金,以"赎回"农户的土地承包经营权形式④,开启土地承包经营权退出试验。

6.1.3　有益经验及现实困境

1.有益经验

梁平探索的土地承包经营权退出试点,某种意义上讲,充分发挥了市场在土地资源配置中的决定性作用和更好发挥了政府作用,值得其他地方借鉴。

一是梁平探索的"整户退出"要求退地农户须以户为单位,且彻底放弃土地承包经营权,有利于促进退地农户彻底脱离农业农村,促进农业转移人口市民化,有利于实现土地承包经营权改革初衷,也是土地承包经营权退出改革的重要方向,对其他地方较具有借鉴意义。

二是梁平将农户退出的土地要素,由村集体进行综合整治后,统一对外出

---

① 刘同山.农户承包地的退出路径:一个地方试验[J].重庆社会科学,2016(11):38-43.
② 农村改革试验区办公室.重庆市梁平县退用结合探索承包地退出机制[N].农民日报,2017-03-22(1).
③ 2016年,梁平专门制定《农村土地承包经营权退出周转金管理办法(试行)》,该办法明确在农村集体经济组织不能一次性付清农户退地补偿款时,由周转金先行垫付。然后由农民集体以退出土地出租(土地经营权流转)或重新发包收益,偿还政府垫付资金。
④ 张云华,伍振军,刘同山.农民承包地退出的梁平试验[J].中国老区建设,2017(2):24-26.

租(流转土地经营权)或重新发包给其他农户。既有利于提高农村集体经济组织动员土地要素的能力,助力发展壮大新型农村集体经济,缓解农村集体经济薄弱难以对退地农户进行"合理补偿"的窘境,也有利于提高退出土地的利用效率。更值得提倡的是,梁平探索对退出土地进行重新发包,有利于将有限的土地适度集中到最需要土地的留守农户手中,有利于保护和增进农民集体内部家庭的利益。

三是梁平提出的由农业经营主体、退地农户、农民集体"三方议定"退出补偿标准,也是在缺乏官方补偿标准的前提下,探索的较具有现实意义、可行的补偿标准确定办法,对同类地区也较具有现实借鉴意义。

四是梁平率先探索打破土地承包经营权承接方的身份限制,精准找到推进土地承包经营权有偿退出改革的着力点。梁平探索将新的潜在承包方(承接主体)吸收为具体农村集体经济组织成员,从而享有承包所在农民集体土地的权利,某种意义上讲,打破了土地承包经营权在特定农民集体内部家庭之间流转的身份限制。尽管这一改革仍然面临承包期届满后新的承包主体是否可以继续承包特定地块(面积)土地的困境[①]。甚至有学者"批评"指出,梁平这一方案变相赋予农民集体外部其他主体承包农民集体土地的权利,打破了农民集体的边界,认为这不应该是未来的政策方向[②]。本书认为,梁平这一改革举措抓住"有偿退出"改革的"牛鼻子",或者是突破口,摆脱了土地经营权流转中"双方不履行合约"的困境,最大限度稳定了土地承包经营者的预期。最难能可贵的是,这一改革有利于农民集体吸引外部人才,进而形成"能进能出"良性发展态势,外部人才的进入,大都会带来资本、技术等方面资源要素,有利于促进人才、土地、资本等要素在城乡之间双向流动,有利于农业农村形成更多正增长秩序,加快农业农村现代化进程。

---

① 范朝霞."三权分置"视野下土地承包权退出机制研究[J].河南财经政法大学学报,2019,34(2):18-27.

② 张云华,伍振军,刘同山.农民承包地退出制度在试验中渐成型:梁平县农民承包地退出试验可行[N].中国经济时报,2016-11-16(5).

五是梁平对经营主体承接农户退出的承包地的限制。梁平提出，单个经营主体承包(流转)农民集体土地的面积原则上不超过300亩[1]。这一要求，既是对"适度规模"水平的有益探索，以避免学界担忧土地大规模集中的风险，也是对有意愿提高土地适度规模经营水平的留守农户利益的保护，以尽可能减小外部力量同农户对土地的竞争，满足其经营更多土地的需求，保护其平等发展权利。

2.现实困境

一是补偿资金来源问题。梁平"有偿退出"补偿资金问题，也是其他试验地区共同面临的突出问题之一。现实地看，梁平土地承包经营权退出试验，主要还是依靠政府财政资金"托底"，农村集体经济组织普遍缺乏对退地农户的补偿能力，如何更好吸引社会资本进入仍然面临诸多现实挑战。

二是对留守农民利益的保护还不够充分。尽管梁平农户退出的承包地可以由农民集体重新发包给需要的农户，但由于农户退出的土地资源有限，公平地重新发包给其他需要的农户也是非常具有挑战性，因而梁平又提出原则上不再以家庭承包方式发包[2]，对留守农户提高土地适度规模经营水平产生一定不利影响。梁平推进的"有偿退出"试验，对提高农村集体经济组织内部其他农户土地适度规模经营水平的作用未充分体现，如何让种养大户更好承接其他农户退出的承包地，值得进一步探索[3]。

---

① 农村改革试验区办公室.重庆市梁平县退用结合探索承包地退出机制[N].农民日报,2017-03-22(1).
② 同①。
③ 田文生.农民"退地"探索尚需更多顶层设计[N].中国青年报,2016-09-27(5).

6.2 四川省成都市"有偿退出"试验

6.2.1 试验背景

成都市是四川省省会,全市辖12个区、5个县级市、3个县,常住人口2 093.78万人[①]。随着城镇化迅速推进,全市农村人口数持续减少[②],一部分农民在其他领域寻求到稳定发展机会,进而不再依靠土地生产经营活动维持生计,将其土地经营权流转给其他经营主体。还有一些农户举家迁移至城市定居或移居国外等,土地的保障功能、就业功能等明显弱化,客观上为农户退出土地承包经营权创造了有利条件。全市部分农村地区土地也不同程度存在闲置、撂荒的现象,土地承包经营权退出具备一定的现实基础。

2014年12月,四川省成都市获批第二批农村改革试验区[③],承担"土地承包经营权退出试验"等7个方面任务。2015年4月,成都市农业委员会印发《成都市农村土地承包经营权登记管理办法》等3个办法[④],对土地承包经营权的初始登记、变更登记、注销登记等做出具体要求,进而让农民真正把权利掌握在手中,为土地承包经营权退出提供基本前提。2017年12月,成都市在坚持"政策底线""封闭运行""自愿有偿""因地制宜"几项基本原则前提下,明确同"有偿退出"密切相关的"退出程序""补偿标准""补偿主体",以及退出土地的"利用"等方面内容[⑤],深入推进土地承包经营权退出试验。

---

① 数据来源于成都市统计局、成都市第七次全国人口普查领导小组办公室发布的《成都市第七次全国人口普查公报(第六号)》。

② 2000年,成都全市1 013.3万人,其中,农业人口667.4万人;2013年,全市户籍人口1 188万人,其中农业人口459.3万人。数据来源于《四川统计年鉴—2001》《四川统计年鉴—2014》。

③ 《关于第二批农村改革试验区和试验任务的批复》(农政发〔2014〕5号)。

④ 《成都市农业委员会关于印发〈成都市农村土地承包经营权登记管理办法〉等三个办法的通知》(成农办〔2015〕39号)。

⑤ 《成都市规范农村土地承包经营权退出的指导意见(试行)》(成农办〔2017〕141号)。

6.2.2 试验内容

设置"有偿退出"具体程序，明确农户的土地承包经营权"有偿退出"的内涵外延。关于"有偿退出"程序，成都提出按照"农户自愿申请—开展资料审查—协商补偿标准—议定退出事项—组织公开公示—签订退出协议—乡镇政府审核—办理注销手续—经营管理退出土地"的程序进行。关于农户"有偿退出"行为的界定，成都明确"有偿退出"为农户"一次性全部、永久将土地承包经营权"退还给农村集体经济组织，对退地农户进行"合理补偿"的主体为农村集体经济组织①。成都提出的一次性、永久退出土地承包经营权，同法律规定的农户对土地承包经营权的转让行为类似，对退地农户的补偿主体，也主要基于"谁受益、谁补偿"的原则确定。

明确"有偿退出"主体资格。对有意愿退出土地承包经营权的农户设置一些具体条件，有利于避免一些分化程度不高，仍需要依靠土地开展生产经营活动维持生计的农户短期行为，以最大限度降低有偿退出改革潜在风险。关于"有偿退出"主体资格（条件），成都结合试验地区农业农村农民实际，因地制宜，提出家庭主要劳动力长期外出打工、有稳定收入来源、存在耕地撂荒现象等类型的农户，以及年老或丧失耕种能力的鳏寡孤独者②，可以自愿申请退出承包地。从而将"有偿退出"主体通过一种更具弹性的方式限定在合理范围内，满足农户退地需求的同时，尽可能降低改革风险。

对退地农户"合理补偿"标准的确定。对退地农户的补偿，是"有偿退出"试验的难点和重点，也是农户土地权益能否得到保障的关键，更是相关利益主体利益"争锋"的焦点。为更好地体现公平公正，成都主要按照"参照当地土地征

---

① 《成都市规范农村土地承包经营权退出的指导意见（试行）》（成农办〔2017〕141号）。
② 王吉泉，廖姣，李毅，等.农村土地承包经营权退出改革的现状、问题与对策研究[J].消费导刊,2016（12）：15-16.

收补偿标准""在本集体经济组织内部通过竞争拍卖",以及"委托第三方农村土地承包经营权价格评估机构评估"等方式,由相关利益主体协商确定"合理补偿"标准①,以更好保护和实现农户权益,平衡各方利益。

建立完善"有偿退出"社会保障制度。为顺利推进"有偿退出"试验,最大限度保障退地农户可持续生计,维护退地农户利益,成都市对退地农户在户籍迁移、社会保障、子女入学等方面予以支持,确保退地农户生活水平不降低、长远生计有保障。如郫都区就明确提出退地农户进城居住后,可直接办理户籍迁移,同时享有相应的就业优惠政策和社会保险待遇,退地农户子女就学等问题按相关政策统筹安排等②,以更好保障退地农户利益。

对退出土地的利用。开展有偿退出试验,除了畅通土地要素流动渠道,另一主要目的就是提高土地资源利用效率。成都对农户退出的承包地,主要通过"在集体经济组织内部有偿发包""由集体经济组织自主统一经营",以及"由集体经济组织按照'三权分置'原则,将土地经营权流转给其他农业经营主体经营"的方式,对农户退出的土地进行开发利用③,以盘活农村土地资源,促进土地要素流通,提高土地利用效率,增进相关主体利益。

6.2.3 有益经验及现实困境

1.有益经验

一是对退地农户"合理补偿"确定方式的有益探索。如成都提出的"参照当地土地征收补偿标准"以协商确定对农户的合理补偿,有利于更好保护退地农户权益;"在本集体经济组织内部通过竞争拍卖"以协商确定合理补偿标准,有利于保护留守农户的利益;"委托第三方农村土地承包经营权价格评估机构评

---

① 《成都市规范农村土地承包经营权退出的指导意见(试行)》(成农办〔2017〕141号)。
② 郫都区农村土地承包经营权有偿退出管理办法(试行)听证会公告[EB/OL].(2019-11-28)[2022-03-22].郫都区人民政府.
③ 《成都市规范农村土地承包经营权退出的指导意见(试行)》(成农办〔2017〕141号)。

估"以协商确定对农户的合理补偿,有利于保障退地农户、农民集体(其他经营主体)利益,促进公平公正。

二是对退出的承包地再利用的探索。成都对农户退出的承包地提出"在本集体经济组织内部有偿发包""自主统一经营",以及"流转土地经营权"等,有利于提高土地资源利用效率。特别是成都提出的"有偿发包",有利于提高留守农户土地适度规模经营水平,增强农民对土地投资和生产积极性,值得其他地方借鉴。

2.现实困境

一是农户退地意愿不强烈(不愿意退出)。由于成都是四川省乃至西部地区经济中心城市,城乡经济社会整体发展水平较高,土地未来潜在价值高。农民对土地增值的预期也普遍较高,退出意愿相对经济区位条件较差的地区低。而且有很大一部分农业转移人口经济条件已经达到学者们提出的市民化门槛,退出承包地的收益有限,难以满足其边际需求,因而表现出对退出承包地的意愿不积极。如就有学者对成都市龙泉驿区等地土地承包经营权退出试验考察发现,无论是承包山上的"地"(户均承包地约12亩)和山下的"田"(户均承包地约2.5亩)[1],两类农户均不太愿意退出承包地[2]。本书更倾向于认为成都农村居民收入水平相对较高,户均承包的土地资源有限,"有偿退出"获得的补偿同其预期有较大差距,而且"有偿退出"仍处于试验阶段,退出后希望再获得相应权利可能比较困难,退地意愿自然较低。但从现场访谈情况来看,一部分农户基于自身客观不需要,土地细碎化问题突出,如不连片开发难以提高土地价值等方面考虑,在能够满足补偿要求的前提下,还是愿意退出承包地。但是整体上讲,现场走访的温江、崇州等地农户对退地补偿期望值普遍较高,在遏制土地非

---

[1] 按照当时"有效亩产量分地"的惯例,当时一亩"田"可抵近五亩"地"。

[2] 韩立达,韩冬.市场化视角下农村土地承包经营权有偿退出研究:以成都市为例[J].中州学刊,2016(4):43-48.

粮化、非农化政策环境下,农村集体经济组织,以及一些潜在承接主体受"土地发展权利"等方面限制,很难对退地农户进行补偿,也是推进土地承包经营权退出试验将要面临的现实问题。

二是土地承包经营权退出的"不完全性"问题。尽管成都出台的相关意见措施已明确土地承包经营权退出的性质,但个别地方在推进过程中,仍将农户土地经营权流转行为,也理解为土地承包经营权的退出。如青白江区F村、新都区龙桥镇、邛崃市夹关镇开展的土地承包经营权退出改革,实质上就仅为土地经营权流转,选择"双放弃"①的农户非常少。客观上讲,这种方式的退出,仅仅是农户把土地经营权让渡出来,也不属于本书探讨的土地承包经营权退出范畴。

三是资金压力。从成都实践来看,土地承包经营权退出的补偿金主要由农村集体经济组织支付,而农村集体经济组织资金又主要来源于"有偿发包"及"土地经营权流转收益"。加之大多数农村集体经济组织财力有限,"有偿发包"及"土地经营权流转"收益不稳定性特征明显,对退地农户进行"合理补偿"的能力不足②。从现实层面来看,成都市探索的"承包地换社保",单从经济角度来看,是一项"亏本买卖",如果不能进一步寻找到新的资金渠道,就意味着需要依靠地方政府长期持续投入③,可持续性问题突出。

四是退出土地的利用问题。成都将在"本集体经济组织内部有偿发包"以对退出的土地进行开发利用,尽管有利于留守农户提高土地适度规模经营水平,更好维护和保障农村集体经济组织内部其他农户平等发展权利,但"有偿发包"对象仍然受到明显限制,不利于土地要素在更大市场范围配置。

---

① 指农民自愿放弃土地承包经营权和宅基地使用权。
② 王吉泉,廖姣,李毅,等.农村土地承包经营权退出改革的现状、问题与对策研究[J].消费导刊,2016(12):15-16.
③ 韩立达,韩冬.市场化视角下农村土地承包经营权有偿退出研究:以成都市为例[J].中州学刊,2016(4):43-48.

6.3 四川省内江市市中区"有偿退出"试验

6.3.1 试验背景

内江市市中区位于四川盆地川中丘陵地带中南部,距成都市和重庆市直线距离均为150千米左右,全区辖15个镇(街道)。市中区属于典型的传统农业区,开展土地承包经营权退出试验之初,全区农业人口30.3万人(2014年数据),占总人口数的比例为56.5%,耕地面积19.17万亩[①],人均面积0.63亩。受可利用耕地资源条件等方面限制,伴随城乡经济关系变迁,全区农业转移人口数量持续增加,留守在农业农村的劳动力严重不足,土地撂荒现象普遍,部分村撂荒率达到50%以上[②]。户均土地资源有限、撂荒问题突出、人地长期分离等,为市中区推进土地承包经营权退出试验提供了客观条件。

2014年12月,内江市获批成为全国第二批农村改革试验区,主要承担"土地承包经营权退出"等3项试验任务[③]。市中区结合农业农村,以及有退地意愿的农户实际,探索形成了"退地换现金""退地换股份""退地换保障"的"三换"模式,在保障退地农户权益、提高土地利用效率等方面产生积极作用[④]。

[①] 内江相关资料来源于内江市市中区人民政府网站,数据来源于《四川省统计年鉴——2015》。

[②] 张艳玲.四川内江退地可"三换":换现金、换股份、换社保农地退出三种模式任你选[N].农民日报,2018-11-19(7).

[③] 《关于第二批农村改革试验区和试验任务的批复》(农政发〔2014〕5号)。

[④] 四川省内江市市中区城乡统筹委员会.内江:"三换"确保农民利益不受损[J].农村经营管理,2018(8):10.

6.3.2 试验措施

1."有偿退出"程序

从土地承包经营权退出程序来讲,内江市市中区同重庆梁平、成都等地类似,在充分尊重农户"有偿退出"意愿的前提下,主要按照"农户申请、村民小组核实、村委会复核、乡镇批准、区农林局备案"的具体程序推进①,以确保有偿退出程序合理、具有可操作性。

2."有偿退出"方式

一是"永久退出",主要是指农户(承包方)将承包地(土地承包经营权)永久退回给农民集体(发包方),不再要求承包所在农民集体的土地,也就是永久性地放弃依附在土地上的其他一切权利②。

二是"长期退出",主要是指农户将承包期内剩余年限的土地经营权退还给农民集体③。上述两种"有偿退出"方式均保留退地农户的集体经济组织成员资格,保留其宅基地使用权和集体资产收益分配权。如上文所述,"长期退出"的实质为土地经营权的流转。

3."有偿退出"主体资格

关于退地农户的主体资格或是条件,市中区要求农户需满足"三有"和"三

---

① 农村改革试验区办公室.四川内江市市中区:探索农村土地承包权退出"三换"模式[N].农民日报, 2018-05-11(2).

② 丁延武,王萍,郭晓鸣.不同禀赋农民土地承包经营权有偿退出机制研究:基于四川省内江市市中区的经验和启示[J].农村经济,2019(9):57-64.

③ 郭晓鸣,高杰.我国农村土地承包权退出的地方探索与基本判断:基于四川省内江市的改革实践[J].国土资源科技管理,2017,34(2):1-8.

具备"[①],才允许退出土地承包经营权。为更加稳慎推进有偿退出试验,市中区还专门对提出"永久退出"的农户的条件做出更严格限定,即需要在农民自愿申请、与土地相关权属清晰等基础上,还要求全部家庭成员意见一致[②]。通过这种方式,以保护退地农户内部成员权利,尽可能杜绝部分农户短期行为(经济利益),确保农户长远生计不受影响,减少改革风险点。同时,市中区还创造性针对缺乏劳动能力的家庭,以及贫困家庭等特殊类型的农户制订了专门的有偿退出措施[③],以更好地保护和实现这部分农户的土地承包经营权,帮助他们将土地财产性权利转变为现实经济利益,获取更多财产性收入,提高生活质量和水平。

4. "有偿退出"补偿方式

市中区根据不同类型农户需求、承包地退出形式(性质),设计出不同的补偿方式,对退地农户进行合理补偿。

一是以"退地换现金"的方式进行合理补偿。这种补偿方式,是指对农户退出土地承包经营权,以一定标准的现金给予补偿,主要在龙门镇龙门村进行试验。关于具体的补偿标准,在充分征求有退地意愿的农户意见,结合当地土地经营权流转市场价格,土地资源禀赋特征,农村集体经济组织补偿能力等方面因素考虑,对"永久退出"承包地的农户按3万元/亩的标准给予一次性补偿;考虑到"永久退出"农户失去了再承包农民集体土地的权利等因素,"长期退出"按照850元/亩·年的标准进行补偿,补偿期限为剩余的二轮承包年限(截至2029

---

① "三有"主要是指农户有长期稳定的非农就业、有固定且较高的收入来源、有较高层次的居民基本养老保险;"三具备"是指具备农户家庭总收入中非农收入占80%以上、农村房屋长期处于闲置无人居住状态、在城镇已经购买住房并常年居住等基本条件。

② 四川省内江市委改革办,内江市中区区委改革办.四川内江土地退出"三换"模式[J].农村工作通讯,2016(22):61.

③ 丁延武,王萍,郭晓鸣.不同禀赋农民土地承包经营权有偿退出机制研究:基于四川省内江市市中区的经验和启示[J].农村经济,2019(9):57-64.

年,剩余14年),给予1.19万元的一次性补偿①。

二是以"退地换股份"的方式进行"合理补偿"。这种补偿方式,主要是指农户将一定期限的土地经营权退还给村集体,农户应得的合理补偿直接转变为村集体经济股份合作社的股份,享受分红②,主要在永安镇大庄村、七里冲村进行试验。这种补偿方式的具体计算方法同"退地换现金"的算法类似,主要结合当地土地经营权流转价款、土地经营权退出年限等计算。值得说明的是,"退地换股份"的补偿方式,主要针对上述"长期退出"的农户,而且这种方式不直接对退地农户以现金方式进行补偿,而是以持续享受村集体经济股份合作社分红的形式,保护和实现农户退出承包地权益,某种意义上讲,这种方式较好保障了农户可持续生计。因为,即便是村集体经济股份合作社经营失败,对以这种方式有偿退出的农户,仍然保留他们的"征地拆迁补偿收益权"及"新用地主体经营失败后的农地再承包权",进而保障其长远生计至少不会降低到退出土地承包经营权时的水平以下。

三是以"退地换保障"的方式进行"合理补偿"。这种补偿方式主要针对建档立卡贫困户、低保户,以及因病、因残或因老而全部丧失劳动能力的农户。市中区探索由社保部门建立的"建档立卡贫困人员退地养老保障"和民政部门建立的"退地换保困难救助保障"两项保障制度③。"有偿退出"的农户按每人每份(0.8亩/份)2万元补偿,用于参加退地养老保险,区政府为每位参保人员补助5 000元,参保人员年满60岁,可以每月领取180元的养老金④。对于部分"生活确有困难"的退地农户,还可申请领取退地换保困难救助金(100元/月)。两种

---

① 四川省内江市委改革办,内江市中区区委改革办.四川内江土地退出"三换"模式[J].农村工作通讯,2016(22):61.

② 同①。

③ 丁延武,王萍,郭晓鸣.不同禀赋农民土地承包经营权有偿退出机制研究:基于四川省内江市市中区的经验和启示[J].农村经济,2019(9):57-64.

④ 四川省内江市市中区城乡统筹委员会.内江:"三换"确保农民利益不受损[J].农村经营管理,2018(8):10.

保障方式待遇水平都同经济社会发展水平挂钩,以更好保障农户权益。为增进"有偿退出"公平,对于部分农户份额之外多退出承包地的,农村集体经济组织按每份1万元的标准给予农户一次性现金补偿①。

6.3.3 有益经验与现实困境

1.有益经验

一是探索"永久退出"更符合土地承包经营权退出试验目标导向,而且这种形式的退出,有利于促使退地农户彻底隔断与农业农村的联系,有利于加快农业转移人口市民化进程,对其他同类地区来讲,较具有借鉴意义。

二是探索采取多种补偿方式,较好保护和实现了更大范围内农户的土地承包经营权。特别是市中区专门针对建档立卡贫困户、低保户,以及因病、因残或因老而全部丧失劳动能力的特殊类型农户,探索建立的"退地换保障"改革举措,对更好保护和实现这部分特殊类型农户的土地承包经营权探索出重要有益经验,值得其他地方借鉴。

三是一定程度上解决土地撂荒问题,提高了土地资源配置效率。市中区通过将农户退出的土地资源重新组合、配置、整理,为专合组织、家庭农场等经营主体提高土地适度规模经营水平创造了有利条件②,明显降低了这类主体扩大土地适度规模经营成本,增强其对土地投资的能力。同时,还在一定程度上解决了农村土地权属分散、土地细碎化的问题,避免了稀缺土地资源被撂荒的窘境,促进土地要素流动,提高了土地价值。

---

① 农村改革试验区办公室.四川内江市市中区:探索农村土地承包权退出"三换"模式[N].农民日报,2018-05-11(2).
② 四川省内江市委改革办,内江市中区区委改革办.四川内江土地退出"三换"模式[J].农村工作通讯,2016(22):61.

2.现实问题

一是资金问题。同其他试验地区类似,农村集体经济组织发展不充分、补偿能力不足,加之不少农户对补偿金期望较高,更加凸显这一问题。如当时市中区试验的龙门村就属于典型的空壳村①,农村集体经济组织收入相对有限,难以为"有偿退出"的农户进行合理补偿。农村集体经济组织将土地经营权流转给其他经营主体获取的租金有限,也难以为退地农户提供合理补偿,如何更好保障退地农户权益仍面临现实问题。

二是市中区探索"退地换股份"补偿方式。上文已说明,这种补偿方式有利于更好保障退地农户长远生计,还有利于提升农村集体经济组织可动员的土地资源要素能力,促进农村集体经济组织发展壮大。但也对农村集体经济组织引领者或管理者提出更高要求,以更好发挥土地要素作用。同时,也可能面临农村集体经济组织(管理者)侵害退地农户利益等潜在隐患。

三是"退地换保障"的试验。市中区专门针对建档立卡贫困户,以及因病、因残或因老而全部丧失劳动能力的农户探索的"退地换保障"试验,较好地保护和实现了这部分特殊困难群体的土地权益。但值得引起重视的是,短期内,这种方式退地效果立竿见影,对这类家庭来讲,提高生活水平和质量作用突出。但长期来看,这类家庭内部成长起来的新生成员,如果缺乏其他就业机会,或者就业能力不足,同时又失去土地这一基本保障,长远可持续生计就可能受到较大影响,其具体经济社会效益需要进一步观察。

四是市中区"有偿退出"试验还表明,农业开发项目(外部力量)的进入是影响退地后续利用的关键因素之一。但在现实中,有农业开发项目进入的地区毕竟是少数,难以在更大范围推广。当然,这种情形值得倡导,地方也应积极为外部力量进入营造良好环境。但外部力量的进入,也容易产生腐败问题,容易发

---

① 董欢.土地承包经营权退出改革何去何从:来自四川省内江市市中区的经验与启示[J].中州学刊,2020(7):34-39.

生侵害农户权益的行为,外部力量进入也同留守农户形成一定竞争,如何更好保护留守农户权益,平衡各方利益也是需要持续关注的问题。

6.4 三个试验区"有偿退出"比较

6.4.1 退出性质

农户土地承包经营权退出同土地经营权流转有本质的区别,从法律上来讲,农户土地承包经营权退出行为,会导致发包方和承包方之间确立的承包关系终止,而土地经营权的流转则不会,土地经营权流转只是农户部分土地权利的让渡。从表现形式来看,土地承包经营权退出,有"一次性""永久性""不可逆"的特点,而土地经营权流转有"重复性""一定期限性""可逆性"的特点。从几个试验地区来看,重庆梁平提出的"整户退出"、成都推进的土地承包经营权退出①、内江市市中区提出的"永久退出"均属于本书考察的"有偿退出"范畴,同土地承包经营权退出改革一致。而梁平提出的"部分退出"、内江市市中区提出的"长期退出",本质上仅是土地经营权的流转,不会对发包方和承包方之间确立的承包关系产生影响。因而,这种"部分退出""长期退出"的方式,不属于土地承包经营权退出范畴,难以实现土地承包经营权退出改革意图。但某种意义上讲,这种"部分退出""长期退出"对退地农户的补偿标准确定、补偿方式探索等,同本书讨论的土地承包经营权退出对农户的补偿有相似的地方,值得借鉴。

6.4.2 退出主体、承接主体

农户退出土地承包经营权,也是放弃对特定地块土地的占有、使用的权利,

---

① 需要说明的是,成都市内个别地方推进的土地承包经营权退出,实质上也只是土地经营权的流转,同书中讨论的土地承包经营权退出有本质不同。

是一种财产性权利让渡的行为。为稳慎推进土地承包经营权退出试验,重庆市梁平区、内江市市中区对退地农户主体资格要求较苛刻,成都市则表现得相对宽松。这主要是由于成都市相对重庆市梁平区、内江市市中区,无论是城乡经济社会环境,还是综合抵御风险能力来讲,都相对强一些,农户对自身行为的认知也相对充分一些,因而成都对退地农户的条件就相对宽松。值得提倡的是内江市市中区开展"建档立卡贫困户,以及因病、因残或因老而全部丧失劳动能力等"特殊类型农户退出承包地的探索,有利于最大限度保护和实现这部分农户的土地承包经营权。

从承接主体来看,本书讨论农户退出承包地的"承接主体",主要是具体由谁,或者是由哪些主体承接(享有、获取)农户退出的权利。从几个试验地区来看,重庆梁平探索"由村集体统一对外流转土地经营权或重新发包给其他农户"的方式,以充分利用农户退出的承包地。而成都市则主要通过有偿发包,或者由农村集体经济组织自主经营,以及将土地的经营权流转给其他经营主体的方式,以提高土地利用效率。也就是说,在成都推进的土地承包经营权退出试验中,上述几种类型的主体都可以是农户退出的承包地的承接主体,但具体承接内容还是有一定的差异。如成都有偿发包对应的是农户,以及农村集体经济组织,他们承接的是其他农户退出的土地承包经营权(承包地),而其他经营主体承接的仅是土地经营权,这种情形,土地承包权"融入"土地所有权当中。另外,还值得关注的是,重庆梁平探索将"潜在承包方(承接主体)吸收为具体农村集体经济组织成员"的方式,以扩大承接主体范围,有利于扩大土地要素配置市场半径,促进土地要素高效利用,更好保护和实现农户土地承包经营权,值得倡导。

6.4.3 补偿主体、补偿标准及补偿方式

承包地直接关系农户、农民集体现实利益,退出补偿是推进农户土地承包经营权退出的关键,也是各方利益争论的焦点。只有同有意愿退出土地承包经

营权的农户达成合意的"补偿标准"，才能进一步地有序推进有偿退出试验。现实地看，无论是哪种补偿方式，都需要大量的资金支持，都要求在利益相关者之间寻求平衡，以保护和实现各方利益。正如马克思指出的"土地所有者的利益是跟雇农的利益相敌对的，一个土地所有者的利益，也绝不跟另一个土地所有者的利益相一致"①。补偿主体、补偿标准及补偿方式，同农民集体、退地农户与承接主体之间利益密切相关，如何平衡好三者之间利益关系，对退地农户进行合理补偿是土地承包经营权退出改革必然要面对的重点和难点问题。现实地看，梁平主要是通过政府周转资金，以弥补农村集体经济组织补偿能力不足，同时与承接主体提供资金相结合，形成合力，提高对退地农户的补偿能力。成都市、内江市市中区主要由农村集体经济组织对退地农户进行补偿，资金主要来源于有偿发包、流转土地经营权，以及农村集体经济组织积累资金等。对于大多数地方政府和农村集体经济组织来说，个别地方开展试验，还能够通过上述的途径予以满足，但在更大范围推广，地方政府和农村集体经济组织就难以满足退地农户的需求，而通过市场主体补齐这块资金，又存在诸多制度方面的障碍，需要进一步探索。另外，还值得注意的是，目前很多地方对退地农户进行补偿都是以农村集体经济组织为主体，由于缺乏补偿能力，部分农村集体经济组织利用政府周转资金、自身积累资金等对退地农户进行补偿后，收回的承包地通过有偿发包、流转土地经营权、自主经营等获得的收益，能否弥补对退地农户的补偿支出，也就是农村集体经济组织本身的可持续问题，值得关注。

6.5 本部分小结

作为第二批农村改革试验区，重庆市梁平区、四川省成都市、四川省内江市市中区对"有偿退出"涉及的农户基本条件、退地程序、退出土地的利用，以及农

---

① 马克思.1844年经济学-哲学手稿[M].刘丕坤，译.北京：人民出版社，1979:35.

户退地后可持续生计等方面进行了有益探索,取得的一些经验非常值得在其他地方推广,达到更好保护和实现农户土地承包经营权改革目的,对促进土地资源要素市场化配置探索出一些现实有益路径,对促进土地要素流动,提高土地资源价值,以及促进新型农村集体经济组织发展等方面产生了一些明显的经济社会效益。与此同时,除上述几个地区的试验外,贵州省湄潭县、宁夏回族自治区平罗县、江苏省苏州市高新区、浙江省温州市等地积极探索引导部分农户退出土地承包经营权,为土地承包经营权退出改革能够在全国范围推广积累了有益经验,为本书提供了有价值的例证。

但现实地看,土地承包经营权退出改革涉及5亿多农民的直接利益,土地制度改革本身也牵一发动全身,需要充分考虑正反两个方面因素,充分结合各地实际情况,特别是结合农户退地真实意愿表达,提出具体的推进措施,尽可能实现改革目标。另外,从几个试验地区的情况来看,一些具体方面的举措还有待进一步突破。

一是土地承包经营权承接方的主体资格(身份)问题。从重庆市梁平区的试验来看,是将有意愿承接土地承包经营权的主体吸收为具体的农村集体经济组织成员的方式,进而获得承包所在农民集体土地的权利。这种方式是扩大土地承包经营权承接主体范围的有益探索,有利于在更大范围内对土地要素进行合理配置,应当支持。因为,如果土地承包经营权流转(转让)严格限定在特定范围内,必然会缩小土地承包经营权转让半径,降低土地承包经营权价值(价格),损害退地农户利益,农户甚至会拒绝退出,阻碍改革进程。现实地看,推进土地承包经营权退出改革,还应突破封闭运行。因为,尽管封闭运行避免了重新认定土地共有成员带来的麻烦,但封闭运行也会缩小需求双方主体范围,而且封闭运行,有意愿退地的农户也不能在更大范围内寻找更高"报价者",不利于通过市场化途径更好反映土地承包经营权的价值,不利于更好保护和实现农户的土地承包经营权①。

二是如何帮助农村集体经济组织内部有土地经营能力和有意愿的农户提高土地适度规模经营水平的问题。从几个试验区及其他一些地区来看，农村集体经济组织内部的一些种养大户（或者是有意愿承包经营更多土地的其他农户）在参与承接农户退出的承包地时普遍"缺席"，值得在推进土地承包经营权退出改革中进一步考察，以平衡好留守农户同新进入主体之间的利益关系。尽管马克思曾指出，地产一旦被卷入竞争，它就像其他任何受竞争支配的商品一样遵循竞争的规律——从一个人手中传到另一个人手中，任何法令都无法使它保持在少数特定的人手中，直接的结果就是地产分散到许多所有者手中②。但也应尽可能杜绝新型农业经营主体利用其资本等方面的优势，变相争夺农户的土地承包经营权，损害留守农户利益。从某种意义上讲，未来推进土地承包经营权退出改革，如何让留守农户提高土地适度规模经营水平，以更好保护和实现留守农户（中坚农民）的发展权利，促进农户退出的土地向一般留守农户适度集中，需要进一步探索。

三是"有偿退出"的农户的权利责任还需要进一步明确。主要是针对一些地区的农户"有偿退出"后仍保留有农村集体经济组织成员身份，享有选举权、集体经济组织收益分配权等③。如现实中，一些地方的农户把承包地退还给农民集体后，统一对外流转土地经营权，相应收入作为农村集体经济组织收入，那么退出承包地的农户作为农村集体经济组织成员，是否还有权获取这部分收入呢？如果有，就是对未退地农户的剥夺，如果没有，如何保障他们的集体收益分配权④？这些都是还需要进一步明确的问题。本书的观点是，如上文所述，农户退出承包地，应限定为土地承包经营权财产性权益的退出，不影响其退地时享

---

① 刘同山,赵海,闫辉.农村土地退出:宁夏平罗试验区的经验与启示[J].宁夏社会科学,2016(1):80-86.

② 马克思.1844年经济学-哲学手稿[M].刘丕坤,译.北京:人民出版社,1979:41.

③ 史卫民,曹姣.论农村闲置宅基地与农房收储的制度构建[J].经济纵横,2021(10):114-121.

④ 刘同山,吴刚.农村承包地退出:典型做法、面临问题与改革建议[J].新疆农垦经济,2019(4):42-48.

有的宅基地使用权、集体收益分配权,但当部分农户退出承包地后,相应的土地作为农村集体经济组织资产,这部分资产获取的收益,退地农户不应再享有这部分集体收益的权利。因为如果退地农户仍享受对这部分收益的分配,对未退地的农户来讲,是不公正的,对农村集体经济组织来讲,也是对组织内部成员的不负责任。

四是土地承包经营权退出改革还应当有利于推动城镇化进程[1]。从几个试验地区来看,有偿退出对促进人的城镇化的作用未充分发挥。如试验地区大部分有偿退出的农户仍与农业农村保持着较紧密的联系,最明显的是仅有少部分退地农户将户口迁出农村,大部分退地农户仍居住生活在本村[2]。不利于通过引导农户退出土地承包经营权,促进退地农户脱离农业农村,推动农业转移人口市民化,进而实现帮助部分农户真正融入城市的改革导向。

---

[1] 郭熙保.市民化过程中土地退出问题与制度改革的新思路[J].经济理论与经济管理,2014(10):14-23.
[2] 董欢.土地承包经营权退出改革何去何从:来自四川省内江市市中区的经验与启示[J].中州学刊,2020(7):34-39.

第7章 "有偿退出":基本遵循、主体资格、退出方式及退出补偿

城镇化进程中,不可避免地产生大量农民与土地相分离的现象,部分离农农户可能再也不会依靠土地从事农业生产活动。如何引导这部分农户退出土地承包经营权,是促进农业转移人口市民化,全面建设社会主义现代化国家需要回答的重要现实问题。2021年8月,农业农村部提出"鼓励有条件的地方稳步探索建立农户承包地有偿退出机制"[①]。诚然,只谈需要做些什么,存在些什么问题,而不去讨论可行的解决方案,并非应有的态度[②]。有必要对土地承包经营权有偿退出问题进行讨论,以保护农户权益,优化土地要素配置。

7.1 基本遵循

土地直接关系5亿多农民的切身利益,推进土地承包经营权退出改革,很难避免个别对土地依赖程度依然较高的农户,为了短期经济效益而退出承包地,进而可能会引发一些不必要的社会问题,甚至可能会阻碍改革进程,这一点当然不是土地承包经营权退出改革所期望的,但正是部分学者担心的地方,因

---

① 农业农村部《对十三届全国人大四次会议第6672号建议的答复摘要》(农办议〔2021〕389号)。

② 阿比吉特·班纳吉,埃斯特·迪弗洛.贫穷的本质:我们为什么摆脱不了贫穷[M].景芳,译.北京:中信出版社,2021.

而,讨论或推进这一改革,需要坚持一些基本遵循。习近平总书记强调"不管怎么改,都不能把农村土地集体所有制改垮了,不能把耕地改少了,不能把粮食生产能力改弱了,不能把农民利益损害了"①。新的制度安排需要有利于增进农民利益,考察农户土地承包经营权退出问题,也必须保护好农户的土地权益,统筹处理好各方关系②。

7.1.1 牢牢守住三条底线

习近平总书记强调"要坚决守住土地公有制性质不改变、耕地红线不突破、农民利益不受损这三条底线"③。毋庸置疑,"实行土地的社会主义公有制"是我国农村土地制度的灵魂,也是系列土地立法、行政法规的要义。现实地看,土地私有制不利于保护和实现农户的土地权益,维护农民利益,还可能增加城镇化(农业转移人口市民化)的成本。1956年我国基本上完成对生产资料私有制的社会主义改造至今,土地的公有制安排,最大限度维护和实现了农民占有、使用土地,并获取土地上收益的权利,为我国城乡经济社会发展营造了稳定的环境④,推进农村土地制度改革,必须坚持"土地公有性质不改变"。而对于14亿多人口、土地资源稀缺的大国,保护有限的耕地、保障粮食安全始终是我国的头等大事,而保障粮食安全只能依靠宝贵的耕地,必须坚持耕地红线不突破。对于农民来讲,土地更是其安身立命的基底,因此,推进土地承包经营权退出,需要保护好5亿多农民的根本利益。

---

① 新华社.习近平在农村改革座谈会上强调 加大推进新形势下农村改革力度 促进农业基础稳固农民安居乐业[N].光明日报,2016-04-29(1).
② 农业农村部新闻办公室.韩长赋在农业农村部每月讲坛上强调 把握好新时代农村土地制度改革方向 以深化改革为乡村振兴提供强大动力[N].农民日报,2018-12-05(1).
③ 新华社.习近平主持召开中央全面深化改革委员会第十五次会议强调 推动更深层次改革实行更高水平开放 为构建新发展格局提供强大动力[N].光明日报,2020-09-02(1).
④ 黄晓芳.坚守土地公有制性质不改变[N].经济日报,2020-09-21(9).

7.1.2 尊重农户意愿表达

农村土地制度改革涉及农业农村农民方方面面,牵一发而动全身。农民也是土地制度改革的直接参与者和利益影响者,很难确保"非直接参与者""非利益影响者"提出的改革举措能够比农民自身的意愿更为理性和科学。因而,只有充分体现农民意志的改革举措,才有可能得到农民真心实意的支持,才可能为农民带来实实在在的利益。从各地试验经验来看,引导农户退出土地承包经营权,一个基本前提就是要尊重农民真实意愿表达。另外,让农民生活更美好,始终是推进农村土地制度和其他领域制度改革的根本目的。从农民自身来看,其希冀就是在新的制度环境中,有更多机会通过自身努力,让生活过得越来越好。新的制度安排,最终要实现让农民生活更美好的目的,其中一个重要前提是农民自身愿不愿意,是否得到农民的支持。这一点,从新中国成立至今各个阶段农村土地制度改革实践经验也能证明。引导农户退出承包地,必须充分尊重农民意愿,以确保提出的改革举措尽可能得到农民的拥护,也只有提出的改革措施得到最广泛的农民支持,新的制度才能得以更好实施,以最大限度释放制度红利,保护农户权益,增进民生福祉。

7.1.3 以家庭为基本单位

农户(家庭)作为农民集体(农村土地所有者)的微观组成单元,保护和实现农户对农民集体土地的占有和使用等方面的权利是任何土地制度安排的应有之义。国家实行农村土地承包经营制度,本书关注的土地(主要为耕地)采取的正是"农村集体经济组织内部的家庭承包方式"[①],土地承包经营权也正是农村家庭同农民集体确立承包关系、签订承包合同后获取的权利。因此,讨论农户

---

① 《中华人民共和国农村土地承包法》,第三条。

"有偿退出"问题,其退出主体自然就是承包农民集体土地的家庭。土地承包经营权的退出也关乎具体农户全体家庭成员的利益,理应由家庭全体成员共同决策,而不是由户主单独决定。土地承包权退出的决策,也通常是基于家庭经济社会效用最大化理性考量而做出的家庭行为[①]。另外,土地承包经营权以"家庭承包方式"获得,根据《中华人民共和国民法典》"两个以上个人共同享有用益物权类推共有"的法理[②],农户的土地承包经营权性质上更似共同共有,适用共同共有的规则[③]。还有就是土地细碎化本就是农村土地承包经营制度诱发的典型弊病,若以个别家庭成员的形式将家庭承包的土地部分退出,容易加剧土地细碎化程度,很难达到推进土地承包经营权退出改革的目的。

7.1.4　促进土地要素流动

土地等其他要素,只有流动到最需要,或是最能发挥其价值的主体手中,才能产生更多的经济社会效益。基于土地资源本身的稀缺性,推进农村土地制度改革,主要目的体现在两个方面:一是更好满足农民为维持生存和自我发展对土地的需要;二是实现土地资源优化配置,提高利用效率,增进全社会利益。在此基础上,结合我国实行的农村土地承包经营制度,保障农民生存条件及调动农民生产和对土地投入的积极性,土地作为生产要素就有流动的必要性[④]。但在农村土地承包经营制度实施后不久,为稳定承包关系,减少土地细碎化的不利影响,提高农户生产及对土地投资积极性。1987年,国务院在贵州湄潭开始探索"增人不增地,减人不减地"制度试验[⑤]。1993年后,这一制度安排,在全国

① 李荣耀,叶兴庆.农户分化、土地流转与承包权退出[J].改革,2019(2):17-26.
② 《中华人民共和国民法典》,第三百一十条。
③ 刘平.承包地退出规则之反思与重构:以《农村土地承包法》修改为中心[J].华中农业大学学报(社会科学版),2019(2):153-162,170.
④ 陈锡文.现行土地政策的症结[J].中国改革,1998(8):14-15.
⑤ 邵夏珍."增人不增地、减人不减地"试验与农村转型:黔省500农户样本[J].改革,2014(12):70-81.

范围内开始提倡[①]。1993年至今的近30年来,对农村承包地的调整基本停止,降低了土地要素的流动性。进入新时代,逐渐产生部分农户因"家庭人口数增加""农业科技运用投入增加"等,需要承包经营更多农民集体的土地,以及大量农村人口外出产生"人地分离""土地撂荒"等问题。土地作为农民最为重要的财产性权利(资产),如果不能流动(或者说是交易),既难以更好保护和实现部分不需要土地的农民的权益,也难以满足需要土地以维持生计的农民的现实需求,更难以提高土地的利用效率。推进土地承包经营权有偿退出,还需要考虑促进土地资源要素自主有序流动,特别是考虑如何将有限的土地资源流动到最需要的农民手中。

7.2 退出主体

允许部分对土地依赖程度相对较低、长期离农的农户将其土地权利转变为货币、股权等流动性更强的财产形式,有利于增强农业转移人口融入城市的能力,还有利于更好维护留守农户发展权利,增强新型农业经营主体投资信心,从而高质量推进现代农业产业发展。但具体应该引导哪些类型的农户退出土地承包经营权,以尽可能避免个别农户的短期行为,最大限度减少改革的风险点,更好实现农户土地权益,还需根据农户具体情况来确定。

7.2.1 按农户分化类型

城乡经济社会变迁过程中,农户分化使农户之间经济社会地位呈现出一些差异性特征,如农户对土地的依赖程度、价值认知及产权偏好等[②],这也是探索

---

① 《中共中央 国务院关于当前农业和农村经济发展的若干政策措施》(中发〔1993〕11号)。
② 刘同山,牛立腾.农户分化、土地退出意愿与农民的选择偏好[J].中国人口·资源与环境,2014,24(6):114-120.

推进土地承包经营权退出改革的逻辑起点。因此,探讨如何稳慎推进土地承包经营权退出改革,就需要结合农户分化客观现实,依据农户对土地依赖程度的高低,区别对待不同类型家庭,明确退地农户条件。

1.农户分化类型

农民对土地的依赖程度,本身也是提出土地承包经营权退出改革最重要的现实依据之一。对农户分化类型的考察,有利于依据农户对承包地的依赖程度,提出具体应引导哪些类型的农户退出承包地。改革开放以来,城乡经济社会持续的制度性变迁和农业转型发展两大驱动因素诱致着农户不断分化,农户分化演化路径大致由纯农户逐渐分化为以农业为主,兼营其他产业,再由"以农业为主,兼营其他产业"演化为"以非农业为主,兼营农业",最后由"以非农业为主,兼营农业"进一步演化为非农户①。根据学者们的研究,一般按照就业类型、收入结构、非农收入占比等,将农户划分为纯农户、Ⅰ兼户、Ⅱ兼户、非农户,也有学者将农户分为纯农户、兼业户和非农户②③。现实中,农户分化,主要表现出农户之间家庭劳动力资源配置、收入结构、收入水平、社会影响力(动员社会资源能力)等方面的差异,其显著的特征是部分农户对承包地依赖程度的降低④。因而,依据农户分化程度,判断农户对承包地的依赖程度,进而分析是否适宜退出土地承包经营权,既有现实可操作性,也有较强的理论根据,有利于地方现实实践。

① 张琛,彭超,孔祥智.农户分化的演化逻辑、历史演变与未来展望[J].改革,2019(2):5-16.
② 李宪宝,高强.行为逻辑、分化结果与发展前景:对1978年以来我国农户分化行为的考察[J].农业经济问题,2013,34(2):56-65,111.
③ 陈会广,单丁洁.农民职业分化、收入分化与农村土地制度选择:来自苏鲁辽津四省市的实地调查[J].经济学家,2010(4):85-92.
④ 张广财,何东伟,顾海英.农户分化何以影响农户土地承包权退出决策?[J].经济与管理研究,2020,41(2):66-81.

2.农户分化度量

对农户分化的度量,学者们主要围绕纯农户、I 兼户、II 兼户、非农户几种典型特征的农村家庭,结合家庭劳动力就业类型(配置方式)、收入结构(收入水平)等方面,对农户分化提出了具体的度量标准。较具有代表性的划分标准有两种。一种度量方式是将农业收入占家庭总收入比重达到80%以上的称为纯农户,50%~80% 称为 I 兼农户,20%~50% 称为 II 兼农户,20% 以下称为非农户[①]。另一种度量方式是将农业收入占家庭总收入比重达到95%以上的称为纯农户,50%~95% 称为 I 兼农户,5%~50% 称为 II 兼农户,5% 以下称为非农户[②]。伴随农户分化不断演进,还有学者按上述第一种方式测算[③],2003 年,我国农村的纯农户占比为11.18%,I 兼农户占比23.14%,II 兼农户占比32.40%,非农户占比33.28%;若按第二种方式测算,2003 年,我国纯农户占比为3.92%,I 兼农户占比则提高到30.40%,II 兼农户占比达48.74%,非农户占比16.93%。而到了2016 年,按上述第一种方式测算,农村的纯农户占比为2.90%,I 兼农户占比9.85%,II 兼农户占比23.21%,非农户占比高达64.04%;按第二种方式测算,纯农户占比仅为0.64%,I 兼农户占比12.11%,II 兼农户占比46.20%,非农户占比41.05%[④],涉及约0.77亿户农村家庭[⑤]。新时代,农户分化仍在继续深化,分化程度在持续加深,部分分化程度较深的农户对土地的依赖程度不断降低。

3."有偿退出"重点引导对象

按家庭主要劳动力就业类型、收入结构等具体标准,上述两种对农户分化

[①] 中共中央政策研究室,农业部农村固定观察点办公室. 农户收入结构变动分析[J].中国农村观察,1997(6):3-9.

[②] 苏群,汪霏菲,陈杰. 农户分化与土地流转行为[J].资源科学,2016,38(3):377-386.

[③] 即将农业收入占家庭总收入的80%以上称为纯农户,50%~80%称为 I 兼农户,20%~50%称为 II 兼农户,20%以下称为非农户。

[④] 张琛,彭超,孔祥智.农户分化的演化逻辑、历史演变与未来展望[J].改革,2019(2):5-16.

[⑤] 系按照2020年乡村家庭数(1.87亿户)与41.05%的比例计算,数据来源于《中国统计年鉴——2021》。

的具体量化标准都较具有代表性。尽管未收集到最新数据,但依据学者们对近年农户分化情况的测度,有利于为提出具体应引导支持哪种类型的农户退出承包地提供"合理"的论据。联系到对土地承包经营权有偿退出的考察,上述两种度量方式的"纯农户""Ⅰ兼农户""Ⅱ兼农户",因为其农业收入占家庭总收入比重达到20%以上①。可以合理估计,土地对这三种类型的农户无论是作为生产资料,还是作为财产性权利,仍然具有相对重要的现实作用,如果鼓励支持这类农户退出承包地,可能诱致农户的一些短期行为,不利于农户长远生计得到较好保障,可能会增加改革风险,甚至可能产生一些负面经济社会影响,阻碍进一步改革进程。

而对于上述两种方式划分的"非农户"(农业收入占家庭总收入比重小于20%),特别是农业收入占家庭总收入比重小于5%的"非农户"(2016年达到41.05%)②,按照现代统计理论,我们就可以自然地合理认为,对于这种类型的家庭来说,土地的生产功能基本消失殆尽,这类农户也已经不再需要以承包经营所在农民集体的土地以维持生计。也就是说,这种类型的农户对土地的依赖性普遍较低,即便是失去了土地承包经营权③,统计意义上讲,大概率不会对其家庭生产生活造成较大影响,他们的生活水平、长远生计也不会受到明显影响。因此,应引导农业收入占家庭总收入比重小于20%,特别是小于5%的"非农户"退出土地承包经营权④,以加快这类农业转移人口市民化进程,进而让更多土地资源集中到最需要的人的手中。当然,在具体操作层面,还需要充分尊重农户意愿,结合其他方面因素统筹考虑。

---

① 按照上述第二种方式划分,"农业收入占家庭总收入比重的5%~50%"为Ⅱ兼农户,这类农户农业收入占家庭总收入比重往往也在20%以上。

② 张琛,彭超,孔祥智.农户分化的演化逻辑、历史演变与未来展望[J].改革,2019(2):5-16.

③ 包括主动或被动失去承包地。

④ 内江市市中区就将"农户家庭总收入中非农收入占80%以上"作为退地农户主体资格条件之一。

7.2.2 按农户收入水平

一般来说，收入水平越高的农户[①]，要么是动员（利用）土地、技术等各种要素能力相对较强，通过适度规模经营提高生产效率，进而促进收入水平提高；要么是在其他领域寻求到更好的发展机会，获得更高收入。对于农户来讲，收入水平越高，由于农业比较收益相对较低，进一步依靠农业提高收入水平的可能性也较低，对土地的依赖性也相对较弱。当然，也不排除个别种养大户、专业大户以及家庭农场等"收入水平较高"的农户，他们对土地的依赖性较强。从收入水平视角，分析应引导哪类农户退出土地承包经营权也较具有现实参考价值。

1.比较效益低降低对土地的依赖

受农业生产率和收益率低下影响，从事二、三产业工作（非农领域）往往能获取相对较高的收入水平。进一步看，家庭也会随之根据自身资源禀赋特征，将劳动力资源在农业和非农领域进行重新配置，主要是寻求非农领域的就业机会，使家庭内部劳动力资源配置尽可能达到最优状态，进而实现家庭效应最大化。这一过程，往往也表现出家庭非农劳动力资源配置增加，农业劳动力资源配置相应减少。伴随家庭劳动力资源配置变化，一部分农业劳动力在其他领域寻求到稳定就业机会，这部分农户对承包地的依赖程度也开始产生变化。如农业部全国农村固定观察点发布的农户家庭劳动时间配置情况数据显示，2003—2016年，受访农户全年家庭农业劳动时间由100.896天减少至68.836天，减少32.06天；非农劳动时间由128.087天增加至162.107天，增加34.02天[②]，接受访问的农户非农劳动时间占比增加近15个百分点。反映出经济社会发展过程中，家庭劳动力资源在农业和非农领域配置（对土地的依赖）的变迁。

---

① 事实上，收入水平差异，也是农户分化的典型特征，两者之间有一定交叉，但为进一步提出具体应引导哪种类型农户退出土地承包经营权，本书将之分别讨论。

② 张琛，彭超，孔祥智.农户分化的演化逻辑、历史演变与未来展望[J].改革，2019（2）：5-16.

土地承包经营权退出同农村家庭内部劳动力资源配置紧密相连,只有当家庭内部劳动力资源通过自身努力,在农业或非农领域,付出同等劳动时间、辛苦程度,能够获取到同等水平,或可比拟的劳动报酬的时候,劳动力资源在农业和非农领域配置才会达到均衡。而在这一过程中,就会不断有农业劳动力资源到非农领域寻求机会,也会产生土地承包经营权退出的需要和空间。2020年,我国第一产业就业人员人均国内生产总值4.39万元,而第二、第三产业就业人员人均国内生产总值近16.36万元[①]。据此测算,平均而言,当家庭非农劳动时间占比大于83.6%,农业劳动时间小于16.4%时,农业生产经营活动的收入占家庭总收入的比重就可能小于5%,同城市居民家庭收入水平的差距也越小。对于这种类型的农户,非农劳动时间投入越多,获取的比较收益也越多,对土地的依赖程度将进一步降低。

2.收入水平高降低对土地的依赖

通过自身努力获取一定的稳定的收入是家庭维持基本生活的现实需要。追求更高收入水平既是个人(家庭)的自然愿景,也是个人进一步发展的动力所在。从改革开放至今40多年经济社会发展实践来看,城市居民家庭收入水平普遍比农村家庭高,这既是城镇化进程迅速推进的重要牵引力,也是降低农户对土地依赖的推力。城乡居民收入水平差距大,不断吸引农村劳动力资源脱离农业生产活动,并进入非农领域寻求获取更高收入的机会。部分农业劳动力在非农领域寻求到稳定就业机会,伴随收入水平提高,他们对土地的依赖就会迅速降低。另外,无论是城市还是农村,收入水平往往也是家庭动员各种资源要素能力的重要体现。收入水平越高的家庭,综合利用各种资源要素的能力也越强,土地要素对这部分家庭进一步提高收入水平的作用也相对有限。现实地看,正是由于受户均可利用土地等资源要素条件限制,部分农户将劳动力资源在不同领域进行重新配置,当一部分农户收入水平提高到一定程度时,自然也

---

① 数据来源于《中国统计年鉴——2021》。

就不会再愿意从事比较收益相对较低、劳动强度大的土地生产经营活动以维持家庭需要，这类家庭对土地的依赖程度也越来越低。

3."有偿退出"重点引导对象

有针对性地引导部分对土地依赖程度相对较低的农户退出承包地，有利于更好推进土地承包经营权退出试验。根据家庭收入水平状况，当部分农村家庭收入水平提高到一定程度，或者非农劳动力资源配置减少到一定程度，都会使农户对土地的依赖程度迅速降低。从家庭劳动力资源配置来看，根据家庭劳动力在农业和非农领域付出的时间配置情况，可支持引导家庭非农劳动时间占比大于83.6%（农业劳动时间小于16.4%）的农户退出承包地。从收入层面来看，根据国家统计局对农村居民按收入五等份分组[①]的划分，2020年，农村20%高收入组家庭人均可支配收入为38 520.3元，基本达到城镇20%中间收入组家庭人均可支配收入水平，高于20%的城镇中间偏下收入组家庭（人均可支配收入为27 501.1元）[②]。若以此为标准，只有20%高收入组的农村家庭基本达到20%的城镇中间收入组家庭人均可支配收入水平（39 278.2元）。同时，如按收入五等份分组，对于20%的农村居民高收入组家庭，人均经营净收入（6 077.4元）[③]占可支配收入的比重为15.78%，也符合上述第一种方式度量"非农户"的标准。因而，可以认为这部分农户，客观上具备退出土地承包经营权的条件（资格）。

---

① 全国居民按收入五等份分组是指将所有调查户按人均收入水平从低到高顺序排列，平均分为五等份，处于最低20%的收入家庭为低收入组，依此类推依次为中间偏下收入组、中间收入组、中间偏上收入组、高收入组。

② 数据来源于《中国统计年鉴——2021》。

③ 经营净收入指住户或住户成员从事生产经营活动所获得的净收入，是全部经营收入中扣除经营费用、生产性固定资产折旧和生产税之后得到的净收入。计算公式为：经营净收入=经营收入−经营费用−生产性固定资产折旧−生产税。

7.2.3　其他情况

现实地看,除了上述依据"农户分化""收入水平"两种方式,筛选出特定类型的农村家庭,还可以根据农户内部特征,如是否开展农业生产经营活动等具体情况,进一步提出符合退出土地承包经营权的农户主体资格。

1.未开展农业生产经营活动的家庭

法律和政策对农户土地承包经营权的保护,其初心就是要实现"耕者有其田",让真正需要依靠土地开展农业生产活动以维持家庭基本需要的农户有相对稳定的占有、使用土地的权利。对于大部分农村家庭来讲,其承包的土地属于农民集体所有,农民集体赋予其土地承包经营权的初衷也是更好满足和保障农户基本生产生活需要。因而,在户均土地资源十分稀缺的现实中,当部分农户不再以经营承包的农民集体土地维持生产生活需要的时候,特别是部分长期未实施农业生产经营活动的家庭,就应引导他们退出承包地,体现土地的公共产品属性,以更好满足其他农户的需求,提高土地利用效率,优化土地资源配置。

国家统计局发布的数据显示[1],2018年,农村居民家庭生产经营活动[2]的参与率[3]仅为41.1%,也就是说有60%左右的家庭未从事家庭生产经营活动,其中就有很大一部分农户长期脱离农业农村。这样就可以合理推断,这部分农户不以经营承包农民集体的土地维持生产生活需要,土地的物质生产功能对他们来说也失去了意义。如果把一些同土地的关系不大,甚至同土地没有关系的农村

---

[1]　《2018年全国时间利用调查公报》。

[2]　家庭生产经营活动:指以家庭为单位、以获得收入或自用为目的进行的生产经营活动,包括农业(种植业)、畜牧业、渔业等初级生产与经营活动,农副产品加工,家庭建筑生产活动,以及对外提供的商品销售、通过互联网进行的家庭经营活动(如开网店、微店)、经营有偿家庭服务等。

[3]　活动参与率:参与某类活动的人数(参与者人数)除以全部调查对象人数。对工作日和休息日数据分别按5/7和2/7加权汇总得出某类活动的参与率。

居民家庭生产经营活动排除①,农村居民家庭生产经营活动参与率甚至可能低至20%以内。由此,有序引导长期未开展农业生产经营活动的农户,如引导未以从事农业生产活动维持家庭生计达到10~15年(即一个承包期内1/3~1/2的时间)的农户退出土地承包经营权,既是土地承包经营权退出改革的应有之义,也是改革的重要突破口。

2.特殊类型家庭

从农村现实来看,还有一些特殊类型的家庭,尽管其分化程度、收入水平可能相对较低,在非农领域也难以寻求新的就业和发展机会。如《农村五保供养工作条例》中提出的"供养对象"②这类特殊家庭,其主要特征之一就是"无劳动能力"。"无劳动能力"的家庭(个人),土地对其的生产性功能自然就基本不存在。因而,从土地对农户的作用(功能)来讲,应支持引导这类家庭(个人)退出土地承包经营权。因为,引导这类农户通过有偿方式退出承包地,有利于保护和实现这类农户在土地财产性方面的权利,获取财产性收入,进而帮助其提高收入水平。

另外一种情形就是,尽管一部分农户收入水平偏低,在非农领域也难以寻求稳定就业机会,且在某种程度上仍然从事农业生产经营活动的一些家庭,对土地仍有一定的依赖性。如个别大家庭内部的"老年人"家庭③,部分或全部老人失去劳动能力,但其子女符合上述退出条件的。这类农户,如果能通过一定方式有偿退出承包地,有利于实现其财产性收入,增强子女对老人的赡养能力,提高老人养老水平。现实中,为解决农民养老问题,宁夏平罗试验区就专门将

---

① 如农副产品加工、家庭建筑生产活动,以及对外提供的商品销售、维修安装、客货运输、通过互联网进行的家庭经营活动(如开网店、微店)、经营有偿家庭服务等。

② 《农村五保供养工作条例》第六条明确"老年、残疾或者未满16周岁的村民,无劳动能力、无生活来源又无法定赡养、抚养、扶养义务人,或者其法定赡养、抚养、扶养义务人无赡养、抚养、扶养能力的,享受农村五保供养待遇"。

③ 主要是指在农村地区,存在这样一种类型的家庭,子女都成年分家,有了新的户口,老年人的户口同子女的户口分开的情形。

"失去劳动能力且没有子女，或不愿让子女赡养的老年农民群体"纳入农村"三权"退出试验范围①，取得一定经济社会效益。但这种特殊类型的家庭退出土地承包经营权，除需要充分尊重老年人自身的意愿表达外，也需要充分考虑其子女的一些意见和建议，以尽可能减少负面影响。

3.身份转变家庭

当部分农户将其户口举家迁移至城市，也可以自然地理解为这类农户不需要承包地。《农村土地承包法》规定"国家保护进城农户的土地承包经营权。不得以退出土地承包经营权作为农户进城落户的条件"②。现实地看，进城落户的农户，大多具备稳定的就业或者是已在城市购买商品房（住宅），往往还具备较好的经济基础，在其他方面的能力相对较强。同时，这类农户一般也具备上述的一些退出条件。法律规定"承包期内，承包农户进城落户的，引导支持其依法在本集体经济组织内转让土地承包经营权或者将承包地交回发包方，也可以鼓励其流转土地经营权"③。法律的上述规定，虽然压缩了农村集体经济组织收回承包地的空间④，但也很好地说明支持引导这类农户退出承包地，可最大限度降低改革的风险。

综合分析，在尊重农户自身意愿前提下，应依据具体农户对土地的依赖程度来判定是否适宜引导其退出承包地，即是否具备退出承包地的条件。现实中，应因地制宜，统筹考虑家庭主要劳动力就业类型、家庭收入水平，以及家庭的一些具体特征等，引导具备一定条件的农户退出土地承包经营权，以更好维护和实现自身权益，促进土地要素流动到最需要的人的手中，提高农村稀缺的土地资源要素利用效率，进而实现推进农村土地制度改革的预期效果。值得说明的是，上述提出的一些退出承包地农户主体资格的条件，难以囊括有条件退

---

① 刘同山,赵海,闫辉.农村土地退出:宁夏平罗试验区的经验与启示[J].宁夏社会科学,2016(1):80-86.

② 《中华人民共和国农村土地承包法》,第二十七条。

③ 同②。

④ 同②。

地的农户,这也超出了个人水平,只能尽可能有针对性地提出一些重点引导对象。在具体实践中,对有意愿退出土地承包经营权的农户,也并非一定要全部满足上述"条件",还需要结合具体农户实际,结合农户退出土地承包经营权可能面临的一些风险因素,有意愿退地的农户融入城市或在其他领域能够获取稳定收入的风险程度等,确定是否适宜退出土地承包经营权,在改革过程中,也不宜"一刀切",应因"户"而异。

7.3 承接主体

明确退出主体的资格后,还需要明确能够通过自身努力,获取土地承包经营权的一些主体,以平衡供给方和需求方。对希望获得更多土地承包经营权的主体进行适当限制,有利于引导土地承包经营权向部分需要土地的农户适度集中,进而让新的农村土地制度安排惠及更多农户。

7.3.1 国家

本书讨论的土地承包经营权有偿退出,主要是针对由农民集体所有的"采取农村集体经济组织内部的家庭承包方式承包"的耕地。法律规定"国家为了公共利益的需要,可以依法对土地实行征收或者征用并给予补偿"[①]。当农户的承包地被国家征收,对应土地的所有者就由农民集体转变为国家。这样,土地所有权主体发生根本变化,由土地所有权派生出来的土地承包经营权自然失去了存在的土壤,权利随之灭失。但这种情形,也可以理解为农户土地承包经营权事实上的退出,土地所有权主体由农民集体变为国家,也就可以把与土地相关权利的承接主体理解为是国家,把国家理解为是农户土地承包经营权有偿退

---

① 《中华人民共和国土地管理法》,第二条。

出(转让)的受让主体之一。当然,这里主要想表达的,并不是说国家直接是农户退出的土地承包经营权的承接主体,而是说国家能够承担承接主体的责任,间接产生了农户退出承包地的承接主体作用。另外,《土地管理法》规定,"由单位或者个人承包经营,从事种植业、林业、畜牧业、渔业生产"的土地[①],承包方退出土地承包经营权的受让主体自然为国家,但并不是本书讨论的主要对象。

7.3.2　农民集体

土地承包经营权是农民集体同农户确立土地承包关系,签订承包合同后,从土地所有权中派生出来的权利,是"两权分离"。农民集体作为农村土地主要所有者之一,当农户实施退出土地承包经营权行为后,农民集体自然也是农户退出的土地承包经营权的承接主体。这一过程,也可以理解为土地承包经营权融入土地所有权中,进而让土地所有者拥有更为完整的所有权。当承包方退出土地承包经营权,进而导致其与农民集体之间的承包关系终止,土地承包经营权自然就融入土地所有权当中。法律也规定"承包期内,承包农户进城落户的,引导支持其按照自愿有偿原则依法将承包地交回发包方""承包期内,承包方可以自愿将承包地交回发包方",以及当"承包期内,妇女结婚,在新居住地取得承包地的""妇女离婚或者丧偶,在新居住地取得承包地的"[②]等一些发包方依法可以收回承包地的情形发生后,发包方收回的承包地(土地承包经营权)理应属于农民集体。因而,无论从法律上还是理论分析,农民集体都是农户退出的土地承包经营权重要承接主体之一。

7.3.3　农村集体经济组织内部家庭

家庭是农民集体的微观组成单元,农民集体又是农村土地的所有者。因

---

① 《中华人民共和国土地管理法》,第十三条。
② 《中华人民共和国农村土地承包法》,第二十七条、第三十条、第三十一条。

而,农民集体所有的土地又是农民集体内部全部家庭的共同财产,农户之间同土地的关系也属于一种共同共有关系。因而,作为农民集体的微观单元,农民集体内部的家庭自然就是农民集体的土地权利受益者。当一部分具备条件的农户退出土地承包经营权,不再占有和使用土地,农民集体内部的其他农户就可以"共同共有"的"基础"来占有和使用这些土地。农户土地承包经营权的获取,也主要是通过一定方式,由具体农户和农民集体确立新的承包关系,签订承包合同后,进而就拥有了相应的土地承包经营权。法律也规定"农村集体经济组织成员有权依法承包由本集体经济组织发包的农村土地"[1]。当农民集体内部的部分农户自愿退出土地承包经营权时,共同作为农民集体成员的其他家庭理应可以通过一定方式获取该项权利,进而提高土地适度规模经营水平,这也是推进土地承包经营权有偿退出的重要目的之一。法律还规定"承包期内,承包农户进城落户的,引导支持其按照自愿有偿原则依法在本集体经济组织内转让土地承包经营权"[2]。因此,农民集体内部的部分农户根据自身情况退出的土地承包经营权,所在农民集体内部其他农户也是该项权利的受让(承接)主体。

7.3.4 一般主体

尽管法律和政策层面并未禁止农户有偿退出土地承包经营权的行为,但这类行为确实未普遍发生,甚至是非常少见,特别是在没有开展土地承包经营权退出试验的地区。农户退出土地承包经营权,包括主动和被动退出,主要通过"国家征收""自愿交回发包方""发包方依法收回""转让给本集体经济组织内部其他家庭"等几种方式实现[3]。但现实地看,农户土地承包经营权退出面临法律允许,但实际上不可行的窘境[4]。究其缘由,主要是"国家征收"的情形在大多数

---

[1] 《中华人民共和国农村土地承包法》,第五条。
[2] 《中华人民共和国农村土地承包法》,第二十七条。
[3] 《中华人民共和国农村土地承包法》,第十七条、第三十条、第二十七条。
[4] 郭熙保.市民化过程中土地退出问题与制度改革的新思路[J].经济理论与经济管理,2014(10):14-23.

农村地区本身就不常发生，或者说不会发生。"自愿交回发包方""发包方依法收回"，尽管法律上规定可以获得"合理补偿"①，但农民集体（农村集体经济组织）普遍缺乏补偿能力，谁来补偿的问题，以及如何确定"合理补偿"的标准等问题都限制了农户实施退出土地承包经营权的行为。另外，"转让给本集体经济组织内部其他家庭"的情形，也是对其他家庭（需求方）范围的明显限制，同样会面临其他家庭是否具备对退地农户进行补偿的能力的问题等。在诸多因素影响下，结果是农户退出承包地不具备现实可行性。

"国家征收"限定为"为了公共利益的需要"②，且"公共利益的需要"也有明确范围③，涉及的农户范围小。"发包方依法收回""自愿交回发包方"受诸多方面的限制。因此，推进土地承包经营权退出还需要从"转让给本集体经济组织内部其他家庭"这一方面寻求新的突破口。进一步看，就需要从扩大农村集体经济组织家庭范畴，或者是如何让非（其他）农村集体经济组织家庭转变为具体的农村集体经济组织内部家庭来求解，尽可能扩大潜在承接主体范围，以解决农户退出的土地承包经营权承接主体问题。

现实地看，各地对农村集体经济组织成员的认定，根据相关法律和行政法规要求，主要基于出生、婚姻等，限定条件十分严苛，导致农村内部呈现出明显的封闭性特征，进而产生农村集体经济组织"能出不能进"，出去的都是优秀的，留下的都是"不具备出去的能力"的结果。长期来看，农村集体经济组织就可能面临衰退，甚至消亡的威胁。而如果能够适度放开对农村集体经济组织成员的限制，农民可以自由地退出农民集体，变为城市居民；城镇居民也可以自由地加入具体的农民集体当中，变为农民，进而把静态的农民集体变为动态的农民集体，有利于解决市民化过程中农村的衰落和农民有偿退出承包地的双重困境④，

---

① 《中华人民共和国农村土地承包法》，第三十条。
② 《中华人民共和国土地管理法》，第二条。
③ 《国有土地上房屋征收与补偿条例》（2011年1月19日国务院第141次常务会议通过），第八条。
④ 郭熙保.市民化过程中土地退出问题与制度改革的新思路[J].经济理论与经济管理,2014(10):14-23.

农民集体也能够持续保持活力和发展动力。若继续保持农民集体封闭状态，伴随农村劳动力流出（带资本、技术流出），谁来种地的问题将越来越凸显，个别农民集体的劳动力、资本等要素甚至可能枯竭，既难以促进新型农村集体经济组织高质量发展，也难以保护和实现农户的土地承包经营权，更难以推进农业农村现代化。

改革开放至今，我国经济社会取得全面发展，一个宝贵的经验就是一些改革举措在个别地方进行试验，取得成效后再在更大范围内推广，以获取更多制度红利。新时代，很多城市提出实施积分落户制度，积分落户制度核心就是依据外来人员对城市的贡献度，融入城市的能力等，来考量是否具备"落户"的条件，非常现实可行。受此启发，农民集体（农村集体经济组织）也可充分借鉴积分落户制度，提出一些可行的路径，如综合考虑对农民集体做出的贡献，劳动力、资本、技术要素，以及土地生产经营能力等，吸引一部分农民集体外部的人（家庭）进入到具体的农民集体当中，进而成为农村集体经济组织成员，以获得土地承包权，让其有机会通过自身努力获取土地承包经营权。而那些有意愿进入农村的人当中，也会有一部分人具备对退地农户进行补偿的能力，进而为供需双方各自满足自身需要创造条件。这样，既有利于吸收外部劳动力要素到农村发展，也有利于扩大土地承包经营权一般受让主体市场范围半径，提高土地要素流动效率。

习近平总书记指出："发展多种形式适度规模经营，培育新型农业经营主体，是建设现代农业的前进方向和必由之路。"[1]进一步地，从某种意义上讲，家庭农场、农民合作社等新型农业经营主体，以及农业产业化龙头企业也是土地承包经营权的重要潜在需求主体。而且，这类主体往往动员劳动力、资本、技术等方面要素的能力也相对较强。在有条件的地方，还可根据土地资源禀赋特征、农村集体经济组织内部家庭需求等方面因素，合理确定家庭农场、农民合作

---

[1] 农业农村部《新型农业经营主体和服务主体高质量发展规划（2020—2022年）》（2020年3月3日）。

社等新型农业经营主体适度规模经营水平,探索确定单独经营主体可以承包农民集体土地面积的上限。在土地适度规模经营范围内,可探索允许家庭农场、农民合作社等新型农业经营主体,以及农业产业化龙头企业等有偿获得一定面积的土地对应的土地承包经营权,或者是通过有偿获得的方式,拥有同农民集体内部农户同等的土地权益,以最大限度提振这类经营主体投资信心,扩大对土地的投资,提高土地利用效率,更好保护和实现农户的土地承包经营权,为农业农村优先发展注入强大动能。

7.4 退出方式

考察农户的土地承包经营权退出,还需要结合地方实践,对退出形式、退出性质,以及退出程序等方面进行讨论,进而从理论分析具体到现实可操作的层面,以供地方推进土地承包经营权退出实践参考。

7.4.1 退出形式

土地承包经营权退出,也就是部分农户将其承包地通过一定的具体途径,如转让、交回、收回、征收等,被动或主动转让(放弃)该项权利的行为。任何被动或主动退出该项权利的路径都属于土地承包经营权退出的具体途径或者是退出形式。关于土地承包经营权的退出,有学者提出,承包地退出事关农民土地权益和农村社会稳定,事由法定是重要的法治保障[①]。但现实地看,法律规定的事由或者说具体途径,也需要同社会现实相符合才能够得到有效执行,同时法律规定的内容还必须具体细化到可以实施的程度,才具有现实可操作性。如法律规定"承包方交回承包地或者发包方依法收回承包地时,承包方对其在承

① 刘平.承包地退出规则之反思与重构:以《农村土地承包法》修改为中心[J].华中农业大学学报(社会科学版),2019(2):153-162,170.

包地上投入而提高土地生产能力的,有权获得相应的补偿"①。尽管法律规定在一定的条件下,农户退出土地承包经营权,有"获得相应的补偿"的权利,但谁来进行补偿,补偿主体是否有补偿能力,具体如何补偿,以何种标准进行合理补偿等都未明确规定,难以具体实施。

本书不偏爱任何一种具体的途径,认为只要有利于更好保护和实现农民的土地承包经营权,维护农民集体和其他经营主体利益,能真正解决促进土地承包经营权退出的现实问题都赞成,都可以进行试验。结合上文不难发现,农户土地承包经营权退出途径主要有国家征收、自愿交回发包方、在本集体经济组织内转让三种②。但这三种退地路径具有不同的内涵和性质。

(1)国家征收的情形,直接转变了土地所有权性质,国家对具体的农民集体、农户进行合理补偿。但如上文所述,这种途径非常有限,难以满足更大范围农户退出土地承包经营权的需求。

(2)自愿交回发包方或者发包方依法收回的情形,这种方式不会转变土地所有权性质,从几个试验地区来看,在地方政府支持下,农户都获得了一定的合理补偿。但各地农村集体经济组织发展差异大,大多数农村集体经济组织事实上不具备对农户进行合理补偿的能力。政府支持,也只有在个别有条件的地方有一定的现实可行性,也不具备在更大范围内推广的客观条件。

(3)农户通过转让途径退出土地承包经营权的,一般来说,农户将土地承包经营权转让给其他经营主体,也都会获得一定的补偿。但按照现行法律要求,通过转让的途径退出土地承包经营权,承接主体又被限定在具体农村集体经济组织内部的其他农户,土地承包经营权承接主体范围受到明显限制,这也是现实中农户转让土地承包经营权行为很少发生的主要原因。

---

① 《中华人民共和国农村土地承包法》,第二十七条。
② "承包期限届满承包方放弃续包""因自然灾害严重毁损承包地""承包方家庭成员全部死亡"等情形,也造成事实上退出的结果,但这种情形更多属于非人为因素引致,或者是发生的概率非常小,本文不纳入退出方式讨论。

(4)应拓展农户通过转让的形式退出土地承包经营权范畴,积极拓展上述一般主体市场范围半径,引导支持一部分具体农村集体经济组织以外的人(家庭)进入组织内部,让其拥有土地承包权,或者是拥有受让其他农户退出的土地承包经营权的权利,以扩大土地承包经营权承接主体范围,促进土地要素自主有序流动,保护农户权益。

7.4.2 退出性质

人们获得、保持及放弃权利,是一个选择问题[①]。农户土地承包经营权的获得,主要是基于农村集体经济组织成员的身份。进一步看,还主要是基于农户对土地长期的劳动付出和投资。据此,有学者就认为农户退出土地承包经营权应理解为农村集体经济组织成员的成员权退出,是退出主体(农户)对自身相应成员权益的处分[②]。也有学者认为农业转移人口将户籍变迁为城市户口,市民化后,就需要放弃相关权益,同时把承包地交回农民集体[③]。持这类观点的学者还认为农户退地后不应再要求重新承包土地[④]。现实地看,农户农村集体经济组织“身份利益”的核心之一就是新的承包期开始后,是否有继续承包农民集体的土地的权利。学者们争论的焦点之一就是农户的土地承包经营权退出行为,是否等同于农村集体经济组织成员身份的退出,是否仍然享有宅基地使用权、集体收益分配权,以及新的承包期开始的时候,退地农户是否还可以同未退地的农户“平等”承包所在农民集体土地的权利等。

现实地看,国家对承包地征收的情形,直接转变土地的所有权性质,对应到具体农户的土地承包经营权,“国家征收”方式的退出自然为“永久性退出”。当

---

① 约拉姆·巴泽尔.产权的经济分析[M].2版.费方域,段毅才,钱敏,译.上海:格致出版社,2017:96.
② 范朝霞.“三权分置”视野下土地承包权退出机制研究[J].河南财经政法大学学报,2019,34(2):18-27.
③ 郭熙保.市民化过程中土地退出问题与制度改革的新思路[J].经济理论与经济管理,2014(10):14-23.
④ 张云华,伍振军,刘同山.农民承包地退出制度在试验中渐成型:梁平县农民承包地退出试验可行[N].中国经济时报,2016-11-16(5).

然，这种情形，在有条件的地方，农户还可通过"转让""调整"等形式，同农民集体再确立新的承包关系，承包农民集体一定面积的土地，进而获得土地承包经营权。而对于"自愿交回发包方""依法收回""转让"等途径退出土地承包经营权的农户，有些地区保留了退地农户下一轮承包期开始的时候重新承包农民集体土地的权利，有些地区未保留农户这一权利①。如四川省内江市市中区开展土地承包经营权退出就主要采取永久退出和长期退出两种方式②，"永久退出"就不再保留承包农民集体土地的权利。但上文也已阐明，保留下一轮承包期开始的时候重新承包农民集体土地的权利，某种意义上讲，这种方式是不完全的土地承包经营权退出，仅为土地经营权的流转。

根据相关法律和政策，现阶段，作为农村集体经济组织成员，农户主要享有土地承包权、宅基地使用权、集体收益分配权"三权"③。如果农户退出土地承包经营权的行为，必然要导致农村集体经济组织成员身份的退出，既不利于保障退地农户的宅基地使用权、集体收益分配权，也会很大程度降低农户退出土地承包经营权的意愿④，不利于地方引导有条件的农户退出承包地。而且，当部分退出土地承包经营权的农户，希望通过自身努力再获得该项权利的时候，无疑也会增加难度系数，无形中也会增加制度性成本。而如果退出土地承包经营权的农户，在新的承包期开始的时候，还可以基于农村集体经济组织成员身份，同其他农户一样拥有平等的承包农民集体土地的权利，也是对未退出土地承包经营权农户权利的剥夺，不利于促进公平公正，通过转让形式取得土地承包经营权的农户权利也难以得到保障，会降低这类主体对土地投资的积极性，难以实

---

① 《中华人民共和国农村土地承包法》第三十条只规定"承包方在承包期内交回承包地的，在承包期内不得再要求承包土地"，未对"新的承包期开始的时候，是否可以再要求承包土地"进行规定。

② 董欢.土地承包经营权退出改革何去何从：来自四川省内江市市中区的经验与启示[J].中州学刊，2020(7)：34-39.

③ 新华社.中共中央国务院关于实施乡村振兴战略的意见[EB/OL].(2018-01-02)[2022-03-22].中国政府网.

④ 李荣耀，王欢，迟亮.农户分化、乡土依赖与集体收益分配权退出[J].华中农业大学学报(社会科学版)，2020(3)：149-157，176.

现改革目的。

本书赞同部分学者提出的农户退出土地承包经营权的行为,应理解为土地承包经营权(财产性权利)的退出,且为永久性退出而非一定期限的退出,不应理解为农村集体经济组织成员权退出的观点①。这样既保留了退地农户农民集体成员身份,也有利于保护退地农户的宅基地使用权、集体收益分配权等,同时保留了农户通过转让等途径再次获得土地承包经营权的权利。而且,对退地农户的补偿,也主要是基于农户对土地劳动付出、投资的补偿。对农户退出土地承包经营权行为性质的这样一种认识,还有利于减少农户退地顾虑,就像城市居民转让房产后,通过自身努力能够再次获得相应权利,有利于促进土地承包经营权自主有序流动。需要指出的是,现实中,个别地方探索的承包期内的土地承包经营权有偿退出(长期退出),实质上仅是土地经营权的流转,不属于本书讨论的土地承包经营权退出范畴,也不符合土地承包经营权退出改革初衷。

还需要说明的是,具体对于以"交回发包方"的形式退出土地承包经营权的农户,如果获得相应补偿,新的承包期开始时,不应再基于农村集体经济组织成员身份,无偿地承包所在农民集体的土地。因为新的承包期开始时,农户能够主要基于"成员权"无偿地承包农民集体土地,一个重要因素也是上一轮承包期内,农户在土地上付出劳动、投资。这一点,甚至可以推演到土地承包经营制度改革之初,农村集体经济组织内部不同农户能够"公平""无偿"②地承包农民集体土地,同样是基于集体生产时期农户对土地的劳动付出和投资。退地农户获得相应补偿,新的承包期开始的时候,自然不应同未退地的农户一样拥有同等承包农民集体土地的权利。而如果退地农户未获得相应补偿,包括自己未提出诉求,以及提出诉求但农民集体未进行补偿等情形,新的承包期开始的时候,应同其他农户有同等的承包农民集体土地的权利。同理,对于通过"转让"方式退

---

① 范朝霞."三权分置"视野下土地承包权退出机制研究[J].河南财经政法大学学报,2019,34(2):18-27.
② 在推行土地承包经营权制度之初,农户承包农民集体土地,还是需要付出一定代价的,全面取消农业税后,才不需要付出相应代价。

出土地承包经营权的农户，新的承包期开始时，也不应同其他农户有同等的承包农民集体土地的权利。发包方"依法收回"的情形，也需要根据是否获得"合理补偿"区别对待。当然，应允许和支持通过"交回发包方""依法收回""转让"等形式退出土地承包经营权的农户，再通过"转让"的形式获得相应土地承包经营权。另外，农户通过有偿方式退出承包地，由农村集体经济组织自主经营或者是流转土地经营权获得的相应收益，退地农户也不应再享有这部分收益的分配权。

7.4.3　退出程序

科学合理的退出程序，有利于更好保护和实现农户的土地承包经营权、农民集体的土地所有权，也是促进农户自主有序退出承包地的重要保障。土地承包经营权退出涉及广大农民群众切身利益，也需要科学合理的退地程序，充分保障依法自愿有偿退出相关权益的农户的权利。结合各地实践和学者们的观点，农户退出土地承包经营权一般按照"提出申请—资料审查—协商补偿—开会讨论—公示—签订协议—审核—变更备案"的程序进行[①]。"提出申请"，主要为体现相关权利主体（农户）有偿退出承包地的真实意愿表达。"资料审查"，主要由土地所有者[②]对退地农户的退出资格、条件进行审核，具体结合提出退地申请农户对土地的依赖程度，如收入水平、就业状况等，考察其是否适宜退出承包地。"协商补偿"，主要为利益相关主体协商，确定对退地农户的补偿标准和补偿方式。从地方实践来看，也可能会有第三方参加，如土地承包经营权的受让方。"开会讨论"，主要由发包方召开全体成员大会或成员代表大会，对农户提出的退地申请、资料审查情况、补偿等进行讨论。"公示"，主要由农村集体经济组织将上述讨论情况进行公示。"签订协议"，由承包方与发包方（其他主体）就有偿

---

① 《成都市规范农村土地承包经营权退出的指导意见（试行）》（成农办〔2017〕141号）。
② 具体为村农民集体、村内两个以上农村集体经济组织的农民集体、乡（镇）农民集体等。

退出事项签订合同。"审核",由相关主体对退地程序是否规范、补偿标准及补偿方式是否科学合理、合同协议是否完整等进行审核,提出审核意见[①]。"变更备案",即签订合同后,依法办理土地承包经营权变更、注销登记等。这里主要围绕成都市提出的土地承包经营权退出程序进行阐述,其他地区也类似。

7.5 退出补偿

农户退出土地承包经营权有权获得"合理补偿"受法律保护,也只有相应补偿达到农户合意,农户也才会愿意退出承包地。自然地,对退地农户的"合理补偿"涉及补偿主体、补偿标准的确定、补偿方式等方面内容。

7.5.1 补偿主体

早在20世纪80年代,就有学者提出对自愿放弃承包地的农户,采取由国家设置专门的"土地转让资金"方式,以发给农民"创业费"的形式,使农民有从事非农产业"底垫资金"的构想[②]。现实地看,大多数农村集体经济组织不具备对农户退出承包地进行"合理补偿"的能力。为此,个别地方政府还专门设置土地周转金,以帮助农村集体经济组织提升对农户的补偿能力。有学者也认为基于大部分农村集体经济组织经济能力的有限性,考虑到部分农户退出承包地将使社会整体受益,中央和地方政府应当给予财政支持[③]。因此,由政府对退地农户进行补偿也具有一定的合理性。但如果政府直接对农户退出土地承包经营权的行为进行补偿,在个别地方试验可行,在全国范围内普遍推广至少在短期内是不现实的,不利于更加公平地保护和实现农户的土地承包经营权。从试验地

---

① 《成都市规范农村土地承包经营权退出的指导意见(试行)》(成农办〔2017〕141号)。

② 郭书田.短缺与对策:中国粮食问题研究[M].北京:中国人民大学出版社,1988:124-130.

③ 谢根成,蒋院强.农村土地承包经营权退出制度的缺陷及完善[J].农村经济,2015(3):32-36.

区的实践情况来看,农户退出土地承包经营权的补偿主体一般为农民集体(农村集体经济组织)和相应权利承接(受让)主体。

应坚持因地制宜,主要按照谁受益谁补偿为主,其他主体补偿为补充的方式,确定具体的补偿主体。农户退出土地承包经营权的直接受益人是农民集体(包括农民集体内部其他农户),以及退出的承包地的其他承接方。同时,国家(地方政府)也是间接受益者,因为部分农民退出承包地,会提高农村集体经济组织动员土地要素的能力,也可能会使其他农户占有、使用更多的土地资源,从而增加农民的种地收益,缩小同城镇居民收入差距,还有利于促进现代农业产业发展、农民稳步增收、农村稳定安宁①。因此,对退地农户进行补偿的主体应可以为农村集体经济组织、其他农户,以及一般土地承包经营权受让方,地方政府也可以"积极支持"。

在农村集体经济组织实力相对较强的地区,应主要由农村集体经济组织对退地农户进行补偿,农户退出的土地权益也归农民集体,以提高农村集体经济组织动员土地等要素能力,更好满足新增人口对土地的需求,促进新型农村集体经济组织高质量发展。同时,也应积极支持有意愿获得土地承包经营权的其他经营主体(包括其他农户)对退地农户补偿,拓展对退地农户进行合理补偿的主体范围,更好保护和实现农户的土地承包经营权。

在农村集体经济组织相对薄弱,不具备对农户进行补偿条件的地区,其一,可以借鉴城市"个人住房抵押额度贷款"等金融产品,探索由政府背书,由金融机构开发支持农村集体经济组织的信贷产品,提升其对退地农户进行合理补偿的能力,缓解农村集体经济组织资金压力,进而实现农村集体经济组织实力相对较强的地区直接对退地农户进行补偿的改革效果。其二,可以探索由政府背书,开发支持农村集体经济组织内部有意愿受让土地承包经营权的家庭的专门信贷产品,以提升农户受让土地承包经营权的能力。需要说明的是,这类农村

① 黄贻芳,钟涨宝.城镇化进程中农地承包经营权退出机制构建[J].西北农林科技大学学报(社会科学版),2014,14(1):13-18.

家庭大多是长期留守农村的农户,主要分为两类。一类是家庭主要劳动力缺乏其他领域就业(劳动)技能,难以在外部寻求到生存和发展机会,这部分农户往往较缺乏经济能力,难以负担补偿费用。另一类就是学界提出的中坚农民,这类农户具备一定经济基础,但这部分农户往非农领域流动的冲动也非常强烈,部分中坚农民本身也是农村农资、商贸产品供给的服务者,并不直接从事农业生产经营活动。如果要求这部分农户对退地农户进行合理补偿,可能会减少这部分农户的积累,不利于他们扩大对土地的投资。其三,如上文阐述的,可探索通过吸收农村集体经济组织外部主体进入农村集体经济组织内部,以获得受让土地承包经营权的资格,扩大潜在补偿主体范围,并按照谁受益谁补偿的原则进行补偿。

7.5.2　补偿标准

对退地农户进行合理补偿,是对农户在特定地块土地上长期辛勤劳动、投资的回报,有利于增加农户对土地投资的信心,提高土地地力,进而产生更多正的外部效益。对退地农户合理补偿标准的确定,既是对农户相应权益的保护,也需要平衡好土地所有者(发包方)和农户,以及其他主体之间的利益关系,更好地保护各方利益。从地方实践情况来看,农户退出土地承包经营权获得合理补偿标准的确定,主要依据当地土地经营权流转价款,相关权利主体协商等,补偿标准在不同地区呈现出较大差异。如安徽省定远县对退地农户是按照1.8万元/亩的标准进行补偿,宁夏回族自治区平罗县则是根据当地租金状况,提出每亩承包地的补偿一般不超1万元的标准[1],江苏省金湖县银涂镇唐港村为退地农户提供2.7万元/亩的补偿[2],重庆梁平确定试验期间农户退出承包地的补偿

---

① 刘同山,吴刚.农村承包地退出:典型做法、面临问题与改革建议[J].新疆农垦经济,2019(4):42-48.

② 王纪辛,周怀宗.土地有偿退出之后,承包者如何盈利? [EB/OL].(2019-05-30)[2022-03-24].新京报.

指导价为1.4万元/亩[1],内江市市中区永久退出土地承包经营权的农户每亩可获3万元的补偿[2],差异明显。

农业农村部针对土地承包经营权退出,提出应根据土地区位、地块属性、地力等级等,研究探索补偿标准的确定办法[3]。法律对退地农户的补偿主要依据"承包方对其在承包地上投入而提高土地生产能力"[4],具体包括劳动力投入和资本投入等。本书比较认同学者们提出的农户退出承包地的补偿,不应超过当地征收农用地补偿标准的观点。因为对退地农户的补偿超过当地征收农用地的补偿标准,既不现实,也难以杜绝个别农户短期行为、寻租行为,不利于维护农民集体利益,特别是补偿主体为农村集体经济组织的情形。由农村集体经济组织进行补偿的,更应遵循"不超过征收农用地"的标准。

考虑到土地区位、地块属性、地力等级等因素本身就十分复杂,甚至土地承包经营权涉及的相关利益主体诉求也不是很明确,也就是说有意愿退地的农户对具体补偿标准的认识本身可能不一定充分。从对成都市温江区、崇州市等地现场走访的农户来看,部分农户对补偿标准本身缺乏充分认识,但愿意"按照政府政策办""参照区片综合地价"退出[5]。据此,地方政府可因地制宜,根据上述一些因素,借鉴各地"区片综合地价"制定依据,制定土地承包经营权退出指导价,并设定指导价的下限和上限,以指引土地承包经营权供需双方更好达成合意,同时动态跟踪农户退地实际运行情况,及时调整指导价的下限和上限。对于农村集体经济组织受让农户的土地承包经营权并进行补偿的,严格按照政府指导价执行。对于一般主体受让农户退出土地承包经营权的,应鼓励通过市场

---

① 张云华,伍振军,刘同山.农民承包地退出制度在试验中渐成型:梁平县农民承包地退出试验可行[N].中国经济时报,2016-11-16(5).

② 四川省内江市委改革办,内江市中区区委改革办.四川内江土地退出"三换"模式[J].农村工作通讯,2016(22):61.

③ 农业农村部《对十三届全国人大四次会议第6672号建议的答复摘要》(农办议〔2021〕389号)。

④ 《中华人民共和国农村土地承包法》,第二十七条。

⑤ 《中华人民共和国土地管理法》,第四十八条。

交易达成双方或多方合意,以体现公平性,因为市场交易是在双方讨价还价基础上进行的[1],政府指导价也可以作为重要参考。需要说明的是,无论是由农村集体经济组织还是其他一般主体进行补偿,如果涉及信贷,具体的补偿标准还应得到相应金融机构的认可。

7.5.3　补偿方式

科学的补偿方式,有利于在保护退地农户权益的同时,更好保障退地农户长远可持续生计。近年来,开展土地承包经营权退出试验的地区结合各地实际,不断优化退地农户补偿制度设计,形成了多样化退地补偿方式,基本满足了不同退地农户的需求[2]。如重庆梁平采取的一次性现金补偿,成都市由所在农村集体经济组织对退出农户进行的一次性补偿[3]。宁夏平罗县提出的将农户"三权"永久退出与城镇购房补贴、农村集中养老等结合起来,整体推进[4]。安徽省定远县探索的针对长期退出的农户,按一定期限(每5年)支付补偿金,永久性退出的,一次性支付补偿金[5]。以及四川省内江市市中区探索的"退出换股份""退出换保障"等补偿方式[6],都较具现实意义,值得借鉴。

按照现行法律和政策,开展土地承包经营权退出的地方大多采取一次性经济补偿的方式,对退地农户进行"合理补偿";也有一些地区对承包期内农户的土地承包经营权退出[7],按照定期支付约定现金(或者粮食等实物)的方式补偿。

---

① 郭熙保.市民化过程中土地退出问题与制度改革的新思路[J].经济理论与经济管理,2014(10):14-23.

② 农业农村部《对十三届全国人大四次会议第6672号建议的答复摘要》(农办议〔2021〕389号)。

③ 或者采取"招拍挂"的形式,由农村集体经济组织发包或转让土地承包经营权,以发包或转让获得的收益对退出农户进行一次性补偿。

④ 刘同山,赵海,闫辉.农村土地退出:宁夏平罗试验区的经验与启示[J].宁夏社会科学,2016(1):80-86.

⑤ 王逸,冯再雷.定远试点土地承包经营权有偿退出[N].安徽日报农村版,2018-11-30(1).

⑥ 四川省内江市委改革办,内江市中区区委改革办.四川内江土地退出"三换"模式[J].农村工作通讯,2016(22):61.

⑦ 实质上为土地经营权的流转,但个别地区也将这类一定期限土地经营权流转的行为理解为土地承包经营权退出。

如果"一刀切"地采取以现金方式对退地农户进行补偿,有可能导致一部分对土地依赖程度仍然较高的农户放弃农地[①]。因此,对退地农户的补偿,也应考虑农户的异质性,结合农户自身情况以确定具体的补偿方式,以保障"退出承包地的农户原有生活水平不降低、长远生计有保障"。

应在充分尊重农户自身意愿的前提下,充分结合具体的农村集体经济组织实际状况,对于一部分分化程度较高的农户,特别是在非农领域实现稳定就业,长远生计有保障的农户,这部分农户对土地的依赖性往往较弱,主要应采取以一次性现金补偿的方式进行补偿。而对于分化程度不是很高,未来仍可能依靠土地开展生产经营活动维持基本需要的农户,可探索同金融机构合作采取定期现金补偿的方式进行补偿。对于上文阐明的一些"未实施农业生产经营活动的家庭""身份转变的家庭",可探索采取一次性现金补偿和定期现金补偿相结合的方式进行补偿。而对于"特殊类型家庭",应尽可能不采取一次性现金补偿方式,应探索"退出换股份""退出换保障"多种补偿方式,以实现退地农户收入水平可持续提高。

需要说明的是,有学者提出,农户退出土地承包经营权的行为,是一次性转让相应权利,对其给予的相应补偿,也应为一次性的。同土地经营流转不同,土地经营权流转有一定的"重复性""可逆性",土地承包经营权主体流转土地经营权获得的相应收益也具有"重复性""可逆性"的特点。这样,如果仅看补偿方式是否是一次性的,容易混淆土地承包经营权退出和土地经营权流转的本质区别。本书的理解是,土地承包经营权退出同土地经营权流转,最根本的区别是承包方和发包方之间确立的承包关系是否发生变化。农户退出土地承包经营权行为,会导致同发包方确立的承包关系的终止。土地经营权的流转,则不会。关于对退地农户不同补偿方式,类似城市住宅产权交易和租赁,住宅产权交易系一次性转让所有权,原权利主体也一次性获得相应收益。而对于很大一部分

---

① 张广财,何东伟,顾海英.农户分化何以影响农户土地承包权退出决策?[J].经济与管理研究,2020,41(2):66-81.

新的权利主体来讲,向原权利主体支付的费用,主要通过"个人住房抵押额度贷款"的形式,由具体的金融机构,向原权利主体进行一次性支付,新的权利主体则通过分期的形式,对金融机构进行定期偿还。借鉴各地对退地农户定期现金补偿,以及"退出换股份""退出换保障"等形式的补偿,同上述住宅产权交易类似,可探索由金融机构(第三方)履行定期向退地农户进行补偿的义务,新的权利主体(承接方)对金融机构定期偿还,以减少承接方资金占用压力,同时还可以避免承接方不定期履行对退地农户补偿的风险,保障农户权益,实现退出方和承接方双赢目标。

7.6 本部分小结

土地问题直接关系农民切身利益。在本部分具体分析过程中,充分借鉴学者们已有研究成果和地方推进土地承包经营权退出试验取得的有益经验,重点阐释引导农户退出土地承包经营权需要坚持坚守"三条底线"、尊重农户意愿表达、以家庭为基本单位、促进土地要素流动四个方面的基本遵循。从农户分化、收入水平,以及其他具体特殊情况几个层面,分析农户异质性、对土地的依赖程度,提出应重点引导哪些类型的农户退出承包地。结合现行相关法律和政策,对有意愿"有偿退出"农户的主体资格,承接土地承包经营权的主体条件进行阐述。在此基础上,对农户退出土地承包经营权的方式,包括退出形式、退出性质、退出程序进行说明。同时,对退地农户进行"合理补偿"的补偿主体、补偿标准、补偿方式进行阐述。

习近平总书记强调"新形势下深化农村改革,主线仍然是处理好农民与土地的关系"[1]。人多地少的基本国情,加之农村普遍的人地分离社会现实,迫使我们不断提出新的制度安排,促进土地要素自主有序流动,以提高土地要素配

---

[1] 韩长赋.中国农村土地制度改革[J].农村工作通讯,2018(Z1):8-19.

置效率。现实地看，农户的承包地处于"不出不进"的稳定状态，既不利于保护和实现农户的土地承包经营权，也容易导致农民集体没有可供再分配的土地，会加剧新增人口同土地之间的矛盾，"大稳定、小调整"的政策可能流变为"只稳定、不调整"的格局①。畅通部分有条件的农户，特别是进城落户农户退出土地承包经营权的制度性通道，有利于提高土地要素流动效率，提高留守农户土地适度规模经营水平，进而实现规模经济效益，还有利于减少新一轮承包期留守农民之间对土地的竞争，缓解人地矛盾。新时代，农村也需要"以地谋发展"，应推进有利于吸引外部劳动力、资本和技术要素，有利于适应城乡融合发展，有利于提高土地利用效率，有利于增进农民民生福祉的土地制度改革，以发挥土地要素重要作用、更好保护农民权益。

需要说明的是，土地承包经营权兼具财产属性、身份属性和管理属性，承包地退出必须恪守一些特定的前提条件②，最大限度降低改革风险。如本书提出的关于退出承包地农户的主体资格，主要基于农户分化过程中，农户之间收入水平差距扩大，部分农户客观上不再依赖土地维持家庭成员基本生产生活需要，土地对这类家庭的保障作用明显减弱甚至消失，不允许这部分农户退出承包地，既不利于保护农户的土地承包经营权，也不利于提高土地利用效率。而对另外一些农户，土地的保障作用还较为明显，对土地的依赖度较高，支持这部分家庭退出土地，不利于保障其可持续生计，甚至可能给整个社会留下隐患，不利于农村安宁稳定。因而，对土地承包经营权退出的微观主体进行一定限制，较具有现实意义。地方推进土地承包经营权退出试验，应对退地农户进行合理的限制，以尽可能减少对农户的不利影响。

还值得关注的是，个别地区探索的部分家庭成员退出土地承包经营权的情

---

① 刘平.承包地退出规则之反思与重构：以《农村土地承包法》修改为中心[J].华中农业大学学报（社会科学版），2019(2)：153-162，170.

② 高强，宋洪远.农村土地承包经营权退出机制研究[J].南京农业大学学报（社会科学版），2017，17(4)：74-84.

形,容易让本就"细碎"的土地更加细碎化,也容易导致家庭内部成员之间的矛盾,甚至容易导致家庭内部一部分成员对另外一些成员权利的剥夺,部分家庭成员退出土地承包经营权的行为不应倡导。在推动土地承包经营权有偿退出试验中,一些地区专门针对"失去劳动能力且没有子女""失去劳动能力、子女满足退地条件"等特殊群体,探索出的具体退出方式,较具有现实意义,值得进一步试验。另外,关于承接农户退出的土地承包经营权的主体,除国家、农民集体,以及农村集体经济组织内部其他家庭这些法定承接主体外,本书更倡导通过一定途径,如借鉴城市的积分落户制度,吸收外部成员加入具体农村集体经济组织,以获取受让土地承包经营权的资格,扩大土地承包经营权承接主体市场范围半径,以更好地保护和实现农户的土地承包经营权。诚然,任何制度的运行,都会产生一定的成本。科斯曾指出:"我们必须考虑各种制度的运行成本,在设计和选择新的制度安排时,我们应该考虑总的效果。这就是我所提倡的方法的改变。"①土地承包经营权有偿退出的制度安排,也需要尽可能降低制度的运行成本,以保障新的制度现实可行。

---

① 科斯,阿尔钦,诺斯.财产权利与制度变迁:产权学派与新制度学派译文集[M].刘守英,等译.上海:上海人民出版社,1994:52.

第8章 "有偿退出":思路及建议

梳理农户退出承包地可能面临的一些潜在问题,并提出有针对性的应对措施,有利于更好地支持和引导部分具备一定条件和有意愿的农户退出承包地,促进土地要素自主有序流动,优化土地要素配置,保护农户土地权益,为促进农业转移人口市民化、农民农村共同富裕、农业农村现代化提供支撑。

8.1 推动"有偿退出"面临的现实问题

农户退出土地承包经营权仍然面临法律、行政法规不具体,土地承包经营权转让市场几乎呈空白状态,难以促成交易,农村集体经济组织发展质量效益不佳,对退地农户的补偿能力不足,土地承包经营权受让主体范围受限,增加土地承包经营权转让难度系数,退出保障机制不完善,以及城市经济社会发展不确定性因素多,农民对未来的预期不稳定等诸多挑战。

8.1.1 法律和行政法规有待完善

法律和行政法规是维护农民利益、保障农户权益的重要支撑,是引导农户实施相应行为的现实依据。农户退出土地承包经营权的行为,某种意义上讲,其实也可以理解为农村土地使用权的转让,同城镇国有土地使用权出让有类似的地方。早在1988年4月12日,修正的《中华人民共和国宪法》(以下简称《宪法》)就规定"土地的使用权可以依照法律的规定转让"[1]。现行《宪法》《土地管理法》也仍然沿用这一规定。也就是说,1988年至今,无论是宪法还是部门法都未禁止农村土地使用权的转让。而且《宪法》修正后,很快国务院就制定施行《中华人民共和国城镇国有土地使用权出让和转让暂行条例》[2],对城镇国有土地使用权出让、转让、出租等作出明确规定。遗憾的是,尽管法律和行政法规并未禁止农民集体土地使用权转让的行为,但30多年来,农民集体土地使用权具体如何依照法律的规定转让,一直未出台相应的具体行政法规,以明确农村集体土地使用权应由哪个部门负责,具体应该如何推进等。尽管法律规定"承包方可以将全部或部分的土地承包经营权转让"[3],但受诸多因素影响,农户转让土地承包经营权,往往会陷入法律可行但现实不可行的窘境,进而产生农民"宁可离农也不离地""宁可弃耕也不弃地"等"不合理现象"[4],导致农民集体土地使用权转让不具现实可行性,需要完善法律和行政法规对农村土地使用权(土地承包经营权)转让的具体规定。

8.1.2 "有偿退出"市场发育滞缓

社会主义市场经济理论表明,市场在寻求需求主体,维护和实现相关权利主体利益,促进土地、劳动力、技术等要素自主有序流动方面有重要作用。不难发现,在几个试验地区以外的地方,农户很难通过市场化途径退出土地承包经营权,"有偿退出"市场发育严重滞缓,几乎呈空白状态。而且即便是在一些试验地区,农户和其他经营主体也很难通过市场途径获取土地承包经营权。现实

---

[1] 1988年4月12日第七届全国人民代表大会第一次会议主席团公告第八号公布施行。

[2] 1990年5月19日中华人民共和国国务院令第55号发布,根据2020年11月29日《国务院关于修改和废止部分行政法规的决定》修订。

[3] 《中华人民共和国农村土地承包法》,第三十四条。

[4] 罗必良,何应龙,汪沙,等.土地承包经营:农户退出意愿及其影响因素分析——基于广东省的农户问卷[J].中国农村经济,2012(6):4-19.

地看,主要由于农村集体经济组织普遍缺乏对退地农户进行合理补偿的能力,同时农村集体经济组织拥有的土地(未发包的土地)非常有限,难以满足市场主体对土地的需求。结果是,有意愿退地的农户难以通过市场化途径寻求到相关权利的需求方,需求方也难以通过市场化途径找寻到供给方。即便是供需双方碰巧遇到一起,土地承包经营权受让主体被限定为"本农村集体经济组织的其他农户",同时需要"经发包方同意"。既增加了供需双方遇到一起的难度系数,也提高了供需双方达成交易合约的制度性成本,结果是农户退地行为法律允许但现实不可行①。缺乏"有偿退出"市场,导致有意愿退地的农户难以找寻到需求方,难以实现自身权益。市场的缺乏,也限制了需求主体范围半径,降低了农户土地承包经营权市场价值,农户难以实现土地的财产性权利,难以实现法律"保护农户的土地承包经营权"的目的。

8.1.3 集体经济组织补偿能力不足

农民集体(农村集体经济组织)作为承接农户退出的承包地的重要主体,也是对退地农户进行合理补偿的主体。农户退出承包地,本质上是农民集体重新获得各项土地权利的镜像,农民集体也是主要受益对象②。农户退出土地承包经营权实践的关键正在于对退地农户的补偿资金来源问题。按照现行法律和政策,农户的土地承包经营权主要退回给农民集体(农村集体经济组织),一般也由农村集体经济组织给予合理补偿。但从各地推进土地承包经营权有偿退出实践来看,普遍表现出农村集体经济发展薄弱,缺乏为退地农户提供合理补偿的能力。从全国看,尽管2019年农村集体资产村均达到816万元,但仍有

---

① 需要说明的是,农户以"依法、自愿交回发包方"的方式退出土地承包经营权一直是畅通的,但从现行法律和行政法规来看,"不退出"农户也不会受到什么影响,不会承担具体责任,退出也难以从农村集体经济组织获得"合理补偿",为什么还要退出呢?

② 刘同山,赵海,闫辉.农村土地退出:宁夏平罗试验区的经验与启示[J].宁夏社会科学,2016(1):80-86.

57.7%的村集体收益小于5万元①。表明大多数农村集体经济组织不具备对有意愿退出土地承包经营权的农户进行合理补偿的能力和条件,难以承担这项责任②。推进土地承包经营权有偿退出,需要进一步加快新型农村集体经济组织发展,提高其对退地农户的补偿能力,为农户退出土地承包经营权创造条件,促进土地要素自主有序流动。进一步地,如果部分农村集体经济组织具备对退地农户进行补偿的能力,如何平衡农村集体经济组织和退地农户之间的利益,也是必然要面临的现实问题。

8.1.4 "有偿退出"保障机制不健全

从微观层面来看,农村社会保障体系不完备,明显降低了部分有条件的农户退出土地承包经营权意愿。现实地看,一部分大概率不再需要依靠土地从事生产经营活动维持基本需要的农户也不愿意退出承包地,除了一些其他方面的因素,缺乏土地承包经营权退出保障制度,也是降低农户退出意愿的现实原因之一。主要是农民因其社会心理上的弱势性,一部分农民仍将土地作为规避风险的保障,以更好满足他们的"心理安全"需要,而这也可以说是自古以来农民对土地情义的根源所在③。同时,对一部分分化程度不是很高的农户来讲,土地的保障功能确实存在,退出承包地后,可能面临彻底割裂同农业农村关系的问题,如果在其他领域未寻求到更好的发展机会,可持续生计可能是他们将要面临的现实问题。推进土地承包经营权有偿退出,还需要健全"有偿退出"保障机制,尽可能消除退地农户的后顾之忧。

---

① 王宾,杨霞.如何理解贯彻《乡村振兴促进法》对农村集体经济组织的要求[J].中国农业会计,2021(8):88-89.
② 刘超.土地承包经营权退出的实践逻辑与目标偏离[J].经济学家,2018(1):97-103.
③ 杜文骄,任大鹏.农村土地承包权退出的法理依据分析[J].中国土地科学,2011,25(12):16-21.

8.1.5　农民融入城市的预期不强

从历史上看,中国的农民大多是不太愿意流动的,长此以往,安土重迁的思想根深蒂固。进一步分析,在传统农业社会,由于第二、第三产业不发达,农民转移到其他地方(领域)难以寻求到更好的就业和发展机会,统治者为了便于社会治理,也是不太鼓励人口大规模迁徙的。新中国成立以来,特别是从改革开放后再到进入新时代,城乡经济社会关系同传统农业社会已经发生翻天覆地的变化,城市第二、第三产业持续发展,创造了大量就业机会,为加速农业劳动力资源向外流动提供了现实条件。这也是改革开放至今,农业劳动力持续向相对发达的城市和非农领域流动的动因所在。但现实地看,大量农业劳动力转移到城市后,由于房价、就医、社会保障,以及小孩入学等方面的限制,无形中提高了农业转移人口融入城市的门槛。加之农业劳动力资源受教育水平普遍偏低,2020年,在全部农民工中,初中及以下学历的占比高达71.1%,大专及以上学历的仅占12.2%[①],难以寻求到更高劳动报酬的就业机会,工资性收入普遍偏低,降低其能够成功融入城市的预期。

8.2　促进"有偿退出"思路及建议

推进土地承包经营权有偿退出,也应从上述几个方面着力,为土地承包经营权退出营造良好社会环境,减少有意愿退出承包地的农户的顾虑,促进土地承包经营权自主有序流动,提高土地要素市场化配置效率。

---

① 数据来源于国家统计局发布的《2020年农民工监测调查报告》。

8.2.1 出台农民集体所有土地使用权出让和转让暂行条例

先在个别地方进行试验,成功后逐步在更大范围推广,是改革开放后我国经济社会全面发展取得的宝贵经验。本书讨论的土地承包经营权退出,更类似城镇国有土地使用权出让;土地经营权流转,则类似城镇国有土地使用权转让。城镇国有土地使用权出让、转让、出租等方面的适度放开,有效提高了城镇国有土地要素自主有序流动效率,加速了中国城镇化进程,特别是为促进房地产市场持续健康发展奠定了重要现实基础,为城市经济社会全面发展注入强劲动能。因此,推进土地承包经营权有偿退出,可充分借鉴城镇国有土地使用权出让取得的有益经验,向农村地区推广。应参照城镇国有土地使用权出让相关规定,出台农民集体所有土地使用权出让和转让暂行条例,明确农民集体土地使用权出让、转让、出租等,确定农民集体土地使用权出让具体负责部门,科学设置有意愿退出承包地的农户的主体资格、退出程序、补偿主体、补偿标准及补偿方式等具体细节。这样,将《土地管理法》《农村土地承包法》等法律中关于农村土地使用权转让相关规定具体到可操作层面,为有意愿的农户转让、出租土地承包经营权提供行政法规支持,这也是更好保护和实现农户,特别是进城农户的土地承包经营权的现实要求。

8.2.2 培育农村产权交易(土地承包经营权转让)市场

在赋予农民自主退出土地承包经营权权利的同时,还应赋予相应主体自主进入权以保证博弈的重复性,增进农户利益。土地承包经营权转让市场的建立,也需要结合相应的进入机制,做到双向流动,才可以在保障农民集体土地所有制不变的基础上使得农民集体可持续发展①。自主进入权一方面在一定程度

---

① 郭熙保.市民化过程中土地退出问题与制度改革的新思路[J].经济理论与经济管理,2014(10):14-23.

上会增进农民退地意愿、降低农民退地机会成本；另一方面有利于吸引外部人到农村来经营土地[1]，为农业农村发展注入新的力量。要实现土地承包经营权"能进能出"双向有序流动，需要建立规范化的土地承包经营权转让市场。应充分发挥各地农村产权交易所（交易中心）功能，探索在地方政府、农民集体以及金融机构共同参与基础上，规范土地承包经营权转让的具体事项，开展土地承包经营权转让业务，逐步开启土地承包经营权转让市场。需要说明的是，鉴于农村土地的特殊性质，在建立规范化的土地承包经营权转让市场初期，可进行适当限制，如针对具体农民集体，可在其拥有的土地面积一定比例范围内，探索在全社会通过农村集体经济组织"有偿发包"，或者农户直接转让的方式，促进土地承包经营权流转。成都等地探索的"对农户退出的承包地，在本集体经济组织内部有偿发包"[2]，就可以理解为土地承包经营权转让市场的雏形，值得继续探索。而受让主体，也可以在一定范围内逐步放开，如可以先限定在乡（镇）范围内，然后逐步拓展到县（市、区）范围，并结合市场运行情况，及时进行调整。另外，土地承包经营权有偿退出某种意义上讲也属于交易的范畴。交易活动与其他生产活动一样，会耗费一定资源，需要付出一定代价，代价的大小会影响资源配置效率[3]。建立规范化的土地承包经营权转让市场，还需要尽可能减少双方达成契约和促进契约得到良好执行的成本（代价）。

8.2.3　高质量推进新型农村集体经济组织发展

只有农村集体经济组织发展壮大，才能为更多有意愿退出土地承包经营权的农户进行"合理补偿"，也才能为退地农户创造更多更高质量的就业机会，也让农村集体经济组织集聚更多可动员的土地等资源要素，进一步推动农村集体

---

① 周记,陈杰.关于农民退出权的博弈分析[J].长江大学学报(社会科学版),2004,27(2):95-98.

② 《成都市规范农村土地承包经营权退出的指导意见(试行)》(成农办〔2017〕141号)。

③ 袁庆明.新制度经济学[M].上海:复旦大学出版社,2012:32-35.

经济组织高质量发展,形成良性循环。一是促进农村集体经济数字化转型,深化农村集体经济全产业链数字化应用,促进数字技术与农村集体经济深度融合,将数字技术优势转化为农村集体经济发展势能,提高新型农村集体经济组织市场适应力和竞争力,提振农村集体经济组织发展动能。二是以实施乡村振兴战略为契机,积极引导新型农村集体经济组织牵头组建混合所有制经营实体,参与乡村振兴各项事业建设,深化农村集体产权制度改革,促进劳动力、土地要素自主有序流动,激发农村资源要素活力。三是结合各地自然资源禀赋特征,引导新型农村集体经济组织围绕服务提高农业质量效益和竞争力,支持其发展农产品初加工、精深加工,提供农业生产性服务产品等,促进农村集体经济组织转型发展,增强新型农村集体经济发展韧性。四是创新农村集体经济实现形式,充分发挥农村集体经济组织在联系群众、动员群众,以及利用乡村人才、土地资源要素等方面的优势,支持农村集体经济组织发展智慧物流、新零售(电子商务)等业态,形成新的增长点。

8.2.4 完善土地承包经营权退出保障制度

完善"有偿退出"保障机制,也是促进农户退出土地承包经营权的有效路径。一是支持退地农户将户籍迁移至城市,进而享有相应的就业优惠政策和社会保险待遇、最低生活保障政策,帮助解决子女就学问题等[①]。如现实中,宁夏回族自治区平罗县等地探索的农民自愿退出承包地和房屋产权并落户城镇的农民,可申请廉租房、经济适用房等城镇保障性住房经验[②],就较具有现实意义,值得借鉴。二是可探索建立退地农民社会养老保险制度。可以联合商业保险机构,推出专门针对退地农户的养老保险产品,保障退地农户长远生计。三是

---

① 成都市郫都区农业农村和林业局.郫都区农村土地承包经营权有偿退出管理办法(试行)听证会公告[EB/OL].(2019-11-28)[2021-10-11].郫都区人民政府.

② 范传棋,谭静,雷俊忠.农民承包地有偿退出模式比较研究[J].农村经济,2017(4):37-40.

还可探索为退地农户重新获得土地承包经营权提供"反悔机制"。可探索由农村集体经济组织建立土地收储制度,收储一定面积的土地,对部分退地农户确实难以在城市生活(市民化失败)而希望回村务农的原村民,经申请可按照协议退回补偿款后,再次承包不大于原面积的土地[①],或者以市场价款优先承接其他农户退出的土地承包经营权,从而为退地农户提供"一定条件的反悔机会"。农村集体经济组织收储的土地,也可通过土地经营权流转的方式,用以满足部分退出土地承包经营权但在其他领域"失败"的农户基本生产生活需要,以尽可能化解农户退地后的风险,更好保障农户权益。

8.2.5 持续推进以人为核心的新型城镇化

提高土地要素流动效率和农户土地适度规模经营水平,一个重要的途径就是引导一部分农业人口转移到非农领域就业。要实现土地承包经营权有偿退出改革目的,也应当把更多的精力放到人的转移上[②]。也就是说,推进土地承包经营权退出,就需要继续推进城市化,以吸纳更多的农业转移人口。因为对一个国家或地区来讲,城市化水平越高,农民的数量自然会减少,对土地要素的竞争也会变弱,留守农户提高土地适度规模经营水平才具备现实条件,才能实现土地承包经营权有偿退出改革目的。推进以人为核心的新型城镇化,一是加快农业转移人口市民化进程。持续深化户籍制度改革,保障农业转移人口(及其子女)在医疗、社会保障、接受教育等方面享受同城市居民的同等待遇。健全农业转移人口市民化长效机制,常态化实施农业转移人口劳动技能提升计划,提高农业转移人口就业技能,增强农业转移人口融入城市的能力[③];构建财政转移支付同促进农业转移人口退出土地承包经营权挂钩政策,支持农业转移人口将

---

① 刘同山,赵海,闫辉.农村土地退出:宁夏平罗试验区的经验与启示[J].宁夏社会科学,2016(1):80-86.
② 陈锡文.当前我国农村改革发展面临的几个重大问题[J].农业经济问题,2013,34(1):4-5,6,11.
③ 王敏鸽.我国农业转移人口市民化的现实困境及其化解之道[J].理论导刊,2014(8):28-31.

土地承包经营权转变为融入城市的资本。二是高质量推进以县城、特色小镇为重点的城镇化建设,补齐基础设施、基本公共服务等方面的短板,增强吸引人才、技术、资本等先进要素集聚能力,推进农业劳动力实现就近转移,降低转移难度系数。三是完善农业转移人口住房保障体系。有效增加保障性住房供给,降低农业转移人口融入城市门槛。需要说明的是,促进农户退出承包地,谈农业人口转移,并不是简单地把农民转移到城市,而是要引导农户把更多劳动力资源配置到非农领域。同时,更需要通过新的土地制度安排,吸引一批有意愿的人到农村发展。

8.2.6　灵活农村集体经济组织成员认定

实行农村土地承包经营制度后,无论是从法律层面还是政府政策层面,很长的时间内,都未限制农户退出土地承包经营权的行为。1984年,中央也未对"协商转包"①对象作出具体限制。2002年颁布的《农村土地承包法》对农户土地承包经营权的流转仅限制为"在同等条件下,本集体经济组织成员享有优先权"等②。直到2018年第二次对《农村土地承包法》修正时,才将农户转让土地承包经营权限的对象定在"本集体经济组织的其他农户"③。对此的理解是,尽管2002年前,未对"协商转包"具体对象进行限定,但基于当时农村交通条件等方面的限制,即便是发生"协商转包"行为,相关对象往往也是具体地块土地附近的一些经营主体。40年来,国家对农户土地承包经营权转让都"希望"或"事实上"引导在农村集体经济组织内部不同农户之间。现实地看,尽管有一部分农户确实不需要承包地,但农户之间,以及农户和农村集体经济组织之间,都没有太多土地承包经营权转让行为发生。本书认为,正是对土地承包经营权转让限

---

① 《关于1984年农村工作的通知》(一九八四年一月一日)。
② 《中华人民共和国农村土地承包法》(中华人民共和国第九届全国人民代表大会常务委员会第二十九次会议于2002年8月29日通过),第三十三条。
③ 《中华人民共和国农村土地承包法》,第三十四条。

定在特定农村集体经济组织内部,阻碍了土地承包经营权的流转,难以更好保护和实现农户,特别是进城农户权益。未来相当长一段时期内,仍将有大量的农村人口"弃地进城",应灵活农村集体经济组织成员认定办法,借鉴城市"积分落户制度",按照对农民集体的贡献、开展农业生产经营活动的能力等,支持地方探索将有意愿长期在农业农村发展的人(家庭)①吸收为具体的农村集体经济组织成员,将静态的农民集体成员变为动态的集体成员②,进而扩大土地承包经营权交易半径③,为有意愿退出承包地的农户营造良好外部环境,促进土地要素自主有序流动。同时,为新型农村集体经济组织发展吸引外部人才、资本、技术等要素。

8.3 本部分小结

本部分结合前文分析,指出农户"有偿退出"面临缺乏法律和行政法规保护,"有偿退出"市场发育滞缓,农村集体经济薄弱难以对退地农户进行合理补偿、退地保障机制不健全、成功融入城市的预期不强等方面的现实问题。从加快出台农民集体所有土地使用权出让和转让暂行条例、建立规范化的土地承包经营权转让市场、推进新型农村集体经济组织发展、完善农村土地承包经营权退出保障制度、推进以人为核心的新型城镇化建设、灵活农村集体经济组织成员认定等方面,提出引导农户"有偿退出"的思路及建议。

本书的观点是应当支持和鼓励新型农村集体经济组织,以及家庭农场、农民合作社等新型农业经营主体,特别是有意愿从事农业生产经营活动的家庭获得更多的土地承包经营权,提高土地适度规模经营水平,但不应当鼓励企业和

---

① 也可以是城市居民(家庭)。

② 郭熙保.市民化过程中土地退出问题与制度改革的新思路[J].经济理论与经济管理,2014(10):14-23.

③ 刘同山,吴刚.农村承包地退出:典型做法、面临问题与改革建议[J].新疆农垦经济,2019(4):42-48.

其他外部主体与农民争夺土地承包经营权。同时,推进土地承包经营权有偿退出,还需要结合具体区域实际情况,提出相应措施。一是在城市近郊区域,特别是大城市、特大城市、超大城市近郊区域,农民普遍对未来土地增值的预期较高,农民大多也会参考征收农用地补偿标准。在这类地区,推进土地承包经营权有偿退出可能相对困难。但即便是在这一类地区,也应积极为部分有意愿的农户退出土地承包经营权创造条件,因为国家征收农民集体土地面积有限,时间尚不确定,且受土地自身区位条件等方面的限制,需要农民有极大的耐心等待国家对农民集体土地的征收。对一部分缺乏耐心,但有意愿退出土地承包经营权的农户提供退出渠道,是保护和实现这类农户土地承包经营权的现实需要。这类地区更多是制定完善相应行政法规,通过市场化力量实现改革目的。二是相对城市近郊地区,在距离城市较远的地区,特别是交通发达,土地自然资源禀赋有独特优势、适合某些特定农作物生长,以及有其他一些特殊资源,如有影响力的景区周边地区。这些区域,土地资源本身具有一定价值,如果适当放开一些限制,可能会吸引大量经营主体进入这些区域,是推进土地承包经营权有偿退出的重点区域,通过市场化途径,吸引农村集体经济组织外部经营主体带资本、技术、人才进入,进而激活这类地区土地资源要素,提升土地资源利用效率,提振农业农村发展动能,以实现更好保护农户的土地承包经营权,促进乡村振兴。三是对于一些相对偏远的地区,特别是土地自然资源禀赋不足的地区,即便是放开对土地承包经营权转让的限制,可能也不会有大量外部经营主体进入,甚至只有少量进入。这类区域应更多发挥政府和农村集体经济组织作用,为有意愿退出承包地的农户创造条件,引导农户将承包地退回给农村集体经济组织,再以"重新发包"等途径,增进留守农户提高土地适度规模经营的能力,获取规模经济效益,提高土地要素流动效率。

需要说明的是,现实地看,世界各国普遍采取以家庭为基本单位从事农业和土地经营,这主要是由农业生产经营活动基本属性决定的,家庭承包制过去是,现在是,将来仍然是中国农村土地最基本的制度安排①。当前,我国仍然有5亿多人(2.91亿户②)居住和生活在乡村,即便在目前的基础上,经过10~15年的努力,乡村人口减少一半,仍然还有2亿多人(1亿多户)居住和生活在乡村,需要依靠土地维持生计。要实现"到2035年,全体人民共同富裕取得更为明显的实质性进展"的奋斗目标③,也必须保护和实现农户的土地承包经营权,发挥好家庭经营应有的地位和作用。因而,促进部分离农农户退出承包地的同时,还需要关注如何提高留守农户土地适度规模经营水平。但我们讨论的小规模经营农户,与历史上的小农经济有着本质的区别,因为他们当中绝大多数的生产都是为了将产品用于市场交易,而不是为了自给自足④。由于受所拥有的土地资源等方面限制,加之体制、经济和国情等方面的原因,从空间维度上看,我国的农民是一个被高度隔离的群体,"退出"的大门对他们而言几乎是关闭的⑤。本书讨论的"有偿退出"主要是指农户退出土地承包经营权,进而彻底脱离农业农村,转变为城市市民。退出土地承包经营权自然会涉及资产的交易,开展农村土地承包经营权有偿退出的讨论,正是探讨如何更好提高农村土地要素的流动性,发挥土地要素价值,增加农民财产性收入,保护和实现农户的土地权益。

① 张红宇.中国农村的土地制度变迁[M].北京:中国农业出版社,2002:2-3.
② 数据来源于《中国统计年鉴—2021》,2.91亿户包括1.076亿户(镇)和1.838亿户(乡村).
③ 习近平.扎实推动共同富裕[J].奋斗,2021(20):4-8.
④ 陈锡文.读懂中国农业农村农民[M].北京:外文出版社,2018:27.
⑤ 艾伯特·O.赫希曼.退出、呼吁与忠诚:对企业、组织和国家衰退的回应[M].卢昌崇,译.上海:格致出版社,2015:7.

第9章 结语与展望

基于土地不可再生性和稀缺性,如何更好地利用每一寸土地,发挥土地要素作用,更好地保障国家粮食安全,对于一个14亿多人口的大国,始终是头等大事。未来,深化农村土地制度改革,需要从稳定土地经营预期、严格土地用途管制、促进农地使用机会均等、多给农民自由选择空间几个方面发力。

9.1 稳定土地经营预期

从学者们调查和进行的访谈来看,很多农户对农村土地所有权的理解不是很清晰,认识也不够充分。某种意义上表明土地所有权本身在农户及其他主体看来似乎并不是十分重要,农户和其他经营主体需要的是拥有相对稳定的对土地占有、使用的权利,也即是具体农业经营主体对持续利用特定地块土地需要有相对稳定的预期。现实地看,预期不稳定,就可能会助长群众的短期行为,并会影响到公共选择的价值取向[1]。进一步地,相对稳定的土地使用权预期,可以帮助经营者对农地收益形成一个合理预期,增加经营者的投资信心,反之则会降低经营者对农地收益的合理预期,进而可能减少对土地的投资,甚至可能会对土地进行掠夺性开发[2]。从农业生产活动来看,诱致农民或其他经营主体短

---

① 杜润生.稳定农民预期与土地制度法律化[J].中国改革,1998(8):13-14.
② 赵阳.对农地再分配制度的重新认识[J].中国农村观察,2004(4):22-30.

期行为的主要原因之一正是对未来在其承包的土地上的经营活动缺乏稳定预期。如一些地方在承包期结束后,对承包地的调整,就会降低农户对土地投资积极性。另一方面,长期以来,农户可利用的土地资源十分有限,仅仅依靠土地进行生产经营活动难以提高收入水平,也限制了农户依靠土地进行生产经营活动,缩小同城市居民之间收入差距的预期。如何更好地稳定农业经营主体使用具体地块土地的预期,是法律和行政法规一贯引导支持的,也是未来继续深化农村土地承包经营制度改革的关键。应鼓励一部分不需要土地的农户"有偿退出",支持一部分需要提高土地适度规模经营水平的农户,通过自身努力,以有偿方式获取到更多土地承包经营权,并明确承包期结束后,不再进行调整,或者适当延长承包期,以稳定农户土地经营预期,增强农户对土地投资积极性,提高土地要素利用效率。

9.2 严格土地用途管制

土地用途分区管制主要是把土地分成不同的用途区,在不同用途区内执行不同的土地管制规则,在同一用途区内实施相同的管制规则[1],以促进土地科学合理开发,提高土地要素利用效率。对土地用途的管理也主要是基于土地总量的有限性和土地利用中可能产生的外部性,同时,也是一个国家或地区,从全局出发,更好地满足人们对粮食、蔬菜、水果等土地产出的需要,进而对土地利用实行超越所有者的一种用途管制制度[2]。我国的《土地管理法》也明确规定"国家实行土地用途管制制度",特别是针对耕地,提出"国家实行永久基本农田保护制度",强调"永久基本农田经依法划定后,任何单位和个人不得擅自占用或

① 刘守英.土地制度与中国发展[M].北京:中国人民大学出版社,2018:268.
② 陈锡文.关于农村土地制度改革的两点思考[J].经济研究,2014,49(1):4-6.

者改变其用途"①。严格土地用途管制,有利于减少土地承包经营权主体对土地的投机行为,还有利于增强土地经营者对土地投资的信心,持续加大对土地的投资,提高土地地力。未来,推进农村土地制度改革,需要进一步完善土地用途管制相关制度安排,严格土地利用总体规划编制、修订程序,引导农户及其他经营主体依法落实土地用途管制,坚决遏制耕地"非农化""非粮化",更好保障国家粮食安全。同时,还可借鉴国外土地发展权制度,赋予乡村地区更多土地发展权利,促进农业农村发展机会均等。

9.3 促进农地使用机会均等

机会不均等是城乡区域发展和收入分配差距不断扩大的主要原因,也是阻碍人的全面发展的主要因素。现实地看,家庭对农地使用权利的固化,既不利于农户提高土地生产经营规模,也不利于不需要土地的家庭将土地使用的权利转让给其他经营主体。洛克认为"一个人可以通过开垦土地从而确立对某块土地的完全所有权"②。借此,在实行土地社会主义公有制的国家,如果一个人流转别人的土地经营权,在特定地块的土地上连续耕作30年、50年甚至更长的时间,如果还需要承担土地经营权流转的费用,会极大地呈现出土地使用权机会不均等,也是对真正的土地经营者的利益的剥夺。马克思指出:"土地所有者的利益是跟雇农的利益相敌对的,正如工厂主的利益是跟他的工人的利益相敌对的。"③联系到农村实际,马克思指出的"土地所有者"同现实中农户(承包方)有一定相似的地方,"雇农"同现实中土地经营权流转方有一定相似的地方。他们之间确实存在"利益相敌对"的情形。

---

① 《中华人民共和国土地管理法》,第四条、第三十三条。

② 安德罗·林克雷特.世界土地所有制变迁史[M].启蒙编译所,译.上海:上海社会科学院出版社,2016:167.

③ 马克思.1844年经济学-哲学手稿[M].刘丕坤,译.北京:人民出版社,1979:35.

　　长期来看,对农地使用的权利应该来自个人的努力、劳动付出,需要保障好不同经营主体平等使用农地的权利。促进农地使用机会均等,就需要适度放开土地承包经营权转让的限制,进而让土地资源能够在市场上有序流通,发挥市场对提高资源配置效率的作用,促进农地使用机会均等。但也不能据此将政府干预先验地排除,政府干预可以补充或促进个人行为[①]。还应在土地用途管制下,构造农民集体土地与国有土地使用权平等进入市场的通道,为长期在具体地块的土地上生产经营的家庭(劳动者)赋予特定的权利,以稳定土地经营者预期。其实,早在17世纪中叶,英国学者詹姆斯·哈林顿(James Harrington)为了防止个人获得过多的对土地占有的权利,就提出限制每个人能够获得的土地财产的数量[②]。第二次世界大战后,推行农村土地制度改革的国家和地区,对每一农户所拥有的土地面积做出了限制性的规定[③]。还应根据适度规模经营要求,限制农户获取与土地承包经营权对应土地的规模,以保障其他农户农地使用机会均等。

　　马克思指出"一个土地所有者的利益,由于竞争之故,也决不跟另一个土地所有者的利益相一致"[④]。还值得关注的是,考察土地承包经营权退出的同时,还应关注留守在农村的家庭(同马克思讲的"另一个土地所有者"有一定相似的地方),在某种意义上可以理解为在市场竞争中得不到平等机会的人群。尽可能为他们获得更多土地资源要素创造条件,以减少外部力量对农民集体内部家庭的冲击,保障留守农户农地使用权利。

　　法律规定"发包方依法收回和承包方依法、自愿交回"的土地"应当用于调整承包土地或者承包给新增人口"[⑤]。具体来看,承包农户和种养大户、家庭农

① 约拉姆·巴泽尔.产权的经济分析[M].2版.费方域,段毅才,钱敏,译.上海:格致出版社,2017:137-138.
② 安德罗·林克雷特.世界土地所有制变迁史[M].启蒙编译所,译.上海:上海社会科学院出版社,2016:46.
③ 陈锡文.读懂中国农业农村农民[M].北京:外文出版社,2018:63-64.
④ 马克思.1844年经济学—哲学手稿[M].刘丕坤,译.北京:人民出版社,1979:35.
⑤ 《中华人民共和国农村土地承包法》,第二十九条。

场等是农业生产的主力军,在直接生产环节作用最突出、绩效最明显[1],应充分保障其农地使用权利。新增人口,作为农村集体经济组织成员的土地使用权利也应保障。另外,现实中,大多试验地区对"依靠土地生存,缺乏其他收入来源,缺乏除经营土地外的劳动技能"的农户不允许退出土地承包经营权,限制他们的这一权利。根据权责对等,应该从其他方面对这类农户进行"补偿",特别是单纯或主要依靠土地生产经营活动维持生计,缺乏其他收入来源(劳动技能)的农户,应根据其经营能力、意愿等,提出更好满足这类农户提高土地适度规模经营水平的举措,以更好保障这部分农户发展权利。

9.4 多给农民自由选择空间

一些规则不是人们有意选择的,而是由于一些实践活动促进了遵从这些规则的人群的繁荣,成功群体的规则将被其他群体效仿,因此这些规则散播开来[2]。改革开放伟大实践,将"成功群体规则"充分反映在各种经济社会建设活动中,并迅速散播开来。在城市居住生活的人,可以自由地选择希望从事的工作,并通过市场化途径达成自己的目的,实现人力资源不断优化配置,进而实现自身(家庭)及社会效应最大化。对于大多数农民来讲,也许他们真不知道自己需要什么,或者说,不知道哪一种制度安排对自己最有利,但实践告诉我们,只要农民有充分的选择自由,有反复摸索和试验的权利空间,他们很快会知道自己需要什么[3]。对农户土地承包经营权转让的限制,极大地束缚了农民从土地这种最重要、也是最主要的农业生产资料中获得更高收入和更多财富的自由权利[4]。对于农民来讲,也需要通过更好配置土地承包经营权等财产性资源,以实

---

① 张红宇.关于深化农村改革的四个问题[J].农业经济问题,2016,37(7):4-11.
② 贝尔纳·沙旺斯.制度经济学[M].吕明慧,译.北京:中国经济出版社,2021:64.
③ 赵树凯.农民需要自由选择权[J].农村工作通讯,2012(19):36.
④ 文贯中.土地制度必须允许农民有退出自由[J].社会观察,2008(11):10-12.

现个人(家庭)效益最大化。而对于政府来讲,很多事情不一定要普遍征求意见讨论同意后,才决定是否干、应该怎么干。大多数政策,也都难以匹配5亿多差异性较大的农民意见。即便是"不好"的政策措施,只要能够多为群众预留一些自由选择的空间,让老百姓多一些选择的权利,而不是强制实施,也不会产生更多不好影响。深化农村土地制度改革,还需要为农民预留更多自由选择空间,让农民的事情农民自己做主。

9.5 本部分小结

不同发展阶段,农村土地问题的重心有所不同。伴随城乡经济社会发展过程中人地关系转变,新的农村土地制度安排面临的客观现实环境也随之发生变化。中长期来看,新的农村土地承包经营制度安排,需要有利于稳定农业经营主体对土地使用的预期,需要严格农用地用途管制,同时更应该促进农地使用机会均等、多给农民提供自由选择空间。同时,土地承包经营权主要基于农户作为农村集体经济组织成员"无偿取得"的性质,决定了这一"权利"的取得,应更加公平地赋予有需要的农民。而对于我们这个14亿人口的大国来讲,还必须"把自己的饭碗牢牢端在自己手中",在土地使用权的分配上体现公平的同时,还应注重提高土地利用效率的问题。但需要注意的是,任何新的制度安排,即便是正确的,也不应强制推行,因为在没有被农民认同和选择之前,谁也不知道这样的制度是否正确、政策是否有效[①]。需要为农民提供一定的制度空间,让农民拥有更多自由选择的权利。

客观地讲,只有当农业劳动力在不同地区、行业通过正常努力、正常劳动,进而获得可比拟的收入水平,农业人口才不会继续大量流动到城市或者非农领域寻求机会,而在这一过程中,仍将有大量农业人口继续离开农业农村。应从

---

① 赵树凯.当代中国农民身份问题的思考[J].华中师范大学学报(人文社会科学版),2011,50(6):1-10.

法律和行政法规层面,支持农户提高土地适度规模经营水平,尤其应对农村有根深蒂固情结的"中坚"群体,充分保障其使用土地的权利,支持其扩大土地生产经营规模、增进现代农业科技运用,为他们提高收入水平,进而实现全面发展创造有利条件。马克思认为,在理想的共产主义社会,所有的人都应是土地的共同所有者,整个社会则只是土地的利用者与改良者①。未来农村社会可能的理想状态是,有意愿和能力从事农业生产的劳动者,可以"无偿"获取一定量的以土地为主要代表的生产资料,无偿获取的量,能让土地生产经营者,通过开展农业生产活动,出售农产品以获取的收入,扣除生产成本后,能够达到同非农领域的家庭可比拟或同等的生活水平。

否定之否定的辩证唯物主义告诉我们,土地制度改革不可能一开始正确和永远正确,应该大胆地让人民群众去摸索、去创造②。推进农村土地承包经营权有偿退出,很可能不会立竿见影,其实也并不需要这样的效果。同时,推进土地承包经营权有偿退出,可能会遇到很多现实挑战,甚至一些难以预料的问题。当然,任何制度变迁都会遇到诸多正反两个方面的问题,都会或多或少产生一些不符合预期的问题。因此,推进农村土地制度改革一定要坚持以现实需求为导向,特别是坚持以农户的需求为导向,要把尊重农民首创精神、调动农民积极性、发展农业生产力作为出发点和落脚点③,形成更多更加尊重农民首创精神、尊重农民选择的制度安排。

---

① 严金明,郭栋林,夏方舟.中国共产党百年土地制度变迁的"历史逻辑、理论逻辑和实践逻辑"[J].管理世界,2021,37(7):19-31,M0004,29.

② 同①。

③ 万宝瑞.我国农村改革的光辉历程与基本经验[N].人民日报,2018-07-23(7).

参考文献

[1] 中共中央 马克思 恩格斯 列宁 斯大林著作编译局. 马克思恩格斯选集[M]. 3版. 北京: 人民出版社, 2012.

[2] 中共中央 马克思 恩格斯 列宁 斯大林著作编译局. 马克思恩格斯文集[M]. 北京: 人民出版社, 2009.

[3] 中共中央 马克思 恩格斯 列宁 斯大林著作编译局. 马克思恩格斯全集[M]. 2版. 北京: 人民出版社, 1995.

[4] 马克思. 资本论[M]. 北京: 人民出版社, 1975.

[5] 马克思. 1844年经济学: 哲学手稿[M]. 刘丕坤, 译. 北京: 人民出版社, 1979.

[6] 肖前. 历史唯物主义原理[M]. 北京: 人民出版社, 1983.

[7] 郭书田. 短缺与对策: 中国粮食问题研究[M]. 北京: 中国人民大学出版社, 1988.

[8] 盛洪. 中国的过渡经济学[M]. 上海: 上海人民出版社, 1994.

[9] 张五常. 经济解释: 张五常经济论文选[M]. 易宪容, 张卫东, 译. 北京: 商务印书馆, 2000.

[10] 王泽鉴. 民法总则[M]. 增订版. 北京: 中国政法大学出版社, 2001.

[11] 张红宇. 中国农村的土地制度变迁[M]. 北京: 中国农业出版社, 2002.

[12] 盛洪. 现代制度经济学[M]. 北京: 北京大学出版社, 2003.

[13] 孙冶方. 社会主义经济论稿[M]. 北京: 中国大百科全书出版社, 2009.

[14] 孟勤国. 中国农村土地流转问题研究[M]. 北京: 法律出版社, 2009.

[15] 揭明, 鲁勇睿. 土地承包经营权之权利束与权利结构研究[M]. 北京: 法律出版社, 2011.

[16] 袁庆明. 新制度经济学[M]. 上海: 复旦大学出版社, 2012.

[17] 汪丁丁. 新政治经济学讲义: 在中国思索正义、效率与公共选择[M]. 上海: 上海人民出版社, 2013.

[18] 厉以宁, 林毅夫, 周其仁, 等. 读懂中国改革[M]. 北京: 中信出版社, 2014.

[19] 周其仁. 城乡中国(上)[M]. 修订版. 北京: 中信出版社, 2017.

[20] 陈锡文. 读懂中国农业农村农民[M]. 北京: 外文出版社, 2018.

[21] 刘守英. 土地制度与中国发展[M]. 北京: 中国人民大学出版社, 2018.

[22] 刘同山. 农村土地退出: 理论、意愿与实践[M]. 北京: 经济管理出版社, 2020.

[23] 《马克思主义哲学》编写组. 马克思主义哲学[M]. 2版. 北京: 高等教育出版社, 2020.

[24] 康芒斯. 制度经济学: 下[M]. 于树生, 译. 北京: 商务印书馆, 1962.

[25] 马歇尔. 经济学原理: 上卷[M]. 朱志泰, 译. 北京: 商务印书馆, 1964.

[26] 邹至庄. 中国经济[M]. 天津: 南开大学出版社, 1984.

[27] 科斯, 阿尔钦, 诺斯. 财产权利与制度变迁: 产权学派与新制度学派译文集[M]. 刘守英, 等译. 上海: 上海人民出版社, 1994.

[28] 道格拉斯·C. 诺思. 经济史中的结构与变迁[M]. 陈昕, 陈郁, 等译. 上海: 上海三联书店, 1994.

[29] 奥尔多·利奥波德. 沙乡年鉴[M]. 侯文蕙, 译. 长春: 吉林人民出版社, 1997.

[30] 埃瑞克·G. 菲吕博顿, 鲁道夫·瑞切特. 新制度经济学[M]. 孙经纬, 译. 上海: 上海财经大学出版社, 1998.

[31] 速水佑次郎, 弗农·拉坦. 农业发展的国际分析[M]. 郭熙保, 张进铭, 等译. 北京: 中国社会科学出版社, 2000.

[32] 威廉姆森. 资本主义经济制度: 论企业签约与市场签约[M]. 段毅才, 王伟,

译.北京：商务印书馆，2004.

[33] 思拉恩·埃格特森.经济行为与制度[M].吴经邦，等译.北京：商务印书馆，
2004.

[34] 萨缪·鲍尔斯.微观经济学：行为，制度和演化[M].江艇，洪福海，周业安，
等译.北京：中国人民大学出版社，2006.

[35] 阿比吉特·班纳吉，埃斯特·迪弗洛.贫穷的本质：我们为什么摆脱不了贫
穷[M].景芳，译.北京：中信出版社，2021.

[36] 西奥多·舒尔茨.经济增长与农业[M].郭熙保，译.北京：中国人民大学出
版社，2015.

[37] 艾伯特·O.赫希曼.退出、呼吁与忠诚：对企业、组织和国家衰退的回应[M].
卢昌崇，译.上海：格致出版社，2015.

[38] 安德罗·林克雷特.世界土地所有制变迁史[M].启蒙编译所，译.上海：上
海社会科学院出版社，2016.

[39] 贾雷德·戴蒙德.为什么有的国家富裕，有的国家贫穷[M].奕奇，译.北京：
中信出版社，2017.

[40] 约拉姆·巴泽尔.产权的经济分析[M].2版.费方域，段毅才，钱敏，译.上
海：格致出版社，2017.

[41] 西奥多·W.舒尔茨.改造传统农业[M].梁小民，译.北京：商务印书馆，
2006.

[42] 贝尔纳·沙旺斯.制度经济学[M].吕明慧，译.北京：中国经济出版社，
2021.

[43] 李元才.如何完善农村土地制度[J].农业经济问题，1988，9(12)：49.

[44] 王义豪，贺银凤.论马克思主义利益理论[J].河北学刊，1991，11(2)：45-49.

[45] 冯明放.土地制度改革中的适度规模经营问题[J].理论导刊，1988(6)：13-16.

[46] 赵源，张岩松.深化农村土地制度改革的基本趋势[J].中南财经大学学报，
1989(6)：80-84.

[47] 周其仁. 中国农村改革: 国家和所有权关系的变化(下): 一个经济制度变迁史的回顾[J]. 管理世界, 1995(4): 147-155.

[48] 林毅夫, 李周. 当前我国农村的主要问题和对策[J]. 中国改革, 1996(9): 11-14.

[49] 中共中央政策研究室, 农业部农村固定观察点办公室. 农户收入结构变动分析[J]. 中国农村观察, 1997(6): 3-9.

[50] 杜润生. 稳定农民预期与土地制度法律化[J]. 中国改革, 1998(8): 13-14.

[51] 杜润生. 中国农村改革的深刻启示: 为《中国农村改革20年》所做的序[J]. 中国农村经济, 1998(11): 4-6.

[52] 洪名勇. 论马克思的土地产权理论[J]. 经济学家, 1998(1): 29-34.

[53] 陈锡文. 现行土地政策的症结[J]. 中国改革, 1998(8): 14-15.

[54] 张红宇. 中国农村土地产权政策: 持续创新: 对农地使用制度变革的重新评判[J]. 管理世界, 1998, 14(6): 168-177.

[55] 丁关良. 农村土地承包经营权性质的探讨[J]. 中国农村经济, 1999(7): 23-30.

[56] 唐顺彦, 杨忠学. 英国与日本的土地管制制度比较[J]. 世界农业, 2001(5): 19-20.

[57] 杜润生. 有关农村的一些情况、问题和建议(摘要)[J]. 南方农村, 2002, 18(6): 50-51.

[58] 杜润生. 当前农村的三个问题[J]. 中国供销合作经济, 2002(5): 8-10.

[59] 俞海, 黄季焜, Scott Rozelle, 等. 地权稳定性、土地流转与农地资源持续利用[J]. 经济研究, 2003, 38(9): 82-91.

[60] 钟甫宁. 我国能养活多少农民?——21世纪中国的"三农"问题[J]. 中国农村经济, 2003(7): 4-9.

[61] 陈志刚, 曲福田. 农地产权制度变迁的绩效分析: 对转型期中国农地制度多样化创新的解释[J]. 中国农村观察, 2003(2): 2-9, 13.

[62] 赵阳. 对农地再分配制度的重新认识[J]. 中国农村观察, 2004(4): 22-30.

[63] 周记,陈杰.关于农民退出权的博弈分析[J].长江大学学报(社会科学版),2004,27(2):95-98.

[64] 秦晖.中国农民问题[J].理论参考,2004(4):4-5.

[65] 蔡继明.论中国农地制度改革[J].山东农业大学学报(社会科学版),2005,7(3):1-8.

[66] 杜润生.中国农村体制变革重大决策纪实(之四)[J].新长征,2006(8):61-64.

[67] 华彦玲,施国庆,刘爱文.发达国家土地流转概况[J].新农村,2007(2):28.

[68] 张术环.当代日本农地制度及其对中国新农村建设的启发[J].世界农业,2007(6):41-43.

[69] 项继权,周娴.农民的地权选择与农地制度改革[J].学习与探索,2007(5):8-11.

[70] 任太增,王现林.权利不平等与城乡差距的累积[J].财经科学,2008(2):97-104.

[71] 文贯中.土地制度必须允许农民有退出自由[J].社会观察,2008(11):10-12.

[72] 李怀,邵慰.新制度经济学的研究方法解析[J].经济纵横,2009(3):14-17,29.

[73] 陆学艺.农村第一步改革的回顾与思考[J].社会科学战线,2009(1):1-20.

[74] 卫兴华.关于生产力与生产关系理论问题的研究与争鸣评析[J].经济纵横,2010(1):1-5.

[75] 朱喜,史清华,李锐.转型时期农户的经营投资行为:以长三角15村跟踪观察农户为例[J].经济学(季刊),2010,9(1):713-730.

[76] 陈会广,单丁洁.农民职业分化、收入分化与农村土地制度选择:来自苏鲁辽津四省市的实地调查[J].经济学家,2010(4):85-92.

[77] 赵树凯.当代中国农民身份问题的思考[J].华中师范大学学报(人文社会科学版),2011,50(6):1-10.

[78] 王兆林,杨庆媛,张佰林,等.户籍制度改革中农户土地退出意愿及其影响因素分析[J].中国农村经济,2011(11):49-61.

[79] 罗必良,何应龙,汪沙,等.土地承包经营权:农户退出意愿及其影响因素分析:基于广东省的农户问卷[J].中国农村经济,2012(6):4-19.

[80] 吴康明,陈霄.农民土地退出意愿与关键环节拿捏:重庆例证[J].改革,2011(10):61-66.

[81] 刘湘顺.马克思利益埋论及其方法论启示[J].江汉论坛,2011(8):50-54.

[82] 王建友.完善农户农村土地承包经营权的退出机制[J].农业经济与管理,2011(3):47-53.

[83] 杜文骄,任大鹏.农村土地承包权退出的法理依据分析[J].中国土地科学,2011,25(12):16-21.

[84] 赵树凯.农民需要自由选择权[J].农村工作通讯,2012(19):36.

[85] 张曙光,程炼.复杂产权论和有效产权论:中国地权变迁的一个分析框架[J].经济学(季刊),2012,11(3):1219-1238.

[86] 吴兴国.农村土地承包关系退出法律问题初探[J].求索,2012(2):159-161.

[87] 陈飞.马克思的财富思想及其现实意义[J].延边大学学报(社会科学版),2012,45(2):12-18.

[88] 王丽娟,黄祖辉,顾益康,等.典型国家(地区)农地流转的案例及其启示[J].中国农业资源与区划,2012,33(4):47-53.

[89] 严燕,杨庆媛,张佰林,等.非农就业对农户土地退出意愿影响的实证研究[J].西南大学学报(自然科学版),2012,34(6):128-132.

[90] 戴维,陈小君.论农村集体经济组织成员权利的实现:基于法律的角度[J].人民论坛,2012(2):20-23.

[91] 陈锡文.当前我国农村改革发展面临的几个重大问题[J].农业经济问题,2013,34(1):4-6,110.

[92] 罗必良.农地保障和退出条件下的制度变革:福利功能让渡财产功能[J].改

革，2013(1)：66-75.

[93] 张学敏. 离农分化、效用差序与承包地退出：基于豫、湘、渝886户农户调查的实证分析[J]. 农业技术经济，2013(5)：44-52.

[94] 李宪宝，高强. 行为逻辑、分化结果与发展前景：对1978年以来我国农户分化行为的考察[J]. 农业经济问题，2013，34(2)：56-65，111.

[95] 张国华. 宅基地使用权流转的经济学分析[J]. 经济研究参考，2013(62)：3-11.

[96] 易淼，赵磊. 重提马克思的利益观：内涵·方法·比较[J]. 管理学刊，2013，26(6)：10-14.

[97] 杜奋根，赵翠萍. 对马克思地租理论现代价值的探索[J]. 求实，2013(12)：8-12.

[98] 陈锡文. 关于农村土地制度改革的两点思考[J]. 经济研究，2014，49(1)：4-6.

[99] 邵夏珍. "增人不增地、减人不减地"试验与农村转型：黔省500农户样本[J]. 改革，2014(12)：70-81.

[100] 刘同山，牛立腾. 农户分化、土地退出意愿与农民的选择偏好[J]. 中国人口·资源与环境，2014，24(6)：114-120.

[101] 郭熙保. 市民化过程中土地退出问题与制度改革的新思路[J]. 经济理论与经济管理，2014(10)：14-23.

[102] 高佳，李世平. 城镇化进程中农户土地退出意愿影响因素分析[J]. 农业工程学报，2014，30(6)：212-220.

[103] 高佳，李世平. 农民土地退出意愿对耕地利用效率的影响研究[J]. 大连理工大学学报(社会科学版)，2014，35(1)：75-80.

[104] 黄贻芳，钟涨宝. 城镇化进程中农地承包经营权退出机制构建[J]. 西北农林科技大学学报(社会科学版)，2014，14(1)：13-18.

[105] 郑兴明. 城镇化进程中农民工土地承包权退出意愿探析：基于福建省

部分地区的调研[J]. 西北农林科技大学学报（社会科学版），2014，14
（1）：19-24.

[106] 黄花. 农村土地退出路径研究[J]. 中南大学学报（社会科学版），2014，20
（5）：77-82.

[107] 王敏鸽. 我国农业转移人口市民化的现实困境及其化解之道[J]. 理论导
刊，2014（8）：28-31.

[108] 叶兴庆. 建立竞争力导向的农业政策体系[J]. 当代农村财经，2015（7）：
2-5.

[109] 张红宇. 关于农村集体产权制度改革的若干问题[J]. 农村经营管理，2015
（8）：6-10.

[110] 高佳，李世平. 产权认知、家庭特征与农户土地承包权退出意愿[J]. 西北农
林科技大学学报（社会科学版），2015，15（4）：71-78.

[111] 赵磊. "虚拟价格"何以可能：关于马克思土地价格理论的重大分歧[J]. 学
术月刊，2015，47（11）：49-55，48.

[112] 张力，郑志峰. 推进农村土地承包权与经营权再分离的法制构造研究[J].
农业经济问题，2015，36（1）：79-92，111-112.

[113] 谢根成，蒋院强. 农村土地承包经营权退出制度的缺陷及完善[J]. 农村经
济，2015（3）：32-36.

[114] 朱广新. 土地承包权与经营权分离的政策意蕴与法制完善[J]. 法学，2015
（11）：88-100.

[115] 丁文. 论土地承包权与土地承包经营权的分离[J]. 中国法学，2015（3）：
159-178.

[116] 王丽双，王春平，孙占祥. 农户分化对农地承包经营权退出意愿的影响研
究[J]. 中国土地科学，2015，29（9）：27-33.

[117] 王丽双，王春平. 实现农地承包经营权退出制度的路径选择[J]. 学术交
流，2015（11）：155-159.

[118] 丁玲, 钟涨宝. 农村生源大学生土地承包经营权退出意愿及影响因素研究: 来自武汉部属高校的实证[J]. 农业现代化研究, 2015, 36(6): 1032-1037.

[119] 张成功. 关于完善农村土地承包经营权退出机制探析[J]. 中共山西省直机关党校学报, 2015(3): 90-93.

[120] 朱恒鹏. 农民共同富裕: 先共同还是先富裕[EB/OL]. (2015-10-06)[2021-12-10]. 中国社会科学院公共政策研究中心.

[121] 杜润生. 中国农村改革漫忆[J]. 文史月刊, 2016(7): 4-15.

[122] 张红宇. 关于深化农村改革的四个问题[J]. 农业经济问题, 2016, 37(7): 4-11.

[123] 王常伟, 顾海英. 城镇住房、农地依赖与农户承包权退出[J]. 管理世界, 2016(9): 55-69.

[124] 刘同山, 孔祥智. 参与意愿、实现机制与新型城镇化进程的农地退出[J]. 改革, 2016(6): 79-89.

[125] 刘同山. 农户承包地的退出路径: 一个地方试验[J]. 重庆社会科学, 2016(11): 38-43.

[126] 刘同山, 赵海, 闫辉. 农村土地退出: 宁夏平罗试验区的经验与启示[J]. 宁夏社会科学, 2016(1): 80-86.

[127] 汪晓春, 李江风, 王振伟, 等. 新型城镇化背景下进城农民土地退出补偿机制研究[J]. 干旱区资源与环境, 2016, 30(1): 19-24.

[128] 楚德江, 韩雪. 农民工市民化进程中农地承包权退出机制研究[J]. 理论导刊, 2016(7): 71-75.

[129] 苏群, 汪霏菲, 陈杰. 农户分化与土地流转行为[J]. 资源科学, 2016, 38(3): 377-386.

[130] 唐莹, 罗伯特·梅森. 国外土地配置研究对我国城乡建设用地增减挂钩的启示[J]. 同济大学学报(社会科学版), 2016, 27(2): 118-124.

[131] 朱继胜. 论"三权分置"下的土地承包权[J]. 河北法学, 2016, 34(3): 37-47.

[132] 黄典林. 激进传统与产业逻辑: 论传播政治经济批判的两种路径[J]. 南京社会科学, 2016(9): 116-122.

[133] 王吉泉, 廖姣, 李毅, 等. 农村土地承包经营权退出改革的现状、问题与对策研究[J]. 消费导刊, 2016(12): 15-16.

[134] 韩立达, 韩冬. 市场化视角下农村土地承包经营权有偿退出研究: 以成都市为例[J]. 中州学刊, 2016(4): 43-48.

[135] 四川省内江市委改革办, 内江市中区区委改革办. 四川内江土地退出"三换"模式[J]. 农村工作通讯, 2016(22): 61.

[136] 刘守英. 中国土地制度改革: 上半程及下半程[J]. 国际经济评论, 2017(5): 29-56.

[137] 盖庆恩, 朱喜, 程名望, 等. 土地资源配置不当与劳动生产率[J]. 经济研究, 2017, 52(5): 117-130.

[138] 高强, 宋洪远. 农村土地承包经营权退出机制研究[J]. 南京农业大学学报(社会科学版), 2017, 17(4): 74-84.

[139] 郭晓鸣, 高杰. 我国农村土地承包权退出的地方探索与基本判断: 基于四川省内江市的改革实践[J]. 国土资源科技管理, 2017, 34(2): 1-8.

[140] 付振奇, 陈淑云. 政治身份影响农户土地经营权流转意愿及行为吗?——基于28省份3305户农户调查数据的分析[J]. 中国农村观察, 2017(5): 130-144.

[141] 张云华, 伍振军, 刘同山. 农民承包地退出的梁平试验[J]. 中国老区建设, 2017(2): 24-26.

[142] 李昊, 李世平, 南灵. 中国农户土地流转意愿影响因素: 基于29篇文献的Meta分析[J]. 农业技术经济, 2017(7): 78-93.

[143] 廖九阳. 给农民带来实实在在好处: 陈锡文谈"乡村振兴战略"[J]. 中国政协, 2017(21): 29-31.

[144] 赵家祥. 全面理解理论和实践的关系[J]. 中国延安干部学院学报, 2017, 10(2): 27-35.

[145] 方志权, 张晨, 张莉侠, 等. 农村土地承包经营权退出意愿与影响因素: 基于上海四区1255份农村调查问卷的分析[J]. 农村经营管理, 2017(11): 25-27.

[146] 蔡立东, 姜楠. 农地三权分置的法实现[J]. 中国社会科学, 2017(5): 102-122.

[147] 习近平. 在纪念马克思诞辰200周年大会上的讲话[J]. 党建, 2018(5): 4-10.

[148] 韩长赋. 中国农村土地制度改革[J]. 农村工作通讯, 2018(Z1): 8-19.

[149] 叶兴庆, 翁凝. 拖延了半个世纪的农地集中: 日本小农生产向规模经营转变的艰难历程及启示[J]. 中国农村经济, 2018(1): 124-137.

[150] 郭晓鸣. 中国农地制度改革的若干思考[J]. 社会科学战线, 2018(2): 52-57.

[151] 余澳. 农村土地承包经营权有偿退出机制的建构[J]. 农村经济, 2018(9): 43-48.

[152] 张立平. 农村土地承包经营权退出的现实诱因、退出路径及法律保障[J]. 农业经济, 2018(2): 110-111.

[153] 刘超. 土地承包经营权退出的实践逻辑与目标偏离[J]. 经济学家, 2018(1): 97-103.

[154] 朱要龙. 政策认同、非农化能力与农户"两地"退出意愿: 兼析土地功能分异的影响及退地方式的认同序列[J]. 西部论坛, 2018, 28(4): 35-44.

[155] 王硕. 农户退出土地承包权的意愿及影响因素: 以重庆市梁平区为例[J]. 农村经济与科技, 2018, 29(13): 18-21.

[156] 赵磊. "我不是马克思主义者"的方法论意蕴: 基于《资本论》的方法论[J]. 政治经济学评论, 2018, 9(6): 140-157.

[157] 张克俊, 李明星. 关于农民土地承包经营权退出的再分析与政策建议[J].

农村经济, 2018(10): 9-15.

[158] 王小平. 再谈生产力决定论: 兼评里格比替代性理论[J]. 科学社会主义, 2018(1): 43-48.

[159] 四川省内江市市中区城乡统筹委员会. 内江: "三换"确保农民利益不受损[J]. 农村经营管理, 2018(8): 10.

[160] 张琛, 彭超, 孔祥智. 农户分化的演化逻辑、历史演变与未来展望[J]. 改革, 2019(2): 5-16.

[161] 李荣耀, 叶兴庆. 农户分化、土地流转与承包权退出[J]. 改革, 2019(2): 17-26.

[162] 刘振伟. 巩固和完善农村基本经营制度[J]. 农村工作通讯, 2019(1): 20-24.

[163] 汪武静, 李荣耀, 叶兴庆. 农户土地成员权退出定价研究综述[J]. 中国农业大学学报, 2019, 24(4): 228-238.

[164] 王海娟, 胡守庚. 农村土地"三权分置"改革的两难困境与出路[J]. 武汉大学学报(哲学社会科学版), 2019, 72(5): 184-192.

[165] 张云华. 农业农村改革40年主要经验及其对乡村振兴的启示[J]. 改革, 2018(12): 14-26.

[166] 刘同山, 吴刚. 农村承包地退出: 典型做法、面临问题与改革建议[J]. 新疆农垦经济, 2019(4): 42-48.

[167] 陶通艾. 湄潭县: 进城不退承包地 退地不退成员权[J]. 理论与当代, 2019(2): 47.

[168] 范朝霞. "三权分置"视野下土地承包权退出机制研究[J]. 河南财经政法大学学报, 2019, 34(2): 18-27.

[169] 王晓睿, 钟晓萍, 吕亚荣. 基于内江土地承包经营权退出经验的研究[J]. 农业现代化研究, 2019, 40(1): 10-17.

[170] 刘平. 承包地退出规则之反思与重构: 以《农村土地承包法》修改为中心[J]. 华中农业大学学报(社会科学版), 2019(2): 153-162, 170.

[171] 丁延武,王萍,郭晓鸣.不同禀赋农民土地承包经营权有偿退出机制研究：基于四川省内江市市中区的经验和启示[J].农村经济,2019(9)：57-64.

[172] 吕康宁.我国"三农"法律的基本框架与立法经验[J].西北大学学报(哲学社会科学版),2019,49(2)：36-45.

[173] 习近平.不断开拓当代中国马克思主义政治经济学新境界[J].求知,2020(9)：4-7.

[174] 魏后凯."十四五"时期中国农村发展若干重大问题[J].中国农村经济,2020(1)：2-16.

[175] 高海.论农民进城落户后集体土地"三权"退出[J].中国法学,2020(2)：30-47.

[176] 李荣耀,王欢,迟亮.农户分化、乡土依赖与集体收益分配权退出[J].华中农业大学学报(社会科学版),2020(3)：149-157,176.

[177] 张广财,何东伟,顾海英.农户分化何以影响农户土地承包权退出决策?[J].经济与管理研究,2020,41(2)：66-81.

[178] 张勇.农户退出土地承包经营权的意愿、补偿诉求及政策建议[J].中州学刊,2020(6)：39-45.

[179] 苑鹏,曲颂.进城农民工"三权"退出意愿实证研究[J].河北学刊,2020,40(5)：152-157.

[180] 董欢.土地承包经营权退出改革何去何从：来自四川省内江市市中区的经验与启示[J].中州学刊,2020(7)：34-39.

[181] 习近平.扎实推动共同富裕[J].奋斗,2021(20)：4-8.

[182] 严金明,郭栋林,夏方舟.中国共产党百年土地制度变迁的"历史逻辑、理论逻辑和实践逻辑"[J].管理世界,2021,37(7)：19-31,M0004,219.

[183] 何朝银.不利于新时代中国农业现代化的土地问题探析[J].毛泽东邓小平理论研究,2021(3)：12-23,107.

[184] 聂飞.城镇化进程中家庭化迁移研究：样态及困境——基于两代农民工家

庭个案[J]. 理论月刊, 2021(4): 134-143.

[185] 王宾, 杨霞. 如何理解贯彻《乡村振兴促进法》对农村集体经济组织的要求 [J]. 中国农业会计, 2021(8): 88-89.

[186] LEWIS W A. Economic development with unlimited supplies of labour[J]. The Manchester School, 1954, 22(2): 139-191.

[187] WILLIAMSON O E. Transaction cost economics and the Carnegie connection [J]. Journal of Economic Behavior and Organization, 1996, 31(2): 149-155.

[188] FEDER G, FEENEY D. The theory of land tenure and property rights[J]. The Economic of Rural Organization, 1993: 240-258.

[189] HAGGARD S, WEBB S B. What do we know about the political economy of economic policy reform?[J]. World Bank research observer, 1993, 8(2): 143-168.

[190] KUNG J K. Equal entitlement versus tenure security under a regime of collective property rights: peasants' preference for institutions in post-reform Chinese agriculture[J]. Journal of Comparative Economics, 1995, 21(1): 82-111.

[191] WANG J R, CRAMER G L, WAILES E J. Production efficiency of Chinese agriculture: evidence from rural household survey data[J]. Agricultural Economics, 1996, 15(1): 17-28.

[192] NGUYEN T, CHENG E J, FINDLAY C. Land fragmentation and farm productivity in China in the 1990s[J]. China Economic Review, 1996, 7(2): 169-180.

[193] DEINLNGER K, BINSWANGER H. The evolution of the world bank's land policy: principles, experience, and future challenges[J]. The World Bank Research Observer, 1999, 14(2): 247-276.

[194] ARSLAN A. Shadow vs. market prices in explaining land allocation: subsistence maize cultivation in rural Mexico[J]. Food Policy, 2011, 36(5): 606-614.

[195] HATHOUT S. The use of GIS for monitoring and predicting urban growth in East and West St Paul, Winnipeg, Manitoba, Canada[J]. Journal of Environmental Management, 2002, 66(3): 229-238.

[196] CARSJENS G J, VAN DER KNAAP W. Strategic land-use allocation: dealing with spatial relationships and fragmentation of agriculture[J]. Landscape and Urban Planning, 2002, 58(2/3/4): 171-179.

[197] BASU A K. Oligopsonistic landlords, segmented labor markets, and the persistence of tied-labor contracts[J]. American Journal of Agricultural Economics, 2002, 84(2): 438-453.

[198] BORRAS S M. Questioning the pro-market critique of state-led agrarian reforms [J]. The European Journal of Development Research, 2003, 15(2): 109-132.

[199] TEKLU T, LEMI A. Factors affecting entry and intensity in informal rental land markets in Southern Ethiopian Highlands[J]. Agricultural Economics, 2004, 30 (2): 117-128.

[200] ROBINSON L, NEWELL J P, MARZLUFF J M. Twenty-five years of sprawl in the Seattle region: growth management responses and implications for conservation[J]. Landscape and Urban Planning, 2005, 71(1): 51-72.

[201] SHARAWI H A. Optimal land-use allocation in central Sudan[J]. Forest Policy and Economics, 2006, 8(1): 10-21.

[202] COUCH C, KARECHA J. Controlling urban sprawl: some experiences from Liverpool[J]. Cities, 2006, 23(5): 353-363.

[203] NTSEBEZA L. Land-reform politics in South Africa's countryside[J]. Peace Review, 2007, 19(1): 33-41.

[204] SANTÉ-RIVEIRA I, CRECENTE-MASEDA R, MIRANDA-BARRÓS D. GIS-based planning support system for rural land-use allocation[J]. Computers and Electronics in Agriculture, 2008, 63(2): 257-273.

[205] CLEMENT F, AMEZAGA J M. Afforestation and forestry land allocation in northern Vietnam: analysing the gap between policy intentions and outcomes [J]. Land Use Policy, 2009, 26(2): 458-470.

[206] HSIEH C T, KLENOW P J. Misallocation and manufacturing TFP in China and India[J]. The Quarterly Journal of Economics, 2009, 124(4): 1403-1448.

[207] HESSEL R, VAN DEN BERG J, KABORÉ O, et al. Linking participatory and GIS-based land use planning methods: a case study from Burkina Faso[J]. Land Use Policy, 2009, 26(4): 1162-1172.

[208] JIN S Q, DEININGER K. Land rental markets in the process of rural structural transformation: productivity and equity impacts from China[J]. Journal of Comparative Economics, 2009, 37(4): 629-646.

[209] TAYLOR J E, LOPEZ-FELDMAN A. Does migration make rural households more productive? evidence from Mexico[J]. Journal of Development Studies, 2010, 46(1): 68-90.

[210] KIMURA S, OTSUKA K, SONOBE T, et al. Efficiency of land allocation through tenancy markets: evidence from China[J]. Economic Development and Cultural Change, 2011, 59(3): 485-510.

[211] MPONELA P, JUMBE C B L, MWASE W F. Determinants and extent of land allocation for Jatropha curcas L. cultivation among smallholder farmers in Malawi[J]. Biomass and Bioenergy, 2011, 35(7): 2499-2505.

[212] HALLEUX J M, MARCINCZAK S, VAN DER KRABBEN E. The adaptive efficiency of land use planning measured by the control of urban sprawl. The cases of the Netherlands, Belgium and Poland[J]. Land Use Policy, 2012, 29(4): 887-898.

[213] KOKOYE S E H, TOVIGNAN S D, YABI J A, et al. Econometric modeling of farm household land allocation in the municipality of Banikoara in Northern

Benin[J]. Land Use Policy, 2013, 34: 72-79.

[214] GAL Y, HADAS E. Land allocation: agriculture vs. urban development in Israel [J]. Land Use Policy, 2013, 31: 498-503.

[215] SIMMONS C S. The political economy of land conflict in the eastern Brazilian Amazon[J]. Annals of the Association of American Geographers, 2004, 94(1): 183-206.

[216] CHEN C R. Untitled land, occupational choice, and agricultural productivity [J]. American Economic Journal: Macroeconomics, 2017, 9(4): 91-121.

[217] ADAMOPOULOS T, RESTUCCIA D. Land reform and productivity: a quantitative analysis with micro data[J]. American Economic Journal: Macroeconomics, 2020, 12(3): 1-39.

[218] 叶兴庆. 农用地的产权重构[N]. 中国经济时报, 2015-05-13(5).

[219] 新华社. 习近平在农村改革座谈会上强调　加大推进新形势下农村改革力度　促进农业基础稳固农民安居乐业[N]. 光明日报, 2016-04-29(1).

[220] 蔡继明. 如何处理好新形势下农民和土地的关系[N]. 中国青年报, 2016-05-16(2).

[221] 田文生. 农民"退地"探索尚需更多顶层设计[N]. 中国青年报, 2016-09-27(5).

[222] 张云华, 伍振军, 刘同山. 农民承包地退出制度在试验中渐成型: 梁平县农民承包地退出试验可行[N]. 中国经济时报, 2016-11-16(5).

[223] 邓俐. "农地退出"破题: 重庆市梁平县农村土地改革试验调查[N]. 农民日报, 2016-11-25(1).

[224] 农村改革试验区办公室. 重庆市梁平县退用结合探索承包地退出机制[N]. 农民日报, 2017-03-22(1).

[225] 韩长赋. 再谈"三权"分置[N]. 经济日报, 2017-11-17(6).

[226] 农村改革试验区办公室. 四川内江市市中区: 探索农村土地承包权退出"三换"模式[N]. 农民日报, 2018-05-11(2).

[227] 张艳玲.四川内江退地可"三换":换现金、换股份、换社保农地退出三种模式任你选[N].农民日报,2018-11-19(7).

[228] 王逸,冯再雷.定远试点土地承包经营权有偿退出[N].安徽日报农村版,2018-11-30(1).

[229] 农业农村部新闻办公室.韩长赋在农业农村部每月讲坛上强调 把握好新时代农村土地制度改革方向 以深化改革为乡村振兴提供强大动力[N].农民日报,2018-12-05(1).

[230] 李飞,周鹏飞.巩固和完善农村基本经营制度:刘振伟谈农村土地承包法修改[N].农民日报,2019-01-04(1).

[231] 新华社.习近平主持召开中央全面深化改革委员会第十五次会议强调 推动更深层次改革实行更高水平开放 为构建新发展格局提供强大动力[N].光明日报,2020-09-02(1).

[232] 黄晓芳.坚守土地公有制性质不改变[N].经济日报,2020-9-21(9).

[233] 刘伟,刘守英.建党百年与土地制度变迁的理论和实践探索[N].经济日报,2021-07-05(10).

[234] 王松涛.从马克思主义利益观看中国共产党的政治品格[N].光明日报,2021-07-23(2).

[235] 贺有利.坚持依法自愿原则 保障进城落户农民权益[N].农民日报,2021-09-11(3).

[236] 新华社.中华人民共和国物权法[EB/OL].(2007-03-19)[2021-10-10].中国政府网.

[237] 新华社.中华人民共和国农村土地承包法[EB/OL].(2002-08-29)[2021-10-10].中国政府网.

[238] 新华社.中华人民共和国农村土地承包法[EB/OL].(2018-12-30)[2021-10-10].中国江苏网.

[239] 新华社.中华人民共和国土地管理法[EB/OL].(2019-09-05)[2021-10-10].

中国人大网.

[240] 新华社.中华人民共和国城镇国有土地使用权出让和转让暂行条例[EB/OL]. (2020-11-29)[2021-10-10].上街区人民政府.

[241] 新华社.中华人民共和国民法典[EB/OL]. (2020-12-01)[2021-10-10].中华人民共和国住房和城乡建设部.

[242] 新华社.关于1984年农村工作的通知[EB/OL]. (1984-01-01)[2021-10-10].便民查询网.

[243] 新华社.《中共中央 国务院关于当前农业和农村经济发展的若干政策措施》(中发〔1993〕11号). (1993-11-05)[2021-10-10].中国政府网.

[244] 新华社.对十三届全国人大四次会议第6672号建议的答复摘要(农办议〔2021〕389号)[EB/OL]. (2021-08-27)[2021-10-10].中华人民共和国农业农村部.

[245] 新华社.关于第二批农村改革试验区和试验任务的批复(农政发〔2014〕5号)[EB/OL]. (2020-03-25)[2021-10-10].中华人民共和国农业农村部.

[246] 新华社.中共中央办公厅、国务院办公厅关于引导农村土地经营权有序流转发展农业适度规模经营的意见(中办发〔2014〕61号)[EB/OL]. (2014-11-20)[2021-10-10].中国政府网.

[247] 新华社.深化农村改革综合性实施方案[EB/OL]. (2015-11-04)[2021-10-10].中华人民共和国农业农村部.

[248] 新华社.中共中央国务院关于落实发展新理念加快农业现代化实现全面小康目标的若干意见[EB/OL]. (2015-12-31)[2021-10-10].中国政府网.

[249] 新华社.中共中央办公厅 国务院办公厅印发《关于完善农村土地所有权承包权经营权分置办法的意见》[EB/OL]. (2016-10-30)[2021-10-10].中国政府网.

[250] 新华社.决胜全面建成小康社会 夺取新时代中国特色社会主义伟大胜利——在中国共产党第十九次全国代表大会上的报告[EB/OL]. (2017-10-

27)[2021-10-10]. 中国政府网.

[251] 新华社. 中共中央 国务院关于实施乡村振兴战略的意见[EB/OL]. (2018-
02-04)[2021-10-10]. 中国政府网.

[252] 新华社. 中共中央 国务院关于构建更加完善的要素市场化配置体制机制
的意见[EB/OL].(2020-03-30)[2021-10-10]. 中国政府网.

[253] 新华社. 农业农村部关于印发《新型农业经营主体和服务主体高质量发展
规划(2020－2022年)》[EB/OL]. (2020-04-23)[2021-10-10]. 中华人民共和
国农业农村部.

后 记

现实需求。尽管中国地域广阔,土地资源丰富,但中国一直都是世界上的人口大国,加之土地资源在各地分布严重不均,禀赋差异极大。土地制度可以说是一个永恒的话题,处理好农民与土地的关系,关乎农民的根本利益,关乎农业农村的长远发展,关乎国家的长治久安①。进入新时代,我国农业农村正在经历着广泛而深刻的历史性变革,城乡关系从分割向融合转化,以市场导向配置土地资源,发展适度规模经营②,正成为农业农村现代化的关键力量。无论从国外发达国家历史经验来看,还是从我国近现代历史来看,部分农业人口逐步退出农业生产活动,彻底脱离农村,是现代化的显著特征,也是人的全面发展的必然要求。伴随城乡人口变迁,必然要求进一步调整农村土地承包经营制度,以避免在土地资源极度稀缺的国家,大量宝贵的土地资源被撂荒的现象出现。对于农民来讲,更莫过于如此。

良好制度。良好的经济、社会以及政治制度,能够激励人们以个体身份积极从事生产,以便积累个人(国家)财富③。正如一个企业在竞争中失败了,它的市场份额随即被其他企业占领,它的生产要素随之被其他企业利用,结果是,社

---

① 赵鲲.牢记初心使命处理好农民与土地的关系:中国共产党农村土地政策百年回顾与启示[N].农民日报,2021-10-23(3).

② 韩长赋.中国农村土地制度改革[J].农村工作通讯,2018(Z1):8-19.

③ 贾雷德·戴蒙德.为什么有的国家富裕,有的国家贫穷[M].奕奇,译.北京:中信出版社,2017:50.

会资源配置尽可能地获得了改善①。正是这种"良好制度"安排,才让各种社会资源尽可能得到有效利用。假如农民在土地上的生产经营活动"失败"了②,如果不允许(限制)他承包的土地被其他经营主体加以利用,结果只能是造成土地资源的浪费。无论是对这部分失败的农户,还是对其他农户,甚或是农民集体、国家来说,都是一种对稀缺资源的浪费,不利于财富的积累。有理由相信,促进农户的土地承包经营权在不同经营主体间自主有序流动,会改善土地要素配置效率,增进与土地相关的各类主体的利益。

一种现象。在笔者老家,越是居住和生活在区位③条件相对较差的村落的人们,越是通过自己的努力、勤劳和智慧,奋力脱离农业,走出农村,甚至不会太多考虑或顾及自己拥有的"三权"④。反而是居住在区位条件相对较好一些村落的人们,容易"沉浸"或者说是"束缚"在那些权利之中,难以激发奋斗和努力的激情。呈现出的结果是区位条件相对较差的地方的人大多勇敢地闯出农业农村,迎上改革开放春风,进而通过自身努力逐步实现美好生活。本书始终坚信,当个人(家庭)占有的资源少到一定程度时,这种资源就可能会成为个人全面发展的"桎梏",一种"绳索",而不是"退路"。很多地方的农村土地正是如此,一辈又一辈地把人牢牢地"拴"在上面,限制其全面发展,同时还增加了农户之间对土地资源的竞争。结果是既不利于提高土地资源利用效率,也不利于实现农民的全面发展。

知易而行难。人与土地之间的关系并非是一种纯粹的经济关系⑤。农户有偿退出行为,往往也是彻底脱离农业农村的过程,完成从农民向市民的嬗变,是

---

① 艾伯特·O.赫希曼.退出、呼吁与忠诚:对企业、组织和国家衰退的回应[M].卢昌崇,译.上海:格致出版社,2015:2.

② 泛指被动或主动不进行农业生产经营活动的情形。

③ 主要是指农业生产条件,土地、水、交通等方面客观条件。

④ 指土地承包经营权、宅基地使用权、集体收益分配权。

⑤ 安德罗·林克雷特.世界土地所有制变迁史[M].启蒙编译所,译.上海:上海社会科学院出版社,2016:4.

一个复杂的决策过程。推进土地承包经营权有偿退出,还需要加快以人为核心的新型城镇化进程,逐步"消灭"农民,为留守或有意愿到农村发展的人获取尽可能多的土地等生产要素创造有利条件。现实地看,家庭收入水平相对较低的农户,尽管可能有意愿退出承包地,以获得其他方面的补偿,提高生活水平和质量,但也可能陷入学者们指出的一些失地困境。这当然不是本书的初衷。而部分家庭收入相对较高的农户更倾向于将农地作为风险性资产持有,退出土地意愿不够强①。除农户自身因素外,土地有偿退出还面临退出渠道不畅、退出方式不明晰、补偿主体不明确、缺乏补偿能力等方面的现实问题。土地承包经营权有偿退出,看起来很美,实际做起来却很难。

基本遵循。习近平总书记曾指出:"当代中国的伟大社会变革,不是简单延续我国历史文化的母版,不是简单套用马克思主义经典作家设想的模板,不是其他国家社会主义实践的再版,也不是国外现代化发展的翻版。"②中国的农业不仅要承担提供农产品的责任,还要承担维持农民生计和增收的社会责任③。对农户而言,如果有需要,土地的重要作用难以用任何文字来表述。如果家庭不依靠经营土地维持生计,缺乏劳动力或从事农业生产的劳动技能,这时候,尊重农民意愿,给予其有偿退出的权利,既有利于保护和实现这部分农民的权益,也有利于更好满足另一部分农户对土地的需求。推进农村土地制度改革,还必须坚持土地农民集体所有,坚持家庭经营的基础性地位,这也是新的农村土地制度安排的前提和出发点④。改革开放经验表明,任何新的制度安排,最终要获得成功,需要得到大多数农民的认可,才能最大限度发挥制度作用,应把一些被实践检验行之有效的制度安排,及时转化为法律和行政法规,以更好地保护和

① 张广财,何东伟,顾海英.农户分化何以影响农户土地承包权退出决策? [J].经济与管理研究,2020,41(2):66-81.
② 中共中央关于党的百年奋斗重大成就和历史经验的决议(2021年11月11日中国共产党第十九届中央委员会第六次全体会议通过)[N].人民日报,2021-11-17(1).
③ 陈锡文.读懂中国农业农村农民[M].北京:外文出版社,2018:129.
④ 张红宇.乡村振兴与制度创新[J].农村经济,2018(3):1-4.

实现农户权益,增进农户利益。

学者们的担忧。在社会科学领域,许多潜在的、具有决定性意义的试验同样是不道德的、不合法的、不切实际的,但科学并非只能借助化学家和分子生物学家极力推崇的对照试验才能取得进步[1]。学界对引导农户退出土地承包经营权的担忧,或者是反对的意见,主要是从历史角度,认为放开"土地市场"后,作为弱势群体的农民利益可能受到损害,认为如果允许农民转让土地,就会出现一边是大地主(土地兼并),一边是失地农民,进而激化社会矛盾,引发社会动荡。也有人认为农民退出土地承包经营权,会导致大量失地农民涌入城市,增加就业压力,进而产生不公平和社会稳定问题。

不必要的担心。从历史上看,中国的农民大多是不愿意流动的,不同历史时期法律至少也不鼓励人口的跨区域流动,因为会给统治集团增添诸如人口管理、税收等方面的困难。久而久之,安土重迁的思想在农民中间也根深蒂固。另外,从中国历史上的继承制度来看,自汉武帝颁布"推恩令"后,中国社会各个阶层微观主体——家庭内部关于财产在子女之间的继承,逐渐形成"诸子均分"的继承制度。受到农业生产条件、产出水平限制,积累缓慢,加之受到继承制度影响,在古代土地大规模集中也是相对困难的。

进入近现代以来,特别是改革开放至今,虽然人口在城乡之间的流动性极大增强,但子女继承父母的财产的权利仍然是平等的。对于农村的父母来讲,会认真考虑有哪些是可以留给子女的。特别是在"增人不增地、减人不减地"的政策环境中,农户也会更加珍惜自己拥有的土地承包经营权(承包地),以更好保障子女可持续生计。现实地看,为了加快农民进城落户的步伐,有地方曾探索实施以农民彻底放弃农村"三权"为条件,换取在城镇的养老、医疗、教育等方面公共服务,但表现出农民的积极性不高,因为他们担心失去自己的安身立命之本。而在经济发展水平相对较高的地区以及城市郊区,不少农民觉得在农村

---

[1] 贾雷德·戴蒙德.为什么有的国家富裕,有的国家贫穷[M].奕奇,译.北京:中信出版社,2017:5-6.

挣钱不少,同样也过得好。这样,农民在进城还是留乡的选择上,就变得自主和理性了①。另外,改革开放伟大实践中,农民进城实际上是创造了更多新的就业机会,不是抢占了城市职工的工作岗位②,呈现出更多的是双赢的结果,农民进城本身也是城市化显著特征。

研究结果表明,我们会过高评估那些我们无法控制的灾害带来的危险、那些我们没有选择余地的灾害,还有那些一次造成死亡人数众多的灾难……③农民也可能会高估融入城市失败带来的风险,学者们也可能会高估失地农民带给社会的风险。其实,对于大多数农民来讲,恰恰因为他们"几乎一无所有",他们在做选择时会非常谨慎——为了生存,他们都需要成为精打细算的经济学家④。因此,没有太多理由担心,适度放开农户退出土地承包经营权的限制,不好的社会现象会普遍发生,相信农民会审慎地做出正确的选择。其实真正需要学者们关注的是如何增加农业农村农民的发展机会,进而避免农民陷入"由于缺乏经济机会,农民没有储蓄和投资农业生产;由于缺乏农业进步,工业化处于困境之中,于是危机就产生了"的困境⑤。还需要注意的是,制度本身有一定惯性,巨大的惯性可能会维持着原来的制度体系⑥。推进农户土地承包经营权有偿退出,还需要突破制度本身的"路径依赖"。

可以肯定,农村土地流转、适度集中和规模经营还会向前推进,但要真正改变农村耕地由小农户分散经营的局面,是需要一定条件和时间的⑦。正如有学者所讲,与那些社会科学家们甚至对为什么一些国家富裕而另一些国家贫穷这

---

① 陈锡文.读懂中国农业农村农民[M].北京:外文出版社,2018:182-183.

② 蔡继明.论中国农地制度改革[J].山东农业大学学报(社会科学版),2005,7(3):1-8.

③ 贾雷德·戴蒙德.为什么有的国家富裕,有的国家贫穷[M].奕奇,译.北京:中信出版社,2017:138.

④ 阿比吉特·班纳吉,埃斯特·迪弗洛.贫穷的本质:我们为什么摆脱不了贫穷[M].景芳,译.北京:中信出版社,2021.

⑤ 西奥多·舒尔茨.经济增长与农业[M].郭熙保,译.北京:中国人民大学出版社,2015:18.

⑥ 杜润生.中国农村改革漫忆[J].文史月刊,2016(7):4-15.

⑦ 陈锡文.读懂中国农业农村农民[M].北京:外文出版社,2018:193.

样一些显而易见的基本问题都不能给出有说服力的回答一样①。土地承包经营权有偿退出可能面临的一些问题的答案,或许只有相关制度最终成熟后才能正确回答。本书并不希冀把"对所关注问题提出富有见地的观点,并能让大多数人认同"作为研究目标和价值所在,只是希望对论文关注的问题感兴趣的人有一些启发。正如科斯教授曾诙谐地讲道:"一个学者必须承认,如果他说的是错的,立刻会有人指出来,至于如果他对了,他会指望最终看到人们接受他——只要他活得足够长。"②我认为科斯教授所讲得是对的。

最后,如果有读者读到本书,所有正确的或者是可借鉴的,都是帮助和关心过我的老师、同学或者是素未谋面的学者们的共同成果,而一些缺乏价值甚至是错误的内容,都是我自己的责任,不正确的地方敬请批评指正!

---

① 贾雷德·戴蒙德.为什么有的国家富裕,有的国家贫穷[M].奕奇,译.北京:中信出版社,2017:3.
② 盛洪.科斯教授和新制度经济学[J].天津社会科学,1993(4):91-95.

致　谢

　　非常坦诚地向各位读者朋友报告一下,本书是在我的博士学位论文基础上,做了进一步思考的阶段性结果。不落俗套,谈到"感谢"的话题,首先还是应该要郑重地感谢重庆大学出版社的马宁副总编辑和出版社的尚东亮、谢冰一、关德强、张策几位编辑校对老师对书稿修改提出的宝贵建议和认真细致的校稿工作,正是他们的鼓励、关心和大力支持,是他们追求卓越的专业才能、精益求精的出版品格,是他们不胜其烦地指导修改完善、多次讨论校正,才让本书能够在这么短的时间和广大读者见面,让我也算是完成了2024年的一大愿望。此外,我还要向正在准备阅读,或者说是已经阅读了本书的读者朋友表示真诚的感谢,感谢您的耐心阅读,亦或者是感谢您能够指出本书希望向读者表达的一些不正确的地方。另外,考虑到本书的"出生",我还是希望或者说是愿意将博士论文的"致谢"分享给大家,下面是全文,当然,有适当修改。

　　学位论文还是要告一段落了,在逐步完成这项工作的一年多时间里,始终有很多疑问困扰着我,真是解开一个谜团,又迎来一片迷雾。好在有很多敬爱的老师、亲爱的同学帮助,以及很多非常有影响力的学者的智慧、思想指引,让我能够对所关注的问题逐渐有了更加清晰的认识,这也坚定了我选择这一学位论文题目的初心,让我这个出生在广袤农村大地、自带乡土气息的普通人更有勇气在农村土地制度这个方向继续学习,以寻知求解。

　　窗外一片喧闹,室内则显得比较宁静,似乎感受得到华胄兰迎着阳光生长的声音,真可谓向阳而生。思绪万千,一路走过,我希望感谢,或者想表达感激之情的人实在太多了，当然我也乐意通过这种方式来感谢他们。

感谢我的祖母，是她让我懂得没有过不去的坎，只要心有所想，就会有回响。感谢我的妻子，是她的默默付出和奉献，让我能够有更多的时间和精力用来读书、学习，感受知识海洋的广阔，慢慢有所收获。感谢我的家人，在我最困惑的时候，是你们的关心和陪伴，让我能够鼓起勇气向前进。

感谢我的导师赵磊先生，在攻读博士学位的几年里，老师对我的帮助和影响实在是太大了，老师渊博的学识、睿智的思想、严谨的态度，是我永远学习的榜样。尽管在论文写作之初，我就在认真考虑如何以这种方式表达一下对培养我多年的老师的感激之情，但在论文即将完成的时候，也没想好如何更好表现出来，也许对老师的恩情，大多数人都难以用语言来表达吧！

新竹难忘旧竹恩，全系老干相扶持。我还要特别、认真地感谢许多关心和帮助过我的老师，是他们的勉励和支持，不断增强我的信心和勇气，让我敢于面对质疑、面对现实、面对未来。感谢蒋南平先生、程民选先生、刘世庆先生、李后强先生、郭晓鸣先生、李萍先生、蒋永穆先生、邓翔先生、杨锦秀先生、廖祖君先生、虞洪先生、沈滨先生、张永丽先生、张永生先生、李长兴先生、韩文龙先生等多位老师悉心教导，使我的专业知识储备和研究能力有了较大提升。几年来，非常荣幸有机会同上述一些关心和帮助我的老师在北京、成都、贵阳等地调研，参与学术研讨，极大地拓展了我的学术视野，让我对农村土地问题产生浓厚兴趣，更让我有机会能够尽力为生我养我的农业农村出一点绵薄之力，实在是应该认真地感谢他们！感谢郭晓鸣先生、李萍先生、蒋永穆先生、邓翔先生、张衔先生、曾令秋先生、廖祖君先生、鲁保林先生、张煜先生对拙文提出非常有思想内涵、独到的建设性意见。

还要感谢几年来一直鼓励和帮助我的博士同学，正是有了你们，为我学习生活添加了无限精彩。石华平博士——幽默、喜欢帮助朋友，薛蕾博士——阳光、帅气、有个性，张婧博士——热心、善良，张涛博士——喜欢思考问题，刘明辉博士——爱学习、追求真知，徐志向博士——开朗乐观、爱学习，张炎博士——豪爽、乐观，陈昌翠博士——稳重、有爱心，田世野博士——爱学习、幽默，张海浪博士——富有思想，王金哲博士——有点神秘、有点厉害，余声启博士——幽默、有思想，赵璐曼博士——个子非常高、很爱学习，杨天池博士——帅气、内敛，冯庆元博士——爱学习、关心大家，徐灿琳博士——阳光、乐观，李雪冬博士——幽默、热爱学习。感谢肖磊、易淼、刘宇浩、王军、葛浩阳师兄，陆茸、罗皓文、张国毅、彭卓等师弟师妹的帮助关心。感谢许多不知姓名但一起上课、互相讨论和交流的博士同学。

郑重感谢本书引用的观点的全部作者，正是你们的独到见解，不断引发我对本书讨论的问题的思考，让我能够走得更远，也让我切身感受到自己的渺小，感受到自己在学术上的巨大差距。我想，渺小和巨大差距，肯定也会催人奋进，催人努力。也借此机会，就文中引用的一些观点的具体"用法"不恰当的地方，甚或是引用有错误的地方，向作者本人致以诚挚的歉意。

感谢许许多多未"点名"的长辈、老师、兄弟姊妹、同事、同学、朋友，有了你们，让我的世界更美好，谢谢你们对我个人和小家庭的关心爱护。

时光荏苒，珍重千万。我想，表达感谢，并不是要怀念过去，而是更好地拥抱未来。真心祝愿所有帮助和关心过我的人，心存美好，幸福绵长。

肖华堂

二〇二二年二月二十二日于云樾